日本語配慮表現の原理と諸相

山岡政紀●編

目　次

序　章　　配慮表現とは何か......................................山岡政紀　1

第Ⅰ部　配慮表現の原理..山岡政紀
第 1 章　配慮表現研究史.. 19
第 2 章　配慮表現の定義と特徴.. 35
第 3 章　配慮表現の分類と語彙.. 51

第Ⅱ部　日本語配慮表現の諸相
第 4 章　配慮表現「ちょっと」の機能と慣習化
　　　　　―ポライトネス理論からの再検証―........................牧原　功　69
第 5 章　配慮表現「よね」に見られる情報共有の諸相........金　玉任　85
第 6 章　とりたて詞「なんか」の
　　　　　捉え直し用法に見られる配慮表現 ....大和啓子　101
第 7 章　配慮表現「させていただく」の違和感をめぐって
　　　　　..塩田雄大　115
第 8 章　配慮表現としての「"全然"＋肯定形」................斉藤幸一　131
第 9 章　引用表現における配慮表現....................................小野正樹　147
第10章　モバイル・メディアにおける配慮
　　　　　―LINE の依頼談話の特徴―..................................三宅和子　163

第Ⅲ部　配慮表現と対照研究

第 11 章　代名詞の指示対象から見た対人配慮の日英対照 .... 西田光一　181

第 12 章　慣習的配慮表現の日中対照 .... 李　奇楠　197

第 13 章　配慮表現の日本語・アラビア語対照
　　　　　―断り表現を中心に― .... Lina Abdelhameed ALI　213

第 14 章　配慮表現の日本語・ウズベク語対照
　　　　　―授受補助動詞を中心に―
　　　　　... 岩崎　透・UMAROVA Munojot　229

あとがき 245
索　引 247
編者・著者紹介 252

序　章

配慮表現とは何か

山岡政紀

0.1 「つまらないものですが」

　日本人はなぜ贈り物を贈るときに「つまらないものですが」という言葉を添えるのか。表現には必ず目的がある。この場合、贈り物を贈る行為こそが主たるコミュニケーションで、その目的は相手への感謝や親愛の情を示すことにある。そのときに「日頃の感謝を込めまして」とか「ぜひ喜んでいただけたらと思いまして」などの言葉を添えることもあるが、この場合、贈り物の目的と言葉の目的が一致している。
　しかし、贈り物を受け取る側にとって決して嬉しいことばかりではないことも経験的に知っている。借りができたと感じて、そのあとに頼みごとでもされたら断れないんじゃないかと警戒することもあるし、お返しの贈り物をしなければならないという心理的負担感を覚えることもある。これらを仮に贈り物の副作用だと考えれば、「つまらないものですが」という表現は、贈り物の主目的を果たしつつ、副作用を相手に背負わさないという副目的を言語化したものと言える。つまり、贈り手が受け手側の立場や心情に先回りして副作用が起きないように配慮した表現だということである。
　「つまらないものですが」の表現のメカニズムについては多くの先行研究がある。川村（1991）では、日本語の文化においては、利益を受けることを精神的負担と受け止める傾向があるため、相手に利益を与えながらも相手の心の負担を軽くしようとする配慮から「つまらないものですが」が用いられるとしている。また、姫野（2002）では、実際に相手に利益を与えるとしても、それをそのまま表現すると相手に心理的負担を負わせてしまうので、言

語表現では「つまらないものですが」のように実際と反対に相手の利益を小さく述べることで、相手の心理的負担を軽減するとしている。

ただ、そうした副作用を抑制する配慮の表現としては、「お気遣いいただくほどのものではありませんので」、「いつもお世話になっていますのでささやかな感謝のしるしです」など、状況や相手に即した多様な表現を、その場、その場で創出できそうである。表現のオリジナリティがあればあるほど配慮の効果も高まりそうに思える。しかしながら、人に贈り物を贈るような場面は頻繁に訪れ、そのたびに同じ配慮を行うことが日本語文化のなかで慣習化していく。そこに「つまらないものですが」という慣習的な表現が成立していくと考えられる。先行研究群にしても「つまらないものですが」という慣習的な表現が存在するからこそ、その表現の心理メカニズムに対して考察の目が向けられたのも事実である。日本語にはこの「つまらないものですが」に代表されるような、対人配慮に基づく慣習的な表現が多数存在する。これが配慮表現である。

厳密な定義は第2章「配慮表現の定義と特徴」に譲るとして、まず概して言うならば、配慮表現とは「他者との対人関係をなるべく良好に維持することに配慮して用いられる慣習的な表現」である。

0.2　成句の配慮表現

「つまらないものですが」は典型的な配慮表現の一つだが、これと同じように文の成分でありながら、対人発話における文全体の対人的機能を調節する成句的な配慮表現が数多くあり、それが配慮表現研究史上の一つの支流として取り上げられてきた。

例えば、来客を出迎えた際や相手が協力依頼に応じてくれた際などに「ご多忙のところ、（お越し／ご協力くださいまして…）」と言うのも、相手がどの程度多忙であるかを確認することなく慣習的に用いられる表現である。

儀礼的な場面で好んで用いられるという意味で慣習性のより強い表現として、結婚式のスピーチなどでよく用いられる「僭越ではございますが」、目上の人物と初対面の際に言う「ご高名は伺っております」なども配慮表現として取り上げられてきた。

依頼や勧誘など、相手に何らかの負担をかける発話には「すみませんが」、

「悪いけど」、「よろしければ」といった前置きが多用される。逆に相手の依頼を引き受けて協力を表明する際には「お安い御用」と言って相手を安心させようとする。これらもすべて配慮表現である。逆に相手からの協力の申し出を受け入れる際には「お言葉に甘えて」と言って、相手の厚意への配慮を表現する。

　これらはいずれも成句の配慮表現で、まず形式として一定の連語形式に固着化したうえ、それを構成する実質語の原義が捨象され、対人的儀礼として慣習化しているという共通の特徴がある。つまり、配慮表現「つまらないものですが」における「つまらない」や、配慮表現「ご多忙のところ」における「多忙」は、配慮表現のなかでは実質語としての原義が捨象されてしまって儀礼的になっているということである。依頼の前置きに「すみませんが」と謝罪表現を用いるのも、依頼によって相手にかかる負担に対して先回りして配慮を表現しているわけで、実質的な謝罪ではない。依頼に応じて協力する際の「お安い御用」も、実際にはかなりの負担であったとしても相手に気を遣わせまいとして言う配慮表現であるから、実質語としての意味は希薄化している。

　このように成句としての慣習化と実質的な意味の捨象が同時に起きるのが成句レベルの配慮表現の特徴と言えよう。

　配慮表現は古典語にも多く見られる。古典語における敬語の研究はこれまでも盛んに行われてきて豊かな蓄積があるのに対し、配慮表現研究史はほとんど 21 世紀以降の新しい研究である。しかしながら、対人関係上の配慮の意識を表した配慮表現は古典語にも敬語以上に満ちあふれている。敬語は有限の選択形式を持つ閉じた文法体系であるのに対し、配慮表現は様々な語彙が制限なく用いられる開いた体系だからである。そのことは古典語研究者にとっては従前より暗黙の了解としてあったが、「配慮表現」という用語の出現によって範疇として意識され、資料から適正に抽出するツールを手にすることとなったのである。そのことを反映した著作に野田・高山・小林（編）(2014) がある。ここに収録された論考から具体例を挙げるとすれば、米田 (2014) では依頼の前置きの配慮表現として、室町時代の文献より「憚りながら」（失礼ですが）、「恐れながら」、「無心ながら」（無神経なことですが）など、江戸時代の文献より「大儀ながら」（ご苦労ですが）、「率爾ながら」

(失礼ですが)などが挙げられており、その発想が現代語とそう大きく変わらないものであることが示されている。こうしてみると、配慮表現という概念自体は新しいが、それは我々が配慮表現という範疇に気づくのが遅かっただけで、もともと日本語は古くから配慮表現に満ちた言語だったのである。

0.3　単語の配慮表現

配慮表現研究史上の別の支流においては、単語レベルでも配慮表現と指摘されてきた語彙が存在する。単語の配慮表現は成句の場合と違って形式上の固着性という特徴こそ有さないものの、当該語彙の原義が捨象されて配慮機能に特化した事例が多く指摘されてきた。表1をご覧いただきたい。

表1　単語レベルで配慮機能に慣習化した副詞の例

配慮表現	意味・機能		用例
ちょっと	原義	程度がわずかなさま	(1) 今日はちょっと寒い
	配慮機能	相手との摩擦を緩和	(2) 協力はちょっとできかねます
ぜんぜん	原義	全面的な否定	(3) ドイツ語はぜんぜんわかりません
	配慮機能	相手の心的負担を解消	(4) 私、ぜんぜん行けますよ
たしかに	原義	まちがいないさま	(5) 代金をたしかに受け取りました
	配慮機能	相手への賛同を表す	(6) たしかにあの人田中さんかも
いちおう	原義	不十分であるさま	(7) レポートはいちおう完成しました
	配慮機能	自賛の程度を抑制	(8) いちおう東大を出ています

(1)、(3)、(5)、(7)は辞書に記載されている各語の原義が生きている用例であるのに対して、(2)は《依頼》に対する《断り》、(4)は《勧誘》に対する《参加》、(6)は《陳述》に対する《賛同》、(8)は《質問》に対する《陳述》といった特定の文脈で対人配慮の機能を発揮した用例である。原義の方は文脈に依存しないのに対し、配慮機能の方は文脈依存的である。しかしながら、そうした文脈とこれらの語彙の配慮機能との相関関係が、同様の文脈の頻出によって慣習化して定着していくと、当該語彙の意味として追加されたような印象をもたらし、それがさらに進むと辞書に第三、第四の語釈として追加されることもある（2.3.3 を参照）。

このような特徴を備えた配慮表現は副詞だけでなく、形容詞（すごい、大

変だ等)、接尾語・補助動詞 (とか、たり、～てくれる等)、文末表現 (～かもしれない、～させていただく等) などにも数多く見られる。

0.4　配慮表現をめぐる二つの立場

　これらの「配慮表現」について近年非常に注目が高まってきているが、その文法理論上の位置づけは必ずしも十分定まっていない。「配慮表現」が対人的な配慮機能を有する表現であることについては異論のないところであろうが、その配慮表現というのは、1) 固定した語彙、語句としてリストアップが可能なものなのか、それとも 2) 単に機能的現象に過ぎないのか、いずれなのかがまず定まっていない。

　1) について言えば、そのような配慮機能を専らの意味機能とする専用の語彙が存在するかというと、従来の研究の中でそういうものは今のところ見当たらない。いわゆる敬語において尊敬語の「ご覧になる」、謙譲語の「拝見する」のように敬語専用の語彙が存在するのとは明らかに異なる。

　代表的な配慮表現の一つとして知られる「ちょっと」を例に取って言えば、本来の低程度の程度副詞である「ちょっと」が配慮機能を有するのは、相手の心情を損なう恐れのある内容を発話せざるを得ないような文脈に限られており、その場合に臨時に配慮機能を帯びて使用されている。そうすると、配慮表現と呼んでいるものは単に 2) の考え方、つまり機能的現象に過ぎないと見ることもできる。それは語彙の側から見れば一つの用法として臨時に発生するもの、ということになる。

　ここで配慮表現研究と密接不可分なポライトネス理論に言及しなければならない。これまでの配慮表現研究史において扱われてきた「配慮表現」は、研究者によっていくらかの定義 (内包) の異なり、該当語彙・表現 (外延) の異なりはあるが、そのほとんどがポライトネス理論によって説明が可能である。ただ、「配慮表現」とポライトネスの関係をどう捉えるかは、上述の 1) と 2) の考え方の異なりと相即の関係にある。本章で書き起こして来たように、まず「配慮表現」という言語現象に注目し、その説明にポライトネス理論を利用する立場は上述の 1) の考え方となる。いっぽうポライトネス理論を日本語に適用しようとする理論主導の立場なら、ポライトネスが対人関係を調整する"機能"であることを踏まえて 2) の考え方となる。

配慮表現研究史には、立場の異なる2通りのアプローチが併存してきた。用語は異なるが「敬意表現」の用語で言語現象の側からアプローチした井出祥子と、ポライトネスの機能が日本語へ適用される例としてスピーチレベルシフトという言語現象を挙げた宇佐美まゆみとの論争はこれに当たる。(1.3で詳述)

　本書は「配慮表現」という言語現象を説明するという目的からアプローチするため1)の立場と言えるが、決して2)の立場を否定しているわけでもなく、むしろ純粋に理論的観点からポライトネス理論を論議するなら2)の立場の方が正しいとも言える。本来、言語現象から出発しようが理論から出発しようが、最終的に「理論によって言語現象を説明する」という一つの目的の成否は、西の登山口から登るか東の登山口から登るかの違いであって、最終的には一つの頂上に至るはずである。このあたりの事情は「配慮表現研究」の方向性を定めていくうえで重要であると考え、第1章で重点的に考察する。

0.5　ポライトネス理論の概要

　ここで、ほぼ全章にわたって援用することになるポライトネス理論について、概要を整理しておきたい。

　ポライトネス (politeness) とは、会話において会話参与者の欲求や負担への配慮や、より良好な人間関係を築くための配慮によって円滑なコミュニケーションを図ろうとする際の社会的言語行動を説明するための概念である。本書では、今日の語用論ならびに社会言語学分野で既に十分な市民権を得るに至ったポライトネス理論のなかから、リーチのポライトネスの原理とブラウン&レヴィンソン（以下、B&L）のポライトネス理論を援用する。

　リーチは、Leech (1983) において、グライスの協調の原理 (cooperative principle) がコミュニケーションの成立そのものを目的とする原理であったのに対し、それとは別に、対人関係をよりよいものにするために自己と他者の利益や負担などに配慮することを目的とする言語行動の原理が存在することを述べ、それをポライトネスの原理 (politeness principle) とし、6項目の原則群に整理した。この二つの目的が矛盾・衝突するとき、協調の原理を犠牲にしてポライトネスの原理が優先されると述べている。各原則には最小化

すべきものと最大化すべきものが対にして示されている。

ポライトネスの原理 (Politeness Principle)[1]

(A) 気配りの原則 (Tact Maxim)
　　(a) 他者の負担を最小限にせよ　　(b) 他者の利益を最大限にせよ
(B) 寛大性の原則 (Generosity Maxim)
　　(c) 自己の利益を最小限にせよ　　(d) 自己の負担を最大限にせよ
(C) 是認の原則 (Approbation Maxim)
　　(e) 他者への非難を最小限にせよ　(f) 他者への賞賛を最大限にせよ
(D) 謙遜の原則 (Modesty Maxim)
　　(g) 自己への賞賛を最小限にせよ　(h) 自己への非難を最大限にせよ
(E) 一致の原則 (Agreement Maxim)[2]
　　(i) 自己と他者との意見相違を最小限にせよ
　　(j) 自己と他者との意見一致を最大限にせよ
(F) 共感の原則 (Sympathy Maxim)
　　(k) 自己と他者との反感を最小限にせよ
　　(l) 自己と他者との共感を最大限にせよ

　B&L (1987) は、Goffman (1967) のフェイス (face) の概念をもとにポライトネスを規定している。人は誰でも社会生活を営む上で他者との人間関係に関わる基本的欲求として2種のフェイスを持っている、とする。ポジティブフェイス (positive face) は他者に受け入れられたい、好かれたい欲求、ネガティブフェイス (negative face) は自分の領域を他者に邪魔されたくない欲求を指す。

---

[1] 池上・河上訳 (1987) では「丁寧さの原理」と訳しているが、この訳が誤解のもととなっていること、B&Lのポライトネス理論と本質的に重なる内容であることから、今日では「ポライトネスの原理」と訳すのが一般的である。各項の記号は本書において便宜的に付したもの。

[2] 池上・河上訳 (1987) では「合意の原則」と訳しているが、日本語の「合意」は契約成立などの相互的なものに用いられるため、本章では、先行意見に一致させるというこの原則の趣旨に添うように「一致の原則」と訳した。但し、本書中で「合意の原則」の訳を採用した先行研究を引用する場合にはそのままとしている。

対人コミュニケーションにおいては、相手のフェイスを脅かす言語行動がたくさんある。例えば、依頼をすることは、相手に負担をかけ、相手の領域に踏み込むことになるため、相手のネガティブフェイスを脅かす。また、依頼を断ると依頼者に嫌われるのではないかと感じて心理的負担を負うため、相手のポジティブフェイスを脅かす。その他にも非難や反論など、相手のフェイスを脅かす言語行為は数多くあり、これを B&L はフェイス脅かし行為 (face-threatening act: 以下、FTA) と呼んでいる。

　人はなるべく FTA を行うことを避けようとするが、どうしてもその必要に迫られた際にそれを補償するための配慮言語行動がポライトネスである。ポジティブフェイスへの補償行為がポジティブポライトネス (positive politeness、②、〇数字は図 1 の対応。以下同じ) であり、ネガティブフェイスへの補償行為がネガティブポライトネス (negative politeness、③) である。日本語の依頼で言えば、「すみませんが」と謝罪表現を前置きするのは相手に負担をかけることに配慮したネガティブポライトネスの表現であり、「もしよろしければ」と仮定的な前置きを言うのは断りやすくして相手の心理的負担を少なくするポジティブポライトネスの表現である。ポライトネスは、申し訳なさそうな表情や低い声で気遣いを示すといった非言語行動によっても表現される。

　FTA をめぐる言語行動の選択には、この 2 種のポライトネス以外にも、気を遣わずにあからさまに行う (①)、婉曲的にほのめかす (④)、FTA そのものを回避して行わない (⑤) などの別の行為もあり得る。人はこれらの行為の選択肢のなかから、どの言語行動を選択するかを、その行為が相手のフェイスを脅かすリスクの度合いに応じて瞬時に判断する。B & L は、この FTA の度合いを、次のような FTA 度計算式 (computing the weightiness of an FTA) で表現している (B&L1987: 76)。

$$Wx=D(S,H)+P(H,S)+Rx$$

　つまり、当該行為が FTA となる度合い (Wx) は、自己と相手との上下関係 ($P(H,S)$)、同じく親疎関係 ($D(S,H)$)、当該の言語文化において行為 x が相手にかける負荷の度合い (Rx)、以上 3 つの変数の総和であるとする。

　人はこの FTA 度を基準として配慮言語行動を選択するが、その選択の方

針を整理したものがポライトネス・ストラテジーである。B&L (1987: 60, 69) ではこれを図1のようなチャートで示している。

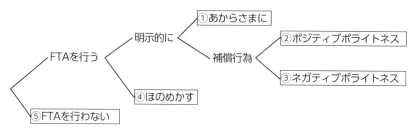

図1　FTA を行う際の行為選択ストラテジー

相手のフェイスを脅かすリスク（Wx の値）が高ければ高いほど図1の下位にある、より番号の高い行為を選択し、リスクが低いと判断されれば、図1の上位にある、番号の低い行為を選択する、としている。

リーチと B&L の二つの理論は共通の言語現象を異なる視点で記述したものであって、それぞれに一長一短はあるが、相互に矛盾するものではない。例えば、リーチの是認の原則「(a) 他者への非難を最小限にせよ、(b) 他者への賞賛を最大限にせよ」を B&L の理論に置き換えると、非難は相手のネガティブフェイスを脅かすものとしてなるべく回避すべきであり（最小限にせよ）、賞賛は相手のポジティブフェイスを充たすので好んで行うべきである（最大限にせよ）、と表現される。B&L のポライトネス理論の最大の特長はポライトネスをストラテジーとして表現しているところにある。その結果、ポライトネスの言語行動は発話参与者の対人関係や言語文化的背景などの語用論的文脈に応じてその都度選択されるという文脈依存性が的確に記述されている。また、もともと社会学や人類学の知見であるフェイス理論を援用していることもあり、個別の言語文化による差異や、諸々の非言語的行為までも含み込む、普遍性の高い理論となっている。

本書ではこの二つの理論を、記述したい言語現象の性質に応じて適宜使い分け、時には補完的に用いることとする。

0.6　本書の構成と各章の概要

「配慮表現」という用語の出現は生田 (1997) が初出と考えられる (1.1 参照)。したがって、本書の発刊時点でまだ二十数年しか経っていない。それも当初から厳密な定義が提示されたわけではなかったので、初期の頃は具体的に何が「配慮表現」に該当するのかは規定されていなかった。もっとも、言語学の用語、特に語用論関連の用語においては、その存在がまず直観的に把握されて、考察が深まっていく段階になって厳密な範疇化の必要性が生じて後付けで定義を行う、ということはしばしば起き得ることである。例えば、《依頼》とは何かと言えば、日常生活でも使用する一般語であって人々が直観的に知っている。そのうえで発話機能論では発話者間の人間関係や権限の有無などを基準に厳密に規定し、《命令》との対立、《助言》との対立といった他種の発話機能とのいわゆる線引きを厳密にしていく。

配慮表現もこれと同じで、日本語には配慮表現と呼ぶべき一群の表現群があるという直観的把握があって、個々の表現についての研究が進んでいく。それがある程度の段階に達すると、配慮表現の全体像を整理する必要性が生じる。そうした観点から配慮表現を研究するための原理を整理したのが本書第Ⅰ部「配慮表現の原理」(第 1 章〜第 3 章、山岡政紀担当) である。

第 1 章「配慮表現研究史」では配慮表現という用語の初出から今日までに公刊されている配慮表現研究の流れを概観する。配慮表現という用語の出現には、ポライトネス理論の日本への紹介が関連しており、そうした理論志向の系譜と、個々の表現の分析といった語法論志向の系譜と二つの流れが並行している。それぞれの系譜のなかにも異なる視点、立場のものが混在している。本書は単にそうした過去の配慮表現研究史を記述することに留まらず、そうした複雑に流れる配慮表現研究の桂川、鴨川、宇治川、木津川といった渓流群を一本の淀川に収束していくことを意図している。

その観点から第 2 章「配慮表現の定義と特徴」では、配慮表現の定義を明確にし、それによって必然的に浮かび上がってくる配慮表現の文法的特徴について述べる。これまでの配慮表現研究の自然な流れをせき止めて人工的なダムを建設しようと意図しているわけでは決してなく、従来の配慮表現研究のなかで漠然と規定されていたものを厳密にすることを意図している。もともとある天然の川岸に堅固な堤防を建設して川の内外の境界線をはっきり

させたいということである。

　第3章「配慮表現の分類と語彙」では、多数に上る配慮表現を整理する目的で形式分類と機能分類の2種の分類を提示し、機能分類ごとに主要な語彙についての記述例を掲示する。これまでの配慮表現研究に見られる分類を振り返ると、それは単にどう区分するかという問題よりも、どのようなものを配慮表現と考えているかという、言わば守備範囲を示すものともなっていることが大変興味深い。この傾向が特に顕著に現れるのは機能分類である。それによって、定義によって示される内包と、それに該当するものとして分類を目安にリストアップされる外延とが出揃い、各研究の「配慮表現観」が明確になる。本書としてもリーチのポライトネスの原理を援用しながら、配慮表現の具体的なメンバーを挙げ、本書の「配慮表現観」を示すこととしたい。

　第Ⅱ部「日本語配慮表現の諸相」（第4章～第10章）は、第3章でリストアップされた配慮表現語彙群のなかからいくつかを取り上げて、その配慮機能についてポライトネス理論をもとに考察する。研究対象も多様で、単語レベルのもの（第4章）、機能的な文法形式（第5章～第7章）、単語と文法形式との呼応（第8章）、文法形式の選択（第9章）、配慮言語行動（第10章）とバラエティに富んでいるが、研究方法にもそれぞれの個性があり、配慮表現研究法の幅の広さが見て取れるであろう。

　第4章（牧原功担当）では、典型的な配慮表現の一つとしてこれまでの諸研究でも再三取り上げられてきた副詞「ちょっと」を取り上げ、慣習化の度合いによって多機能性を帯びる「ちょっと」の諸相を、改めてポライトネス理論をもとに再検証する。

　第5章（金玉任担当）では、複合終助詞である「よね」が、会話における相手との情報共有を表示しつつも、それが相手の私的領域の侵害にならないようにする配慮を表した配慮表現であることを考察している。

　第6章（大和啓子担当）では、名詞に下接するとりたて詞「なんか」の捉え直し用法のなかに、依頼や提案が相手に押し付けがましくならないようにしたり、自分自身のことを謙虚に表現したりなどのポライトネス機能が見られることを指摘し、配慮表現として考察している。

　第7章（塩田雄大担当）では、複合補助動詞「させていただく」を取り上

げ、「させる」の部分が担うはずの「許可」の原義が捨象され、成句レベルで慣習化が起きた配慮表現であるとしたうえで、この表現がすべての文脈でポライトネスの効果を発揮するとは限らず、違和感が発生することについて、そのメカニズムを考察している。

第8章（斉藤幸一担当）では、否定と呼応するとされた副詞「全然」に、近年、述語の肯定形が呼応する「"全然"＋肯定形」の使用実態が増加している傾向について分析し、文脈上で相手が抱いている何らかの心配要素を打ち消そうとする配慮機能が慣習化した配慮表現であることを指摘している。

第9章（小野正樹担当）では、引用表現に話者中心、聴者中心、イベント中心の3種類の構造があり、会話において相手のフェイスに対する配慮によって構造が選択されていることを考察する。特にイベント中心構造における「そう」と「って」の機能の異なりに注目し、「って」がポライトネス意識のより高い配慮表現であるとする、新たな見解を示している。

第10章（三宅和子担当）は、配慮表現を含む高次の配慮言語行動研究の一事例として本書のウィングを拡げる章である。モバイル・メディアのなかでも利用率の高いLINEにおいて「依頼」が行われる際の談話構造、吹き出しの配置、ヴィジュアル要素の配置などを分析し、それらと配慮の意識との相関関係について考察している。

第Ⅲ部「配慮表現の対照研究」（第11章～第14章）では、日本語の配慮表現と他言語において対応する表現との対照を試みた論考を収めた。このような章群を設けた一つの理由は、現状の日本語教育において配慮表現が適切に導入されておらず、教室活動や教材を通して体系的に習得していくことが難しく、日本での生活で経験的に習得していくしかないのが実情である。この体系的整備の基礎理論として、他言語との対照研究のなかで配慮表現の体系を整理する端緒としたいという考えである。

もう一つの理由は、純粋に理論的に考えた場合、第2章で示す配慮表現の定義によって示される"ポライトネス機能が慣習化した配慮表現"は日本語に限定される理由は何もなく、どの言語にも見られるはずのもので、その意味では、日本語での配慮表現と他の当該言語での配慮表現とを対等に比較していく視点も必要になってくる。そこで第Ⅲ部では日本語と他言語に精通した研究者にそれぞれの観点からの試論を執筆してもらった。

第 11 章（西田光一担当）では、英語と日本語において特定の指示対象を持たず、親密な異性を表す代名詞、英語の"she, he, it"と日本語の「彼、彼女」を中心に、対人配慮の表現法について比較対照している。それによると、英語は人称代名詞の交替によって配慮を表現するのに対し、日本語は人称を明示しないことが多い分、英語に比べて文脈依存性が高く、細かい文法形式で対人配慮を表現すると述べている。

第 12 章（李奇楠担当）では、日本語においてポライトネス機能が慣習化した成句の配慮表現を多数取り上げ、それぞれに対応する中国語の表現を示して対照を行っている。その結果、両言語でほぼ同形式への対訳がそのまま配慮表現となるものと、同じ機能を持たせるには異なる表現形式に変える必要があるものとがあることを指摘している。

第 13 章（Lina ALI 担当）は、典型的な FTA の一つである断りの表現に限定して、日本語とアラビア語とを対照した論考である。そのなかでどの語が配慮表現として慣習化するかが両言語で異なっており、直訳すると不自然な表現になるという。例として日本語の断りには「ちょっと」が多用されるが、アラビア語でこれを直訳した「shwya」は断りには用いられないとしている。

第 14 章（岩崎透、UMAROVA Munojot 担当）は、授受補助動詞という文法形式に限定して、日本語とウズベク語とを対照した論考である。日本語のテクレル、テモラウの使用における配慮意識と、ウズベク語の bermoq と yubormoq の使用における配慮意識との異なりについて述べている。

こうして見ると、第Ⅲ部の 4 つの章は、取り上げる題材もアプローチの仕方も全く異なっている。それは配慮表現の対照研究の多様性を示すと同時に、どれもよりよい方法論のための試行錯誤の、貴重な一歩だと考えている。

なお、序章と第Ⅰ部の計 4 章では各章で共通する参照文献も多いことから、このあとに一括して参照文献を掲示する。

序章・第Ⅰ部　参照文献

生田少子（1997）「ポライトネスの理論」『言語』26(6): 66–71.
井出祥子（2001）「国際社会の中の敬意表現：その国際性と文化独自性」『日本語学』20(4): 4–13.

井出祥子（2006）『わきまえの語用論』東京：大修館書店.
宇佐美まゆみ（1995）「談話レベルから見た敬語使用：スピーチレベルシフト生起の条件と機能」『学苑』662: 27–42.
宇佐美まゆみ（2001）「ポライトネス理論から見た〈敬意表現〉」『言語』30(12): 18–25.
宇佐美まゆみ（2003）「異文化接触とポライトネス：ディスコース・ポライトネス理論の観点から」『国語学』54(3): 117–132.
小野正樹（2011）「日本語引用表現の分類試案」『日本語コミュニケーション研究論集』1: 3–10.
蒲谷宏・川口義一・坂本恵（1998）『敬語表現』東京：大修館書店.
川村よし子（1991）「日本人の言語行動の特性」『日本語学』10(5): 51–60.
北原保雄（編）（2010）『明鏡国語辞典第二版』東京：大修館書店.
金玉任（2011）「確認要求表現『ね』と『だろう』」『日本語コミュニケーション研究論集』1: 11–19.
国語審議会（1999）「議事要旨第1回〜第6回」第22期国語審議会第1委員会.
国語審議会（2000）「答申：現代社会における敬意表現」第22期国語審議会第1委員会.
国立国語研究所（2006）『言語行動における「配慮」の諸相』東京：くろしお出版.
小柳智一（2014）「奈良時代の配慮表現」野田・高山・小林（編）（2014）所収、57–74.
塩田雄大（2012）「現代人の言語行動における"配慮表現"：「言語行動に関する調査」から」『放送研究と調査』7月号：66–83.
新屋映子・姫野伴子・守屋三千代・陳淑梅（2003〜2004）「（連載）配慮表現からみた日本語①〜⑫」『日本語』16 (4) 〜 17 (3).
高山善行（2014）「配慮表現の歴史的変化」野田・高山・小林（編）（2014）所収、21–35.
野田尚史（2014）「配慮表現の多様性をとらえる意義と方法」野田・高山・小林（編）（2014）所収、3–20.
野田尚史・高山善行・小林隆（編）（2014）『日本語の配慮表現の多様性：歴史的変化と地理的・社会的変異』東京：くろしお出版.
橋本佳美（2000）「終助詞『もの』のポジティブ・ポライトネス」『平成12年度　社会言語科学会第6回研究発表大会論文集』社会言語科学会.
姫野伴子（2002）「配慮表現の原理」『厦門大学翻訳与文化国際学術検討会議資料彙編』105–124.
姫野伴子（2005）「配慮表現の枠組み」『留学生教育』7: 1–21.
姫野伴子（2016）「配慮表現の指導」『日本語教育の研究（日本学研究叢書第9巻）』222–245. 北京：外語教学与研究出版社.
平田真美（2001）「『カモシレナイ』の意味：モダリティと語用論の接点を探る」『日本語教育』108: 60–68.
福島泰正（2002）「『ぜひ』の機能と使用条件について：聞き手に何かさせることを意図した場合」『日本語教育』113: 24–33.
牧原功（2005）「談話における『ちょっと』の機能」『群馬大学留学生センター論集』

5: 1–12.
牧原功（2012）「日本語の配慮表現に関わる文法カテゴリー」『群馬大学国際教育・研究センター論集』11: 1–14.
彭飛（2004）『日本語の「配慮表現」に関する研究：中国語との比較研究における諸問題』大阪：和泉書院.
三宅和子（2011）『日本語の対人関係把握と配慮言語行動』東京：ひつじ書房.
三宅和子（2014）「携帯メールに見られる配慮表現」野田・高山・小林（編）（2014）所収、279–296.
三宅和子・野田尚史・生越直樹（編）（2012）『「配慮」はどのように示されるか』東京：ひつじ書房.
守屋三千代（2003）「日本語の配慮表現：中国で作成された日本語教科書を参考に」『日本語日本文学』13: 37–50.
守屋三千代（2004）「日本語の配慮表現：文法構造からのアプローチ」『日本語日本文学』14: 1–16.
山岡政紀（2004）「日本語における配慮表現研究の現状」『日本語日本文学』14: 17–39.
山岡政紀（2015）「慣習化されたポライトネスとしての配慮表現の定義」『日本語用論学会第17回大会発表論文集』315–318.
山岡政紀（2016）「『カモシレナイ』における可能性判断と対人配慮」小野正樹他（編）『言語の主観性：認知とポライトネスの接点』133–150. 東京：くろしお出版.
山岡政紀・牧原功・小野正樹（2010）『コミュニケーションと配慮表現：日本語語用論入門』東京：明治書院.
米田達郎（2014）「室町・江戸時代の依頼・禁止に見られる配慮表現」野田・高山・小林（編）（2014）所収、131–148.
Brown, Penelope and Stephen Levinson（1987）*Politeness: Some universals in language usage*. Cambridge: Cambridge University Press.［邦訳：田中典子（監訳）（2011）『ポライトネス：言語使用における、ある普遍現象』東京：研究社.］
Ide, Sachiko（1989）Formal forms and discernment: Two neglected aspects of linguistic politeness. *Multilingua* 8-2/3: 223–248.
Leech, Geoffrey（1983）*Principles of pragmatics*. London: Longman.［邦訳：池上嘉彦・河上誓作（訳）（1987）『語用論』東京：紀伊國屋書店.］
Searle, John R.（1969）*Speech acts*. Cambridge University Press.［邦訳：坂本百大・土屋俊訳（1986）『言語行為』東京：勁草書房.］

第 I 部

配慮表現の原理

第 I 章

配慮表現研究史

山岡政紀

1.1　ポライトネス理論と配慮表現

　配慮表現研究史と言っても「配慮表現」という用語の出現は 20 世紀終盤で、研究史のほとんどは 21 世紀に入ってからである。

　この用語の適用は今のところ日本語に限定されているが、日本語のみに見られる現象なのか、他の言語にも見られる普遍的現象であるのかは研究者によって見解の分かれるところである。本書では普遍的現象との立場を取る。

　「配慮表現」が認識されるようになってからは、古典日本語にも配慮表現が多く見出されるようになった。古い時代を対象とした論考としては奈良時代の配慮表現を考察した小柳（2014）をはじめとする野田・高山・小林（編）（2014）の諸論考がある。配慮表現研究史は浅いが、配慮表現史は長大なもの、ということである。

　「配慮表現」という用語はポライトネス理論が日本へ紹介される過程で出現した。ポライトネスとは、人と人との会話において言語表現や言語行動に託された対人関係調節機能の全般を指す用語である。わかりやすく言えば、会話においてなるべく相手を心地よくさせたい、あるいはなるべく相手に不快な思いをさせたくないとの意図をもって行う、さまざまな言語表現や言語行動の働きを指す概念である。

　ポライトネス理論は主に 1970 年代から 80 年代にかけて、アメリカのロビン・レイコフ（Robin Lakoff）、ブラウンとレヴィンソン（P. Brown and S. C. Levinson, 以下、B&L）、イギリスのリーチ（G. N. Leech）ら英語圏の研究者によって確立された。理論的には個別言語を超える普遍理論が志向されて

いるが、主として英語における言語現象を素材として理論が展開されている。いくつかの諸言語とともに日本語への言及もわずかにあったものの、日本語の具体的な用例への分析はなかった。Leech（1983）の邦訳の池上・河上訳（1987）においても、用例はすべて原著の英文をそのまま掲示して日本語訳を添えたもので、原著が示す原理群が日本語にどこまで適用されるのかについては、訳者解説においてもほとんど言及していない。

　この邦訳でポライトネスの原理（politeness principle）が「丁寧さの原理」と訳されたことには批判もあった。日本語は敬語の体系が発達しており、敬語の一種に丁寧語もあることから、この原理に対応する日本語の言語現象を敬語に限定する誤解を招いたというものであった。月刊誌『言語』1997年6月号の特集「ポライトネスの言語学」においても、「敬語行動の今を探る」との副題が添えられ、特集企画として委嘱された7本の論考のうち生田（1997）を除く6本は敬語の問題を扱っていた。

　その特集において唯一、リーチやB&Lのポライトネス理論の本質を忠実に紹介したのが①生田（1997: 66）であった（○数字は主要文献の通し番号、以下同じ）。生田は日本語のオリジナルな用例を説明に用いており、ポライトネス理論が日本語の言語現象にも適用できる普遍的原理であることを初めて示した。また生田は、日本語のポライトネスを敬語体系と考える誤解に対しても警告を発している[1]。「ことばのポライトネスは、実は（敬語よりも）もっと広い範囲で、私達の日常の社会生活における言語使用を制御する」として、ポライトネスを敬語の用法だけにとらわれないよう主張し、「悪いけど、ペン貸してくれる？」のように全く敬語を使わない会話を用例に用いて、謝罪の前置き「悪いけど」が依頼のFTA[2]を軽減するポライトネスの機能を有していることを説明している。さらに、原語のpolitenessを「丁寧表現、待遇表現、敬語表現」等と意訳することに反対して「ポライトネス」と

---

[1] 親疎関係による敬語の選択については、馴れ馴れしい表現を避けることで、相手との距離を保とうとするネガティブポライトネスの一様式で、上下関係の敬語の選択についても、目下側に目上への強い配慮を求める日本語文化固有のネガティブポライトネス・ストラテジーによる表現形式と考えられる。このように敬語はポライトネスで説明できるが、ポライトネス全体から見ればごく小さな部分領域に過ぎない。

[2] フェイス脅かし行為（Face Threatening Act）。人が誰でも持つ対人関係上の欲求（＝フェイス）を脅かす行為。B&L（1987）で詳述されている。序章 p.8 参照。

音訳のカタカナ表記を提唱している。

　さらに生田は続けて「ポライトネスは当事者同士の互いの面子の保持、人間関係の維持を慮って円滑なコミュニケーションを図ろうとする社会的言語行動を指す。その意味では、ことばのポライトネスは『配慮表現』、言語的『配慮行動』などと呼ぶほうが適切かもしれない」(生田 1997: 68) と述べている。これが「配慮表現」という用語の初出である。このように配慮表現は、敬語よりも広範な「ことばのポライトネス」に対する名称として誕生した。

　そもそもポライトネスは対人関係を調節する"機能"に付与された名称であるから、その表現手段は言語とは限らない。相手に笑顔を見せることも、握手を求めることもポライトネスの表現手段となり得る。したがってポライトネスは厳密には言語学というより社会学の概念である。

　もちろんポライトネスが多くの場合、言語で表現されるのも事実ではあるが、その場合も機能と表現との関係は相即ではないから、同じ表現が文脈によって異なる機能を帯びることもある。ほめ言葉が相手にとってポライトネスとなることもあれば、皮肉やマウンティング、時にはハラスメントにさえなり得る。ゆえにポライトネスはあくまでも機能であって表現形式ではない。

　生田は「機能としてのポライトネス」を「〇〇表現」と意訳することに反対して音訳の「ポライトネス」を提唱した。そのうえで、さらに「ポライトネス機能を託された言語表現」、即ち「ことばのポライトネス」を「配慮表現」と呼ぶことを提案したのである。「配慮表現」はここから始まっている。

1.2　敬語から敬語表現・敬意表現への拡張

　①生田 (1997) とほぼ同時期に、日本語研究において「敬語」をより広い概念の「敬語表現」へと拡張することを提案した論考が存在した。②蒲谷・川口・坂本 (1998) である。純然たる動詞の選択形式である「敬語」とは異なり、「敬語表現」とは人間関係や場に対する配慮に基づいて敬語が用いられる際の表現の全体を指した概念であるという。例えば、「課長もコーヒーをお飲みになりたいですか」は敬語の文法としては間違っていないが、敬語表現としては相手との関係や場面への配慮が欠けているために不適切な文であるとしている。直接的なポライトネスとの関連は明示していないが、内容的にはポライトネスの観点から敬語を見直したことによる拡張であると評価

することができる。

　1999 年 3 月より文部科学省の諮問機関である国語審議会の第 22 期第 1 委員会が開始され、翌 2000 年 12 月に「現代社会における敬意表現」を答申した（以下、この審議会の第 1 〜 6 回議事要旨を③国語審議会（1999）、答申を④国語審議会（2000）とする。

　同委員会に先行する第 21 期では「敬語」を中心とした言葉遣いの問題をテーマとしていたが、第 22 期では「敬語」から「敬意表現」へと検討対象をシフトした。これには蒲谷・川口・坂本（1998）の「敬語表現」があくまでも「敬語」を中心とする拡張であったのに対し、「敬意表現」には「貸してくれよ」、「申し訳ないけど」のように全く敬語を用いない表現をも含む分、より広い拡張となった。同委員会の途中から主査を務めた井出祥子は、「敬語から敬意表現へのシフト」を 6 項目に整理している（⑤井出 2001）。

　第 1 のシフトは、従前の敬語は尊敬語、謙譲語、丁寧語など、主に動詞・名詞における接辞や語彙交替の定型表現を指し、その形式の正しさが問われたが、第 22 期では相手と場面に配慮した言葉遣いであるかどうかに重点を置いた。これを井出は、形式から機能へのシフトと説明している。

　第 2 のシフトは、従前の敬語は身分や地位など固定的な上下関係を指標としていたが、敬意表現では状況依存的に変化する「役割」をも指標として含む。例として映画「釣りバカ日誌」の社長と社員が趣味の釣りでは関係性が逆転することが挙げられている。

　第 3 のシフトは、従前の定型的な敬語だけでなく、第 22 期では「御高名は伺っております」や「僭越ではございますが」などのように、尊敬や謙譲の機能を帯びた文レベル・句レベルの表現も対象に含めた。これを井出は、定型から非定型も含む表現へのシフトとしている。

　第 4 のシフトは、従前の敬語は相手に失礼にならないように遠慮した表現のみであったが、第 22 期では「春らしいスカーフですね」のように積極的に相手を喜ばせる表現も対象に含めた。これを井出は、ネガティブポライトネスからポジティブポライトネスも含む視点へのシフトとしている。

　第 5 のシフトは、従前の敬語のように規範意識の高い標準語だけでなく、方言や若者言葉といった非標準語が仲間意識を表すポライトネスである場合を含むとした。つまり、標準語限定から非標準語を含む拡大のシフトである。

第6のシフトは、相手に対する配慮だけでなく、自身の品位や嗜みを表現する場合のように、自分自身に対する尊重も含むとした。
　これらのシフトはいずれもポライトネス理論に依拠するものである。ポライトネス理論は、人が状況に応じて言語行動を選択することをストラテジーとして捉えており、これによって第1・第3のシフトに見られる機能的言語行動に対する説明力も生まれるし、第2のシフトに見られる状況依存的で相対的な人間関係も記述可能となる。また、従前の敬語研究によってもたらされた制約からの解放もテーマとなっている。即ち、ネガティブポライトネスからの解放（第4のシフト）や、規範意識からの解放（第5のシフト）などが主張されている。
　これらのシフトをもって「敬意表現」という新たな概念を導入したことは、ポライトネス理論を日本語に適用しようとすれば自ずと敬語という狭い枠組みを解放してより広い概念にシフトせざるを得ないことを示している。
　国語審議会（2000）では敬意表現の定義について次のように記している。

(1)　〔敬意表現の定義〕
　　　敬意表現とは、コミュニケーションにおいて、相互尊重の精神に基づき、相手や場面に配慮して使い分けている言葉遣いを意味する。それらは話し手が相手の人格や立場を尊重し、敬語や敬語以外の様々な表現から適切なものを自己表現として選択するものである。

　この定義からも、敬意表現が敬語よりも幅広い様々な表現を対象としていることがわかる。国語審議会（1999）によれば、前置きの「恐れ入りますが」、「申し訳ないけど」、不特定多数を相手にして言う「させていただく」、暗黙の同意を求める「夏って暑いじゃないですか」、婉曲表現の「たり」、「〜的には」、「ちょっと」など、今日において配慮表現とされるものが多く記載されている（第1〜4回議事要旨）。
　もっとも、敬語を排除してはおらず依然として含んではいる。つまり、敬語は敬意表現の部分集合に当たるから、「敬語から敬意表現へのシフト」は、厳密に言うと"シフト"ではなく"拡張"と言うべきである。
　なお、国語審議会（1999）によると、「敬意表現」より「配慮表現」のほうが適切だとする意見が再三出されているが、第21期で「敬意表現」の名

称を決めていたので別の言い方に変えられないとして却下されている。つまり、「敬意表現」という名称には国語審議会において「敬語」から拡張された概念であることの痕跡が残っていると言える（第3回議事要旨）。

1.3　敬意表現とポライトネスをめぐる論争

　ポライトネス理論の日本語への適用を先導する役割を果たした「敬意表現」であったが、B&Lの理論に対する批判を若干含んでいたため、B&Lの理論側からの反批判を受けることとなった。その代表的なものは宇佐美まゆみによるものである。今後の配慮表現をめぐる議論にも関わるので、その概略を振り返っておきたい。井出が④国語審議会（2000）の意義をまとめた⑤井出（2001）におけるB&L批判と、それに対する⑥宇佐美（2001）の反批判を中心に見て行くこととする。

　Ide（1989）では、B&Lのポライトネス理論では対人的な配慮を理性によって計算してストラテジーとして表現を作り出すのに対し、日本語の敬語は話し手がストラテジーとして使うのではなく、場面に対するわきまえという規範意識に基づいて使っており、B&Lの枠組みでは説明できないと述べている。もっとも、国語審議会の時点では、「B&Lの理論で説明できない敬語」に対して「B&Lの理論によって説明可能な普遍性のある敬意表現」にシフトした（井出 2001: 9–10）としており、敬意表現に対する説明力においてはB&Lの理論を批判の対象にはしていなかった。

　しかし井出はその後、敬語のみならず敬意表現においても場面のあらたまりなどに応じた規範意識や謙譲の美徳といった日本文化独自の慣習によって言葉が選択されていてB&Lの理論ではカバーしきれないと述べている（井出 2001: 11–12）。その傾向は⑦井出（2006）でいっそう具体化されている。例えば、他人の家に入る時の「お邪魔します」や会議の冒頭に言う「それでは僭越ですが……」などは、ポライトネスストラテジーによって選択された表現とは言えず、それぞれの「場」に応じて選択の余地がない定型的な敬意表現であり、日本語にはそのような表現が多いと述べている。

　ポライトネス理論は欧米文化を対象とした理論であるため、こうした日本語独特の「場をわきまえるためのポライトネスの配慮」への説明力に欠けており、「わきまえのポライトネス」という新たな概念を立てることによって

はじめて日本語の敬意表現が説明可能になると主張している（井出 2006: 71–74）。つまり、当初は敬語に関して限定的に行っていたB&L批判を、後に敬意表現全体に拡張したことになる。

これらの井出によるB&L批判に対する宇佐美まゆみの反批判も何段階かに分かれている。まず宇佐美は、日本語の敬語のような複雑な体系を持つ形式は文レベルで適否を論じるべきではなく、談話レベルで見ればB&Lのポライトネス理論で十分に説明がつくことを自身の研究をもとに主張した（宇佐美 2001）。

宇佐美のスピーチレベルシフトの研究では、敬体を無標とする談話において常体（いわゆる「タメ口」）にシフトすることは親しみを表すポライトネスの効果があり、逆に常体を無標とする談話において敬体にシフトすることはインポライトネス（わざと失礼な態度を取ること）の効果があるとしている（宇佐美 1995 など）。例として、夫婦げんかの際に敬体が表れることなどを挙げている。宇佐美の研究は既存の敬語論のような固定的なものでなく、文脈依存度の高さや、文体の差を相対化している点など、ポライトネスが機能的現象であることを的確に捉えており、ポライトネス理論が日本語に適用できることを示してその普遍性を証明する研究となった。

宇佐美の反批判の第二段階は、井出が敬語から敬意表現へと拡張した部分に対するものである。宇佐美 (2001) では、井出が言う思いやりや謙譲の美徳といった日本文化独自の徳性も、B&Lは「適切な言語行動の選択基準の算出原理」の公式の中にパラメーター[3]として折り込み済みなのであって、すべて普遍原理であるポライトネス理論によって説明可能であり、井出はその合理的説明力を正当に評価していないと批判している。

宇佐美が行ったもう一つの問題提起は上述の論点からの必然的帰結でもあるが、そもそも「敬意表現」という概念は必要かというものであった。

宇佐美 (2001) では、「敬意表現」はポライトネス理論の日本語への適用であって「ポライトネス」の訳語と位置づけるべきとしている。言い換えれば、「敬意表現」を「ポライトネス」とは別の新しい概念とする必要性は認

3　B&LはFTA度計算式 (computing the weightiness of an FTA) において三つの変数のうちのRx (ranking of imposition) を、特定の文化で行為xが相手にかける負荷度としており、文化の独自性を折り込んだパラメーターとなっている。

められないという主張である。

　もっとも、生田（1997）のように、ポライトネス理論の普遍性を十分理解したうえで、ポライトネスが機能の名称であることを考慮して、「ことばのポライトネス」を「配慮表現」と呼ぶことを提唱する立場もある。それと同じ意味で「ことばのポライトネス」を「敬意表現」と呼ぶのであれば、それが日本語独自の概念である必要はなく、どの個別言語にも存在するはずの、「個別言語の表現に現れた、ことばのポライトネス」ということになる。

　本書の「配慮表現」はこの立場を取っている。ポライトネスは話者を動機づける機能であり、配慮表現はその結果としての個別言語における現れである。その現れ方が文化差を示す変数の値の異なりを反映して各言語独自のものとなるのは必然であろう。したがって、日本語の配慮表現、英語の配慮表現といった具合に、個別言語ごとの配慮表現が存在すると考えられる。

　「敬意表現」という概念の誕生の経緯を見ても、純粋に言語理論のなかで考案された学術用語というよりは、国民（日本語話者）の言語使用に供するという実利目的をもった国語審議会が掲げたテーマであるため、一般の日本語話者にも理解しやすい敬語という表現形式から拡張する形で敬意表現がテーマとされたのは自然な流れであった。いっぽう、機能的概念であるポライトネスは、国語審議会において敬意表現の説明原理として利用されることはあっても、それ自体を審議の対象とすることはその目的に適さなかったと言える[4]。

　国語審議会と井出祥子は、結果である表現のほうから出発してその動機づけをポライトネス理論から説明しようとした。その適用が理論に忠実なものであったかどうかについて検証の必要があるのは宇佐美の指摘通りである。

　いっぽうの宇佐美はポライトネスという機能の側から出発しているからこそ、同じ形式（文体）が文脈によって異なる機能を持つ現象を捉えるスピーチレベルシフトの研究を可能にした。この研究においては形式としての「敬意表現」を範疇化する必然性が低かったことは確かである。

　そのうえで、井出が挙げたような、一定の文脈である種のポライトネス機

4　なお、「ポライトネス」の記載は、公開されている議事録に1件しかなく、答申には全く記載がない（国語審議会 1999、同 2000）。内容的には明らかにポライトネス理論が援用されているし、井出自身もそのことを井出（2001）などで表明しており、議事録にその記載が少ないのは不自然ではある。

能を帯びて繰り返し用いられる定型的な表現群に対しては表現を範疇化して議論検討したほうがわかりやすく効率がよい面もある。ただし、それを井出のように「場面への配慮」、「場に対するわきまえ」として説明すると、そこに「場面」、「場」なる独自の抽象的概念が必要となり、そこに日本文化の独自性が介在することが問題となる。

　これに対して本書の「配慮表現」の立場では、井出が「場面」、「場」と呼んでいるものは慣習化した文脈と考える。つまり、同様の文脈が繰り返し発生するときに、ストラテジーの選択への動機づけを効率化（省エネ化）して、この種の文脈ではこの表現を用いるといった具合に文脈と表現とが一体的に慣習化していくのである。「場に対するわきまえ」もある種の慣習化された対人配慮であって、それはそれで文脈依存的である。ただ、文脈と表現が一体的に慣習化したことにより、当該文脈を固定的に見ると表現の選択の余地がない（＝ストラテジックでない）ように見えるのである。

　このようなポライトネス機能を帯びた表現の慣習化現象は決して日本語だけに見られる現象ではない。例えば、英語における依頼表現として能力疑問文 "Can you ~ ?" が用いられることを B&L（1987: 132）ではネガティブポライトネス・ストラテジー 1「慣習に基づき間接的であれ」の事例として挙げている。これは依頼という頻出する文脈において慣習化したものであり、中国語の「能不能～?」にも同様のことが言えることから依頼表現の慣習化に関しては普遍性が高い。いっぽう儀式や式典での「僭越ではございますが」のように普遍的とは言えない表現もある。これは、どのような文脈が慣習化しやすいか、また、どのような形式に慣習化していくのかが個別言語によって異なると考えるべきで、この種の慣習化現象が日本語に独占的に見られるとするのは誤りである。

　また、名称ももともとネガティブポライトネスに限定される「敬意」よりもネガティブとポジティブのいずれにも該当する「配慮」の方がより広くふさわしい。その観点から次節に挙げる配慮表現研究群が登場し、研究が活発化している。これらを勘案すると、「敬意表現」は今日においてはより広範な概念である「配慮表現」に統合して、一つの領域で議論していくことが望ましいと考える。

1.4　配慮表現研究の展開（1）：論文

2000年を過ぎる頃から、タイトルまたはキーワードに「配慮」あるいは「配慮表現」という用語を用いられる論文が少しずつ出始めた。2000年代初期のものを中心に配慮表現関連論文を4つの型に大別して挙げたい。

〔A型〕特定の語彙・表現の用法をポライトネス機能から説明した論考

⑧橋本佳美（2000）「終助詞『もの』のポジティブポライトネス」
⑨平田真美（2001）「『カモシレナイ』の意味：モダリティと語用論の接点を探る」
⑩福島泰正（2002）「『ぜひ』の機能と使用条件について：聞き手に何かさせることを意図した場合」
⑪牧原功（2005）「談話における『ちょっと』の機能」
⑫金玉任（2011）「確認要求表現『ね』と『だろう』」

〔A型〕は特定の語彙が一定の文脈において慣習的にポライトネス機能を帯びる事例を配慮表現として取り上げて考察したものである。⑧橋本（2000）では、「蒸し暑いなあ」に対して「6月ですものね」と応じる際のように、相手への《賛同》や《共感表出》に用いる終助詞「もの」を配慮表現としている。⑨平田（2001）では、「いい話かもしれないけど、納得できない」のように、《反論》、《非難》、《断り》などのFTAを緩和する前置きとして用いられる「かもしれない」を取り上げている。⑩福島（2002）では、「私も参加していいですか」に対して「ええぜひ参加してください」と応じる際のように、《許可要求》に応じる《許可》を快く伝える配慮を表しているとする。⑪牧原（2005）では、「融資していただけませんか」に対して「ちょっと無理です」と応じる際のように、《断り》や《非難》などのFTAを緩和する副詞「ちょっと」について考察している。（⇒第4章参照）⑫金玉任（2011）では終助詞「ね」について、同意を示したり、言い切りを緩和したりするポライトネス機能が見られると述べている。（⇒第5章参照）

いずれも言及の度合いの濃淡はあるもののポライトネス理論に言及している。⑩福島（2002）はポライトネスという用語こそ用いていないが、考察のなかで展開した「相手に満足感を与えようとする配慮」との説明は、実質的

にポジティブポライトネスに相当するものであった。

それぞれに添えた短い説明からもわかるように、いずれも当該語彙の本来の意味ではなく、一定の文脈のなかで帯びるポライトネス機能について考察している。しかしいずれも、そのことが論考のテーマとなるほどに慣習化し、当該語彙の新たな意味機能にまでなりつつあることに注目したい。

〔B型〕文法形式や語彙の選択をポライトネス機能から説明した論考

⑬姫野伴子（2002）「配慮表現の原理」
⑭守屋三千代（2004）「日本語の配慮表現：文法構造からのアプローチ」
⑮姫野伴子（2005）「配慮表現の枠組み」
⑯小野正樹（2011）「日本語引用表現の分類試案」

〔B型〕はポライトネス機能が特定の語彙というよりも、さまざまな文法形式や語彙がポライトネスストラテジーに基づいて選択されることを示すとともに、そのことを通じて普遍理論であるポライトネス理論の説明力を証明するものにもなっている。例えば、⑮姫野（2005）では、相手の過失に対する非難の発話に際して、「こわしてしまいましたね」（他動詞）ではなく「こわれてしまいましたね」（自動詞）を用いて相手の責任を直接指摘しないように表現する事例や、「食べたいですか」と「食べませんか」のように、同一命題に対してモダリティを使い分ける事例などである。また、こうしたポライトネス機能の配慮表現への反映を整理し、原理として示すことも試みており、重要である。（⇒第2章を参照）⑯小野（2011）では、引用表現に「〜と言った」（発信者中心）、「〜と聞いた」（受信者中心）、「〜そうです」（イベント中心）の3種の構造があり、FTAに対する配慮が選択基準となることを述べている。（⇒第9章を参照）

〔A・B型〕A型とB型の両方の要素を含む論考

⑰牧原功（2012）「日本語の配慮表現に関わる文法カテゴリー」
⑱塩田雄大（2012）「現代人の言語行動における"配慮表現"」

A型とB型の両方に該当する配慮表現列挙型の論考もいくつかある。⑰牧

原（2012）では、配慮表現語彙の列挙に加え、文法形式の選択として、自己の価値を高める出来事を報告するときの可能の使用「～成績をおさめることができました」、勧誘・断りにおける不可能の使用「～に行けますか」「行けません」などを挙げている。⑱塩田（2012）では、定型表現「このあいだはありがとう」、「おかげさまで」等の使用、および自他動詞の選択を取り上げて使用実態の意識調査を行い、報告している。

〔C型〕日本語と外国語の配慮言語行動の対照を考察した対照言語文化論

　⑲守屋三千代（2003）「日本語の配慮表現：中国で作成された日本語教科書を参考に」
　⑳新屋映子・姫野伴子・守屋三千代・陳淑梅（2003～2004）「（連載）配慮表現からみた日本語①～⑫」

　これらは日本語と中国語などの他言語との配慮言語行動の異なりに焦点を当てた論考である。例えば、お土産を渡すときに日本なら「つまらないものですが」のように自己の負担を軽くして相手に気を遣わせまいとするが、中国では「わざわざ有名なお店で買ってきた」のように自己の負担を強調することが相手への親愛の情の表現になるとしている。このような配慮言語行動の違いをわかりやすく示して日本語学習者に注意を促す内容となっている。

〔D型〕配慮表現研究群を概観したメタ的研究

　㉑山岡政紀（2004）「日本語における配慮表現研究の現状」

　これは他の配慮表現研究の諸論考を収集・整理して俯瞰したメタ的研究であり、〔D型〕とする。

　以上の諸論考の多くは日本語教育の現場を経験する研究者が、対人配慮によって動機づけられた言語現象を指摘したものである。それらの言語現象が日本語母語話者にとっては自然な表現でありながら、既存の文法だけでは理解も発話も難しいことに着目して問題提起し、その説明原理としてポライトネス理論を用いて考察している。

興味深いのはこれらの論考の相互参照度が低く、それぞれ個別の問題意識からの考察が結果として共通の説明原理を用いるに到ったことである。日本語学、日本語教育関係者がポライトネス理論を知ったことの見えない影響が拡がったとも言える。

1.5　配慮表現研究の展開（2）：研究書

配慮表現をテーマとする諸論文と前後して、「配慮表現」、「配慮」という用語がタイトルに用いられた研究書・雑誌連載が相次いで刊行されている。ここでは下記の6冊について書名を添えて挙げたい。

㉒彭飛（2004）『日本語の「配慮表現」に関する研究』
㉓国立国語研究所（2006）『言語行動における「配慮」の諸相』
㉔山岡政紀・牧原功・小野正樹（2010）『コミュニケーションと配慮表現』
㉕三宅和子（2011）『日本語の対人関係把握と配慮言語行動』
㉖三宅和子・野田尚史・生越直樹（編）（2012）『『配慮』はどのように示されるか』
㉗野田尚史・高山善行・小林隆（編）（2014）『日本語の配慮表現の多様性』

これらはより広範な領域をカバーしている。その多くが複数の論文・章から成っており、前節で分類した〔型〕についても1冊のなかに混在している。

㉒彭飛（2004）は副詞「ちょっと」に関する集中的な考察をはじめ、「おかげさまで」、「わざわざ」、「いろいろと」など語彙レベルで慣習化した配慮表現を中心に、自他動詞を巡る表現選択も取り上げており、〔A・B型〕に相当する。いずれの考察にも日中対照を含んでおり、日本語とは異なる様相を見せつつも中国語にも配慮表現があることが主張されている。

㉓国立国語研究所（2006）は当初、敬意表現が使用される会話場面を構成する人的要素や場面的要素に対する意識について行われた調査研究の過程で、「敬意」を超えるより広範な「配慮」の存在に気づかされたことから、「配慮」をキーワードとして改めて行われた調査の報告集である。例えば、くだけた表現を使うことで相手との距離を縮めるのは「敬意」には当たらないがある種の対人配慮であるとしている。つまり、ポジティブポライトネスの方向にも拡大した配慮表現研究と言える。調査は場面や対人関係を設定してどのような表現を用いるかについて面接調査を行っており、〔B型〕に当たる。

㉔山岡・牧原・小野（2010）は、本書の編者・著者による。その時点における配慮表現研究の状況を概説した第 7 章は〔D 型〕、《依頼》、《謝罪》、《不満表明》等の発話機能におけるポライトネスの表現選択を考察した第 8 ～ 10 章は〔B 型〕、語彙レベル（副詞と文末表現）の配慮表現についてそのポライトネス機能を考察した第 11、12 章は〔A 型〕に該当する。

　㉕三宅（2011）は日本語話者と英語話者の対人言語行動の文化的な差異に注目し、それを「配慮」という一つの概念に集約したものである。㉖三宅・野田・生越（編）（2012）では英語だけでなく、韓国語、中国語、アジアの諸言語へと対照言語を拡張しているが、理念としては同じ志向性をもった論考である。これらは言語行動に着目した社会言語学的考察であり、かつ対照言語文化論的な内容となっており、〔C 型〕に当たる。ただし三宅（2011）の一部に、語彙である応答詞「はい」や謝罪表現「すみません」の多機能性を考察した論考が含まれており、この部分は〔A 型〕と言ってよい。

　また、これらの論考で三宅は、ケータイメールにおいて通常の会話とは異なる言語行動が見られることを指摘し、調査結果をもとに分析していることや、ケータイメールに用いられる絵文字の機能まで考察対象としている点が興味深い。このような新しいジャンルの文字コミュニケーションに言及した配慮表現研究を〔E 型〕とする。

　㉗野田・高山・小林（編）（2014）は、研究史の浅い配慮表現研究を一気に奈良時代以降の各時代の古典語に拡張して考察したものである。奈良時代（小柳）、平安・鎌倉時代（藤原、森野、森山）、室町・江戸時代（米田・青木・福田）、明治・大正時代（木村）、現代語（岸江、尾﨑、西尾、日高、三宅）と、各時代の配慮表現がそれぞれ考察された大掛かりな論文集となっている。配慮表現研究の日も浅いなかで、各時代の古典語の専門家がその意義を共有し、それぞれの考察に着手した結果の報告が収められており、大変画期的なことと評価できる。従来になかった配慮表現の歴史的研究であり、当面希少ではあるが〔F 型〕と範疇化しておきたい。

　これら配慮表現の歴史研究の総論に当たる高山（2014）によれば、現代語において行われた「敬語」から「配慮表現」への拡張されたのと同様、古典語においても「敬語」だけではない「前置き表現」や「ぼかし表現」など「配慮表現」の枠組みで捉えるべき表現が多く存在しており、配慮表現の歴

史的研究の必要性を述べている。具体例として、依頼に対する断りに不可能を用いて「今宵はえまゐるまじ（＝帰参できそうにありません）」（枕草子）と表現する例や、依頼の文において「ただ理をまげて（＝無理を言いますが）乗せ給へ」（平家物語）や「しかるべう候はば（＝できることでしたら）（中略）近づき参り候ひて、今一度見参にいり」（平家物語）といった前置き表現が用いられる例などが挙げられている。

　この筆者陣が共有している配慮表現観については、この本の総論として巻頭に収められた野田（2014）に示されている。まず「配慮表現」の定義は「聞き手や読み手に悪い感情を持たれないようにするために使う表現」という制限の少ない包括的なものとなっている。その結果、配慮表現の多様性が強調され、個人差も大きいとされており、慣習化の程度にもこだわらず臨時的、一回的なものもすべて含むということである。配慮表現の地理的変異・社会的変異についても多様性の要素として示されている。

　また、歴史的研究であるという特徴だけでなく、方法論の観点から見ると、これらの諸論考は特定の言語形式の側から出発するのではなく、人間関係を含む場面や状況から出発するとしており、本章での分類では〔B型〕に該当する。古典語における配慮表現の実例も個々の文献における機能を個別に確認する手法が中心となるのに対し、それが当該時代において慣習化していたかどうかを確認するには同時代の多くの言語資料から帰納する必要があるうえに、現代語なら可能な話者の言語意識の面接調査のようなことが古典語では不可能であるため、これは致し方のないところである。なお、巻頭の野田（2014）は先行研究群を概観している点で〔D型〕であり、巻末の三宅（2014）は、携帯メールの配慮表現を扱っている点で〔E型〕である。

　この本に収録された各歴史研究ではポライトネス理論への言及は全くなく、巻頭の野田（2014）がB&Lにわずかに言及するのみだが、内容的にはポライトネス理論による説明が十分に可能である。その観点で言うと「聞き手や読み手に悪い感情を持たれないようにするために使う表現」との定義はネガティブポライトネスに限定されすぎで、共感表現の「たしかに」のようにポジティブポライトネスで説明されるべきものも配慮表現に含むならば、先の定義に続けて「および聞き手や読み手に良い感情を持たれるようにするために使う表現」を加えれば、より広範にカバーできるのではないだろうか。

1.6　本章のまとめ

　本章では、奈良時代から現代のケータイメールに至るまで、時代も対象も方法論も異なる多様な配慮表現研究の蓄積を見てきた。考察対象である配慮表現の多様さが、必然的に配慮表現の定義や研究方法の多様性をももたらしていることが本章の概観からよくおわかりいただけたことと思う。改めて以上の研究群のうち、1.4以降に挙げた「配慮表現」または「配慮」の名称（キーワード）を用いて考察された論考すべてを6つの型に整理した。なお、1.3以前に挙げた主要文献のうち、「敬語表現」、「敬意表現」の用語を用いたものについては「配慮表現」と見なして各分類に加えている。

〔A型〕特定の語彙・表現の用法をポライトネス機能から説明した論考
　②蒲谷他（1998）、④国語審議会（2000）、⑧橋本（2000）、⑨平田（2001）、⑩福島（2002）、⑪牧原（2005）、⑫金玉任（2011）、㉕三宅（2011）

〔B型〕文法形式や語彙の選択をポライトネス機能から説明した論考
　⑬姫野（2002）、⑭守屋（2004）、⑮姫野（2005）、⑯小野（2011）、㉓国立国語研究所（2006）、㉗野田他（編）（2014）

〔A・B型〕A型とB型の両方の要素を含む論考
　⑰牧原（2012）、⑱塩田（2012）、㉒彭飛（2004）、㉔山岡他（2010）

〔C型〕日本語と外国語の配慮言語行動の対照を考察した対照言語文化論
　⑦井出（2006）、⑯守屋（2003）、⑰新屋他（2003〜2004）、㉕三宅（2011）、㉖三宅他（編）（2012）

〔D型〕配慮表現研究群を概観したメタ的研究
　㉑山岡（2004）、㉔山岡他（2010）、㉗野田（2014）

〔E型〕携帯メールに見られる配慮表現、配慮言語行動の考察
　㉕三宅（2011）、㉖三宅他（編）（2012）、㉗三宅（2014）

〔F型〕古典日本語に見られる配慮表現の歴史的研究
　㉗野田他（編）（2014）所収の高山（2014）、小柳（2014）他

　これらを必ずしも一つの定義、一つの方法論に統一しなければならないということはない。その大前提のうえに本書では配慮表現研究のより効率的で価値的なあり方を追究する観点から一つの方向性を提案したいと考えている。

第 2 章

配慮表現の定義と特徴

山岡政紀

2.1 各研究者による配慮表現の定義

　第 1 章ではこれまでの配慮表現研究史を振り返り、研究者によってさまざまなタイプの配慮表現が存在することを概観した。研究者それぞれが多様な配慮表現観を持っていることも見てきたが、配慮表現が多様性を有していることが共通認識であることを反映して、どの研究者も限定的でない緩やかな定義を示している。以下に、国語審議会（2000）による敬意表現の定義と、いくつか代表的な「配慮表現」の定義を挙げる。

(1) 国語審議会（2000）敬意表現の定義：敬意表現とは、コミュニケーションにおいて、相互尊重の精神に基づき、相手や場面に配慮して使い分けている言葉遣いを意味する。それらは話し手が相手の人格や立場を尊重し、敬語や敬語以外の様々な表現から適切なものを自己表現として選択するものである。
(2) 彭飛（2004: 3）配慮表現の定義：相手の心が傷つかないように、また自分が相手に好ましい印象を与えるように配慮する対人関係の表現
(3) 姫野（2005: 7）配慮表現の定義：相手との人間関係を維持・発展させるために用いられる、敬語、および敬語を使わずに配慮を表す表現
(4) 野田（2014: 3）配慮表現の定義：聞き手や読み手に悪い感情を持たれないようにするために使う表現

　これらの定義にはいずれもポライトネス機能が含まれている。B&L の用語に当てはめるとすれば、(1) では「相手の人格や立場を尊重し」が相手の

フェイスに配慮したポライトネスを意味している。(2) では「相手の心が傷つかないように」がネガティブポライトネス、「自分が相手に好ましい印象を与えるように」がポジティブポライトネスに対応している。(3) では相手との人間関係を「維持する」ことがネガティブポライトネス、同じく「発展させる」ことがポジティブポライトネスに対応している。(4) では「悪い感情を持たれないようにする」ことがネガティブポライトネスに対応しているが、ポジティブポライトネスは定義に含まれていない。

本書の編者・筆者は当初、より抽象的な表現で次のような定義を行った。

(5) 山岡・牧原・小野 (2010: 143) 配慮表現の定義 (当初案)：対人的コミュニケーションにおいて、相手との対人関係をなるべく良好に保つことに配慮して用いられる言語表現

ここではネガティブとポジティブの区別をせずに両方含まれるような抽象的な語の使用を心がけたが、強いて言えば「なるべく良好に保つ」のうちの「なるべく良好に」がポジティブ、「保つ」がネガティブの意を象徴的に表している。しかしながらプラス志向であれ、マイナスの抑止であれ、ベクトルがプラス側に向いていることは共通しており、ポライトネスの目的を一つと見て簡潔な定義を心がけた結果、このようになった。

いずれにせよ、どの定義を採っても、この段階での「配慮表現」は「ことばのポライトネス」である。つまり、ポライトネス機能が表現形式に現れた言語現象はすべてこの定義に含まれる。それだけ多様なものとなるのも必然だったと言えよう。

しかし、ポライトネス機能が表現形式に現れた言語現象のなかにも、それを範疇化する必然性が高いものと低いものとがある。機能と形式の関係が固定的であればあるほど範疇化の必然性は高く、相対的であるものほど逆に範疇化の必然性は低い。もともとこの問題意識を有していたところに、ある経緯から (5) では不十分であると考え、2015 年にはこれに若干の文言を加筆して再定義することを正式に表明した。その経緯について以下に述べたい。

2.2　配慮表現の定義に「慣習化」を盛り込む

2014 年 3 月、ある国際学会での口頭発表に対し、宇佐美まゆみ氏より質

問を受けた[1]。それは「配慮表現と称されている語彙の意味は文脈依存的であり、常にそのような意味を持つとは限らない。結局、それは文脈に応じたポライトネスの現われであり、配慮表現という範疇は必要ないのではないか」との指摘であった。これは宇佐美がそれまで井出祥子に対して行ってきた批判と軌を一にするものであった（第1章参照）。

たしかに、機能と形式の関係が相対的で範疇化の必然性が低い言語現象の代表的事例が、宇佐美自身が考察したスピーチレベルシフトであった。これは文脈に応じて文体が持つ機能が相対的に変化するので、機能と表現との間に固定的な関係が見られない。このような場合、表面的な表現形式を配慮表現と呼んで範疇化する必然性は乏しく、むしろ範疇化することで機能と表現との間のダイナミックな変化相を見損なう恐れすらあった。

本来、FTAに対する補償行為としてのポライトネスは、特定の言語形式の意義として固定的に表現されるものではなく、当該文脈で一回的、相対的に機能する言語行動である。例えば、ほめ言葉は文脈によってポジティブポライトネスにもなれば嫌味やマウンティングといったFTAにもなる。その意味で宇佐美の研究はポライトネス理論のあり方に忠実なものであった。

また、「配慮表現」として挙げた「ちょっと」や「かもしれない」など第1章の〔A型〕の研究群が考察対象とした語彙が、「敬語」と違って「配慮表現」専用の言語形式であるわけではないことも指摘どおりであった。つまり、当該語彙にもともと具わる本来の語義（以下、原義とする）があって、それとは別にその語彙に託されるポライトネス機能について述べるものであるから、「配慮表現」というより「配慮用法」と呼んでもよかった。

しかしその一方で、それら特定の語彙・表現に固定的に見られるポライトネス機能が、原義から派生した新たな語義と認識され、もはや臨時的な用法ではなくなっていた。そもそも〔A型〕の研究群はポライトネスからの理論主導で発生したものではなく、言語現象の説明にポライトネス理論を利用したものである。つまり、「配慮表現」として把握された言語現象が存在していたのは事実なのである。

1 　口頭発表「現代日本語配慮表現の記述方法の確立に向けて」、山岡政紀・牧原功・小野正樹、Eighth International Conference on Practical Linguistics of Japanese, National Institute for Japanese Language and Linguistics, Tachikawa, Tokyo, Japan, 2014.3.22

結局、学会での質疑に対するその場の応答としては、配慮表現の固定的な機能への問題意識を述べて回答とした。ただ、それは研究の動機づけの説明としては許容されるが、宇佐美の疑問に応え得るだけの説明原理が整備できているとは言えなかったので、これを契機として、「配慮表現の定義」の見直しに着手することとなった。

　その後、なぜ、機能現象であるはずのポライトネスが固定的な表現群に見られるのかについて検討を重ねるうちに、Leech (1983: 24–30)における慣習化 (conventionalization) の概念を用いて説明するほかないとの結論に達した。リーチは、語用論の原理群は常に文脈依存的な制約のもとで、話者の意図や判断に基づく動機づけ (motivation) によって表現選択を行うものであるが、もともとは語用論的現象であったものが、何度も繰り返し生じることによって固定的な文法現象に近づいていくことを慣習化として説明している。

　これは配慮表現にも当てはまることであった。配慮表現は、フェイスに対するポライトネスの意識によって動機づけられた語彙の用法であったものが、次第に定型化し、その結果、当該語彙の原義から見れば派生的用法であった配慮の用法が定着したものであった。これはまさに慣習化の概念に合致するものであった。筆者はこれを配慮表現の定義に採り入れることを発案し、学会発表等を通して広く意見集約した結果、当初の配慮表現の定義の当初案 (5) に対し、以下の通り、下線部を加筆して再定義することを表明した[2]。

(6)　山岡 (2015: 318) 配慮表現の定義（改善案）：対人的コミュニケーションにおいて、相手との対人関係をなるべく良好に保つことに配慮して用いられることが、一定程度以上に慣習化された言語表現

日本語学にはもともと単独の語彙の意味・用法を考察対象とする、いわゆる語法研究に類する論考が多いという傾向があり、〔A型〕のような研究群を成立させた一因となったと考えられる。ただ、〔A型〕の各論考を読む限りにおいては単にそうした研究態度の産物であるというだけでなく、それが一つの言語現象として把握されたことの必然性が多く見られた。

2　口頭発表「慣習化されたポライトネスとしての配慮表現の定義」日本語用論学会2014年度年次大会ワークショップ（京都ノートルダム女子大学）。山岡 (2015) はそのプロシーディングスとして大会発表論文集に収録されたもの。

これはもちろん日本独自の精神文化などに帰着されるものではないため、日本語以外の他言語においても同様の慣習化が起きることは容易に推測できる。したがって、名称はともかく「配慮表現」に当たるものは他言語においても議論されるべきものと考える。

　ここで、文脈とポライトネス機能との関係性を改めて整理しておきたい。言語表現がポライトネス機能を帯びるのは、文脈に依存した臨時的用法であるが、同様の文脈が頻出し、なおかつその文脈でポライトネス機能を帯びることがいくらかでも慣習化している場合にその語彙・表現を「配慮表現」とする。本来、文脈依存性は即ちそれが臨時的用法であることを意味したが、当該文脈の出現自体が慣習化され、そこに依存するポライトネス機能もセットで慣習化されるとなると、それはもはや臨時的用法ではなくなる。

　このように定義に慣習化を加えたことにより、「ことばのポライトネス＝配慮表現」という段階から一歩進んで「ことばのポライトネスが慣習化したもの＝配慮表現」という関係性を明確にしたことになる。

2.3　慣習化現象の特徴
2.3.1　慣習と動機づけ

　Leech（1983: 24–30）では、慣習（convention）と動機づけ（motivation）の対比を説明している。文法の規則（rule）は基本的に慣習的である。つまり、形式と意味とをつなぐものが無意識の領域に潜在化し、なぜそのように言うかと問えば規則だからとしか答えようがなくなったものである。いっぽう語用論の原理（principle）は非慣習的である。それはある表現意図を相手に伝えるという話者の動機づけが意識上に顕在化していて、話者の意志でその表現を選択したと言えるものである。

　例えば、英語において（7）は依頼表現として慣習化してはいないが、ある文脈では相手に「時計を修繕する能力」の有無を尋ねることが話者の「誰かに時計の修繕を依頼したい」との動機づけを相手に理解させることになり、結果として依頼の効力を含意する。いっぽう（8）"Can you～？"という形式は英語において依頼表現として慣習化しており、その原義である「能力を問う」ことの動機づけは潜在化して忘れられている。

(7)　Are you able to repair this watch?　＝非慣習的に動機づけられた《依頼》
(8)　Can you repair this watch?　＝慣習化して動機づけを失った《依頼》

　完全な慣習と完全な動機づけとの間に中間的な段階があり、両者の割合は様々である。慣習化が進めば進むほど動機づけは薄まる、補完的な関係にある。このように慣習化の度合いに程度的な濃淡があることを Leech は慣習化の勾配性（gradience of conventionalization）と呼んでいる。
　ここで非慣習的な"Are you able to ～"と慣習化した"Can you ～"の違いとして、原義の喪失の有無ということを指摘できる。つまり、"Are you able to ～"では、「能力を問う」というこの表現の原義が生きていて、それが動機づけとしてそのまま作用しているのに対し、"Can you ～"の方は原義が捨象されて、依頼の意味に直結する。動機づけが生きていれば、その分、最終的な効力の理解に至るまでの処理労力が高くなるのに対し、慣習化することによって解釈を短絡させることができ、処理労力が抑制されて認知効果は高まる。したがって、当該表現の使用文脈の頻出に伴って、その表現を慣習化させようとする力学が働くと言うことができる。
　B&L もまた、FTA を緩和するポライトネス・ストラテジーの一つとして慣習化した表現の使用を挙げている（B&L 1987: 132）。英語の"Can you ～"についても、サールの事前条件（preparatory conditions）の「聴者が当該行為を実行可能である」への言及によって話者の依頼の意図を間接的に伝える慣習的表現であると述べている。
　なお、慣習化は文法化（grammaticalization）とは異なる。慣習化はあくまでも実質語における意味変化の域内に留まるのに対し、文法化は実質語の意味が喪失した結果、機能語（文法形式）へと変化するもので一線を画す。

2.3.2　慣習化と原義の喪失

　慣習化の結果、原義が喪失される日本語の具体事例として、副詞「ちょっと」が挙げられる。「ちょっと」の原義は低程度の程度副詞である。

(9)　ズボンの丈がちょっと短い。

　相手の消極的フェイスを脅かす《非難》の発話状況で、相手との摩擦を緩

和する配慮を動機づけとして、「ちょっと」が持つ程度抑制の意味にポライトネスの緩和の機能が託される。つまり、本来の低程度の意味を有したまま緩和というポライトネス機能に拡張したのが (10) である。

(10) 君の書類、ちょっと雑だな。

ただし、緩和の機能が働く分だけ相対的に原義の低程度の意味は希薄化している。この段階でもこのような緩和の機能と原義の希薄化はある程度慣習化している。

さらに、この緩和の機能だけが残ってある種の定型表現となった事例が (11)、(12) である。これらの被修飾語には程度性はなく、「ちょっと」の原義であった低程度の意味は完全に喪失している。

(11) A：一億五千万円ほど融資していただきたいのです。《依頼》
　　　B：その金額はちょっと無理かと思いますが。《断り》
(12) 東京育ちの君にはちょっとわからないかもしれないけれど。《非難》

このように見ると、原義とポライトネス機能との関係性から用例を3段階に分類できることがわかる。図1を参照していただきたい。

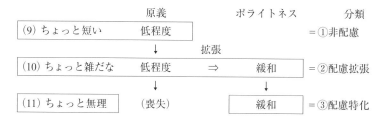

図1　配慮表現「ちょっと」における原義とポライトネスの関係

ポライトネス機能が全く見られない (9) は配慮表現ではない。これを①非配慮とする。次に、原義が生きたままそこにポライトネスによる緩和の機能が託された (10) を②配慮拡張とする。原義が喪失して緩和の機能だけを担った (11) は③配慮特化とする。このように、③副詞「ちょっと」がポライトネス機能によって慣習化することにも程度性があることが見て取ること

ができる。本章では「一定程度以上に慣習化された言語表現」と定義しており、この3段階のうちの②と③が「配慮表現」に該当する。

　慣習化の結果、原義が喪失する具体事例をもう一つ、文末表現「かもしれない」を挙げておきたい。「かもしれない」には大別して「可能性判断用法」と「対人配慮用法」の二用法があり、後者は前者がポライトネス機能を帯びて派生したものである（山岡 2016 参照）。「かもしれない」の原義に当たるのは可能性判断用法である。(13) はその典型的な用例でこれだけではポライトネス機能は発生しないので、①非配慮に当たる。

(13)　彼が犯人かもしれない。

「かもしれない」は断定回避の主観表現として多用される。《主張》をぼかして意見衝突のリスクを低減したり、《忠告》等の FTA を緩和したりする際のポライトネスとして使用される。(14)、(15) はその用例である。

(14)　ここのラーメン、すごくおいしいかもしれない。《主張》
(15)　ごめん。君のイヤホンの音、大きいかもしれない。《忠告》

　(13) では命題内容の真偽は話者に責任の無い客観的事象であり、その生起可能性のみを「かもしれない」で主観的に述べている。これに対し、(14)、(15) では命題内容自体も話者に責任の有る主観的事象であり、その文末に「かもしれない」を使用すると断定回避のヘッジの役割が与えられ、FTA を緩和する。これは原義の可能性判断の意味を緩和の機能に拡張した②配慮拡張と言える。緩和の機能が生きる分だけ原義はいくらか希薄化している。

　さらに (16) は《忠告》という FTA を行うための緩衝材として、相手にとって好ましい事実を一旦提示する用法である。ここでは可能性判断の意味は完全に喪失し、緩和機能だけが慣習化しており、③配慮特化に当たる。

(16)　君は試合には勝ったかもしれないが、実力はまだまだだと思ったほうがいい。

　以上から、「かもしれない」もまた「ちょっと」同様に、原義とポライトネス機能との関係性から3段階に分類することができる。これをまとめたのが、図2である。このうちの②と③が「配慮表現」と認められる。

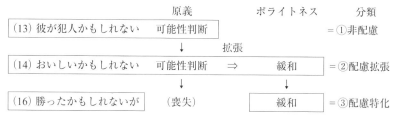

図2　配慮表現「かもしれない」における原義とポライトネスの関係

　このように、ポライトネス機能がいくらかでも慣習化している②の段階のものも配慮表現と認める。しかしながら多くの場合、配慮表現として慣習化した行き着く先は原義が喪失した③の段階のものである。0.3に挙げた「ぜんぜん」、「たしかに」、「いちおう」の配慮表現としての用例においてはそれぞれの原義は完全に喪失している。

(17)　「山田君、A社に出張できる？」「私、ぜんぜん行けますよ」
(18)　「あの人、田中さんじゃない？」「たしかにあの人田中さんかも」
(19)　「どちらの大学をご卒業ですか？」「いちおう東大を出ています」

　(17)は「ぜんぜん」は全面的否定という原義を喪失して、相手の気遣いを打ち消す機能に特化している。(⇒第8章参照)(18)の「たしかに」は確実さという原義を喪失して、相手への賛同の機能に特化している。(19)の「いちおう」は不完全という原義を喪失して、謙遜の機能に特化している。
　ポライトネス機能の慣習化は原義の希薄化をもたらし、最終的にはこのように原義の喪失に到るのである。

2.3.3　メタファーとのアナロジーと辞書への登載
　語彙の意味変化として起きる慣習化の典型例にメタファー（隠喩、metaphor）がある。
　メタファーはある対象に言及する際、本来、その対象とは無関係な別の語を用いて臨時に表現するものである。その際、(20)のように対象と表現との間に認められる共通属性によって、その臨時の意味が理解される。

(20) 発足以来の安倍政権を船に見立てれば、いまの内閣の問題がよく分かります。船長も船員スタッフも同じ、向かっている方向も同じ、船の大きさも同じ、スピードも同じ。ただ、船の名前や外側の色を変えているだけです。（インターネットサイト「現代ビジネス」2015.11.5 鈴木哲夫コラムより）

ここでは政権と船という全く無関係な二者の間に共通属性を見出して、臨時にリンクさせている。総理の責任は船長が持つ「針路を決める、舵取りをする、乗組員の生命を預かる」などの属性と結び付けて解釈される。これらは臨時の意味付与であるがゆえに、国語辞書の「船」の項目に「政権」を指すと記載することもないし、「船長」の項目に「総理大臣」を意味すると記載することもない。しかしながら、臨時に用いられたはずのメタファーが繰り返し用いられることによって慣習化し、その語の語義の一つと認識される現象がある。これを死喩（dead metaphor）という。

(21) お父さんは我が家の柱だね。

(21)の「柱」も(20)と同じくメタファーではあるが、この場合は(20)と違ってかなりの程度で慣習化している。その結果、「建築物を支える垂直の材」に喩えているとの意識が希薄化し、中心人物の意味に直結することで原義が喪失している。その結果、もとはメタファーであったはずの意味が辞書の語義に追加される。(22)は北原保雄（編）『明鏡国語辞典第二版』からの引用である。このうちの③が、死喩に相当する。

(22) はしら【柱】①土台などの上に垂直に立てて、梁・屋根などを支える細長い材。「白木の―」② ①のように、縦に長い形状をしているもの。「火の―が立つ」「水―・茶―」<u>③中心となって全体を支える人や物。「一家の―となって働く」</u>④「貝柱」の略。（北原（編）2010: 1399、一部省略、下線は本章の筆者、以下同）

同様の語彙は枚挙に暇が無いが、同じ辞書から「とりこ」の例を挙げておきたい。②はメタファーが慣習化して語義に追加されたものである。

(23) とりこ【虜】①戦争などで敵に捕らえられた人。捕虜。②あることに熱中し、そこから心が離れなくなること。また、そのような人。「恋の―となる」　　　　　　　　　　　　　（北原（編）2010: 1264）

　配慮表現にもこれと同様の現象が見られる。《非難》、《断り》、《反論》、《不満表出》など、相手の消極的フェイスを脅かす FTA に該当する発話において頻繁に「ちょっと」が使用され、しかもそれは「低程度、少量」という本来の語義を度外視して、FTA 緩和の機能だけを果たす。
　このような「ちょっと」の用法が一定程度以上に慣習化されたことを象徴的に示すのは辞書の記述である。

(24) ちょっと一〔副〕①数量や時間が少ないさま。また、程度がわずかなさま。「この品は―高い」「五時―過ぎに地震があった」②あることを軽い気持ちで行うさま。「―読んでみる」③〔逆説的に〕まあまあ。結構。「この靴―いいんじゃない？」④（否定的表現を伴って）簡単には。容易には。「―引き受けかねる」「―考えられない」二〔感〕軽く相手に呼びかける語。「―、君、待ってくれ」（北原（編）2010: 1123）

　このうち、一①②は「ちょっと」の原義である低程度、少量に相当するが、一③以降に記載された語義については、一③は話者が下す評価が押し付けにならないように配慮したポライトネス、一④は《断り》や《反論》によるフェイス侵害を緩和するポライトネス、二については相手を呼び止めたり、話者に意識を向けさせたりすることのフェイス侵害に配慮したポライトネスと、いずれもポライトネス機能を帯びた用法を独立した語義として扱っている。
　この辞書は従来の辞書よりも記述的態度を重視して編集されており、語用論的用法であっても慣習化されていると判断されれば語義に追加する方針を採っている。配慮表現としての「ちょっと」の多様な用法については、彭飛（2004）や牧原（2005）をはじめ、最新の研究成果を反映するまでには至っていないものの、慣習化の実態を把握するうえで興味深い。
　同じことは文末表現「かもしれない」についても言える。

(25) かもしれない〔連語〕①疑問だが、可能性があることを表す。「明日地震が起こる―」②〈「…―が、…」などの形で〉その主張などをいっ

たん（半分）は認めつつ、それでもなおと、異議申し立てをする意を表す。「仕事はできる—が、魅力のない人だ」「あなたにとっては些細なこと—けれど、私には大切な問題です」　　（北原（編）2010: 359）

　このうち、①は「かもしれない」の原義である可能性判断用法であり、②は対人配慮用法のうちの「前置き配慮」に相当する。この二つの用法のうち、配慮表現に相当するのは②の方で、ここでは原義である可能性判断の意味はほとんど失われ、この辞書の用例のように《非難》や《主張》といった相手のフェイスを脅かす発話における緩衝材としての前置きを導入する機能を担う。(25)にはこの用法が用いられる文脈が詳しく記載されており、文脈依存の用法が文脈ごと慣習化したこの用法の特殊性が表れていて興味深い。(16)の前置き「君は試合には勝ったかもしれないが」もこれに類する。

　メタファーが慣習化した死喩と、ポライトネスが慣習化した配慮表現との間には、全く異なるカテゴリーに発生した言語現象とは思えないほどのアナロジーが見て取れる。死喩も配慮表現ももともと原義とは無関係に独立した、文脈依存的な臨時機能である点で共通している。喩えて言えば、ヤドカリのように当該語彙を勝手に借りてその機能をその語彙に託すわけである。その時、もともとそこに住んでいた原義は、新参者との共存を余儀なくされるか、ひどい場合には追い出される。もとの語彙から見れば勝手にそうした臨時機能が乗り込んできたわけである。原義とメタファーは赤の他人だが、目の色が同じだといったわずかな類似点だけを口実にしてメタファーが乗り込んでくる。そして、とうとう原義が追い出された場合を死喩という。

　配慮表現も同様で、「ちょっと」や「かもしれない」はポライトネスが乗り込んで来て、ついには原義を追い出して乗っ取ってしまったのである。

2.3.4　成句レベルでの慣習化

　成句による配慮表現の慣習化について考察するために、類似点の多いメタファーに一旦話を戻したい。同一語彙における原義と死喩との関係は意味上の相違のみであるが、成句の単位で比喩としての使用が慣習化していく場合がある。いわゆる「慣用句」である。「大量得票の上にあぐらをかく政治家」、「足を棒にして彼らを捜し回った」、「論戦の末、野党に軍配が上がっ

た」、「新政権は火中の栗を拾わされた」等々、枚挙に暇がない（下線部が慣用句）。これらは辞書ではいずれも句頭の名詞の項目中に用例として、あるいは独立した関連項目の形式で記載されている。

　これらは完全に原義を喪失している。そして、単に連語の組み合わせとして固定されているだけではなく、途中に修飾語を挿入しにくい統語的固着性（？大量得票の上にあぐらを悠然とかく政治家）や、類義語への交替を許容しない語彙選択の固着性（？大量得票の上にあぐらを組む政治家）が、ひとまとまりの成句として扱う必然性の根拠となっている。

　次に、成句による配慮表現に目を転じてみると、やはりここでも成句の固着化の現象が見られる。序章の冒頭で挙げた「つまらないものですが」を例に取って言えば、これも途中に別の語を挿入できない統語的固着性がある。例えば、「？つまらないものかもしれませんが」とすると、希薄化したはずの「つまらない」の原義が生き還ったような印象を与える。また、「？おいしくないものですが」のように、類義語に交替した場合も同様に原義のままの卑屈な印象を与える。

　ある種の謙遜表現だからと言って、否定的価値評価の語彙が何でも使えるわけでなく、このように慣習化した配慮表現以外は許容されず、不自然であり、相手にも不快な印象を与えかねない。謙遜表現の乱用は卑屈な印象を与えたり、相手に対する与益の真意そのものを損ねたりする恐れもある。そこで、慣習化した謙遜表現を用いて儀礼的にネガティブポライトネスを表現することで、与益と謙遜のバランスを上手く維持しようとしていると言える。

　逆に言うと、配慮表現が受け入れられるには、慣習化の意識が共有されていなければならない。じじつ、「つまらないものですが」に違和感を覚える若者世代が一定数いることも報告されている（塩田 2012）。

　成句として慣習化した配慮表現の辞書記載はどうであろうか。

(26)　つまらない【詰まらない】《連語》①心がときめくようなことがなくて、面白くない。また、興味が感じられない。②〔多く連体形を使って〕意味や価値がない。また、無意味でばかばかしい。表現「つまらないものですが、…」の形で、贈り物などを差し出すときに謙遜の気持ちを添える挨拶語としても使う。「つまらないもので

すが、ご笑納ください」③〔多く連体形を使って〕問題にするに足りない。取るに足りない。④報われることがなく、かえって不利益である。　　　　　　　　　　　　　　　　　（北原（編）2010: 1153）

　ここでは第二の語義に添える形で「表現」という補助的な記載が行われている。そして、その内容も四種の語義のいずれとも異なる謙遜のポライトネス機能が記載されているが、②の語釈に続いているのは、無意味、無価値との語義がこの配慮表現の原義であると解釈されていることを示している。

　同様の視点で井出の「敬意表現」を検証してみると、成句の定型表現「ご高名は伺っております」は辞書に名詞「高名」の用例として記載されている。

(27)　こうめい【高名】〔名〕①〔形動〕評判が高く、広く名を知られていること。また、その高い評判。こうみょう。「―な彫刻家」②名前をいう尊敬語。「御―はかねがね承っております」　（北原（編）2010: 592）

　この辞書では慣習化した表現が用例として記載されることもある。特に「高名」②の実例はこの成句での使用に偏っている[3]ことから、編纂者がこれを用例として記載したと見られる。いっぽう「春らしいスカーフですね」は統語的にも語彙的にも固着化しておらず、辞書にも登載されていない。つまりこの表現はある文脈でポジティブポライトネスの機能を帯びるが、慣習化されてはいない。この類の表現は配慮表現として範疇化する必然性が低い。

　「つまらないものですが」における「つまらない」、「ご高名は伺っております」の「高名」は原義を喪失しているとまでは言えないが、儀礼的に用いられる分、原義が希薄化している。「ご多忙のところ」の「多忙」、「おつかれさまでした」の「つかれ」なども同様である。

2.3.5　慣習化の適用範囲について

　本章では、機能現象としての「ポライトネス」と表現形式としての「配慮表現」とを明確に区別する必然性を示すことを念頭に置いて、配慮表現の定

---

[3]　現代日本語書き言葉均衡コーパス（BCCWJ）において「高名は」を含む8例中5例が「ご高名は（動詞）ております」の形式。動詞は「承る、伺う、存じる、存じ上げる」と類義の謙譲語で交替可能。動詞の前に「かねがね、以前から」等、類義の副詞が挿入可能。形式が完全に固着化してはいないが、類義語への制約は見られる。

義に「慣習化」概念を加えた趣旨を中心に説明してきた。次にこれによって配慮表現に該当する表現群はどこまでであるか。即ち内包から外延への適用について説明しておきたい。

2.1で見た従前の配慮表現の定義は、従前の敬意表現、配慮表現の多様性を反映して緩やかなものであった。これに「慣習化」を加えることは、せっかくの配慮表現の多様性を狭めてしまうことになりはしないか。これについて第1章での研究の区分を配慮表現の区分に置き換えて確認しておきたい。

まず〔A型〕の、特定の語彙・表現による配慮表現は、本章で例示に用いている「ちょっと」や「かもしれない」などのように、慣習化がはっきりと見て取れて、その結果として辞書の語義にも記載される場合があるもので、慣習化を加えた配慮表現の定義に合致する最も典型的な配慮表現と言える。

ただし、既に見てきたように、慣習化には勾配性、つまり程度的な連続性があり、慣習化しているものとしていないものとの境界線を明確に引くことはできない。これは「お湯」と「水」との境界線を何℃と決められないと同じである。そこで、「一定程度以上に」という修飾句を敢えて添えた。実態としての境界線が不明瞭だからこそ、この不明瞭な修飾句が実態を適切に表現しているのである。その結果、原義を喪失してポライトネス機能に特化されて完全に慣習化した配慮表現だけでなく、中間段階のものも「一定程度以上に」の適用により、配慮表現に包摂される。本書第4章～第8章はいずれも慣習化した配慮表現について考察したもので、これに該当する。

この語群は2.2.3でも見たように、辞書に登載されることがあるのも特徴だが、登載の可否はあくまでも辞書編纂者の判断に委ねられた事柄であって、配慮表現としての慣習化の実態が必ずしも辞書に反映されるとは限らない。したがって、国語辞書への記載は当該語彙の慣習化の度合いを測定するための一つの参考指標ではあるが、それだけでなくコーパス検索やアンケート・インタビューなどによって日本語話者の意識調査を行い、実態を把握していく必要がある。

今後、配慮表現を言語生活、言語教育等における実用的な概念として活用するにはどこかに線を引いて配慮表現を認定しなければならない。現状において実際にその線引きを試みているのは辞書編纂者である。しかし、今後は研究者の手による配慮表現研究を進展させ、その成果を反映した本格的な

「配慮表現辞典」の編纂が必要ではないだろうか。

　次に〔B型〕、つまり文法形式や語彙の選択がポライトネス機能の表現となる場合はどうか。例えば、通勤電車の車内放送では列車の車掌が自ら扉を閉めるにもかかわらず、自動詞を用いて「扉が閉まります」と言うのは、自然現象のように表現して乗客への注意喚起を緩和する機能とされるが、塩田（2012: 76）ではこのような自動詞の選択を「慣習的に使われている」と述べている。この種の文脈に応じた自動詞の選択されやすさは慣習化しており、これも慣習化を加えた配慮表現の定義に合致している。本書第9章の引用表現の選択はこれに該当する配慮表現である。

　〔C型〕の日本語と外国語の対照言語文化論では、中国語の例で、「おいしいお茶をわざわざ有名なお店で買ってきてあげました」のように言うことがあり、自己の負担に対する考えが日本語と異なっているとされる（新屋他 2003–2004）。このような場合、配慮言語行動の対照言語文化論と言うべきもので、ポライトネス・ストラテジーにおける文化差の変数を示したものとして、ポライトネス理論の枠内での議論が十分に可能である。

　〔E型〕は三宅和子による一連の携帯メール研究だが、個々の表現というより、携帯メール上の談話全体から見た配慮言語行動を分析したものである。その中で記述されている表現としては、感謝、謝罪、挨拶といった慣習化した表現が含まれている上に、LINEスタンプのように慣習化した表現が図案化されたものも考察対象として扱われている。ゆえに、配慮表現そのものの研究というより配慮表現を含む、より巨視的な配慮言語行動の研究ということになる。三宅自身も「配慮表現」と「配慮言語行動」を適切に使い分けている。本書第10章もこれに該当する配慮言語行動の論考である。

　〔F型〕の歴史的研究は多種多様な表現が分析されており、〔A型〕に準じる定型句への言及もあれば、定型句を抽出することなく文章全体を配慮の視点から考察したものもあり、これも配慮表現を含む巨視的な研究と言える。

　以上を整理すると、慣習化を加えた配慮表現の定義にそのまま合致するのは〔A型〕、〔B型〕である。〔C型〕、〔E型〕、〔F型〕はいずれも配慮表現を包含しつつ、それぞれにより巨視的な単位の「配慮」を対象としたものと考える。なお、〔D型〕はメタ研究であって配慮表現の区分に対応しないので除外した。

第 3 章

配慮表現の分類と語彙

山岡政紀

3.1　各研究者による配慮表現の分類

　本章ではポライトネス機能が慣習化したと考えられる配慮表現の分類を示し、該当する語彙・表現を例示することにしたい。それに先立ってまず各研究者による配慮表現の分類について見ておきたい。

(1) 　国語審議会（2000）敬意表現にかかわる配慮の種類：①人間関係に対する配慮、②場面に対する配慮、③伝える内容に関する配慮、④相手の気持ちや状況に対する配慮、⑤自分らしさを表すための配慮
(2) 　彭飛（2004: 3–9）配慮表現の四領域：①緩和表現、②受益表現、③プラス価値付加表現、④心地よい気分表現
(3) 　牧原（2012: 3–4）配慮表現のいくつかの型：①前置き表現、②文末表現、③副詞的表現、④利害誇張表現、⑤授受表現、⑥間接的表現、⑦文法カテゴリー
(4) 　野田（2014: 8–12）Ⅰ 形式から見た配慮表現の種類：①敬語、②文末のモダリティ表現、③間接的な表現、④前置き表現、⑤音声、⑥記号・顔文字・絵文字　Ⅱ　機能から見た配慮表現の種類：①上位待遇、②断定緩和、③共感表明、④負担表明、⑤謝罪、⑥理由説明

　単に区分の仕方というだけでなく、各研究者がどこまでを配慮表現と考えているのか、それぞれの多様性、守備範囲の広さを知る手がかりともなって興味深い。分類の基準には形式と機能という二つの基準があり、(1)、(2)は機能分類、(3)は形式と機能の混合、(4)は形式分類と機能分類を別立て

にしている。

　また、分類ではないが、姫野 (2005) における「配慮表現の方略」は配慮表現が持つ配慮機能を方略として整理したものであるため、(1) ～ (4) のうちの機能分類に用いられる名称と似通った概念が示されている。そこでは、発話行為を競合型、潜在的競合型、懇親型に立て分けて論じているが、そのうちの潜在的競合型における配慮表現の方略が (5) である。

(5) 　姫野 (2005: 17–18) 潜在的競合型における配慮表現の方略：①自己利益・相手負担への言及、②相手利益・自己負担への言及回避、③主張の概言化、④質問の独話化、⑤迷惑行為の動作者としての聞き手を非顕在化、⑥聞き手の情報の縄張りを侵す表現を抑制、⑥自己領域の情報について認識の一致・強要を抑制

　基準も考え方もまちまちなので単純比較はできないが、共通の言語現象に着目したものがいくつか見出せる。例えば、(2) 彭飛 (2004) の①緩和表現、(4) 野田 (2014) のⅡ②断定緩和、(5) 姫野 (2005) の③主張の概言化はその典型例である。また、(2) 彭飛 (2004) の②受益表現、(3) 牧原 (2012) の③利害誇張表現、⑤授受表現、(4) 野田 (2014) のⅡ④負担表明、(5) 姫野 (2005) の①自己利益・相手負担への言及、②相手利益・自己負担への言及回避もほぼ共通の現象に着目している。

　ここではこれら先行研究の分類を一つ一つ具に検討することはせず、これらを参考にして多様な表現群を幅広く収められる分類を提案しつつ、その説明のなかで必要に応じて先行研究の分類に言及する。

3.2　形式分類

　配慮表現の分類には「形式分類」と「機能分類」の二種がある。両者が効率的に活用されることが望ましい。

　外形的特徴からの分類しやすさにおいては「形式分類」が役立つ。筆者はこれまで科学研究費補助金で日本語配慮表現データベースの構築に取り組んできた。その研究計画の段階から、データの整理に役立てるため、「形式分類」のフィールドを設定している。これは単語で言えば品詞に相当するが、連語による成句の配慮表現も多く存在するので、それらには品詞より上位の

形式的区分を与える必要がある。それらを総称して「形式分類」とする。

　形式分類は「①副詞、②副詞句、③形容詞・形容詞句、④接尾語・補助動詞、⑤文末表現、⑥慣用文、⑦文法形式の交替」の７種とする。以下に各分類の代表的な語句例を示す。

> ①副詞　ちょっと、ぜんぜん、ぜひ、いちおう、ただ、まったく、たしかに、そこそこ、なるほど、そろそろ、なんか、まさに、本当に、やっぱり、なかなか、等

　副詞は動詞、形容詞、他の副詞を修飾するという構文上の位置を持つ。配慮表現の副詞には、感動詞（応答詞）として独立語的に用いられるものも少なくない。「ぜひ、たしかに、なるほど、いちおう」などはその傾向が強い。

> ②副詞句　おかげさまで、悪いけど、すみませんが、恐縮ですが、失礼ですが、よろしかったら、ご多忙のところ、つまらないものですが、僭越ながら、どちらかというと、自慢じゃないが、差し支えなければ、等

　副詞句は慣習化による固着性の表れ方が単独の副詞と異なることから別区分とした。単独の副詞においては意味上の慣習化しか発生しないが、副詞句の場合は成句形式の固着化という形式上の慣習化も同時に発生することは、2.3.4 でも述べた通りである。

　なお、牧原（2012）、野田（2014）のように、「すみませんが」、「よろしければ」など、発話の本題に入る前の導入的な補助句を「前置き表現」とする形式区分もあるが、品詞上は発話全体に係る文副詞句であるため、ここでは、「どちらかというと」などのモダリティ副詞句、「ご多忙のところ」などの情態副詞句など、他種の副詞句と一括して副詞句に含めている。

> ③形容詞・形容詞句　大丈夫、さすがですね、お見事、大変ですね、よかったですね、光栄です、やばい、すごい、等

　形容詞についても、副詞句と同様に形式的に固着化した形容詞句が存在しているが、「お見事」のように接頭語「お」を添えるだけのもの、「大変ですね」、「よかったですね」のように対人的なモダリティ形式を添えるだけのも

のなど、固着化の形式が小規模なものが多いため、「形容詞・形容詞句」で一括している。

> ④接尾語・補助動詞　のほう、的な、的には、とか、なんか、〜てくれる、
> 　　　　　　　　　だけあって、〜たり、〜させていただく、等

　接尾語・補助動詞には、動詞に下接して受益性を表示する授受補助動詞「〜てくれる」「〜てもらう」、「〜ぽい」のようにもともと名詞に接続する接尾語であったものが緩和表現として助動詞化したものも含んでいる。

> ⑤文末表現：助動詞　〜だろう、〜かもしれない、〜ようだ、〜ぽい、等
> 　　　　　：終助詞　〜ね、〜よね、〜もの、〜とも、等
> 　　　　　：思考動詞　〜たいと思う、〜のように思う、〜気がする、等
> 　　　　　：二重否定　〜と言えなくもない、〜ないこともない、等
> 　　　　　：言いさし　〜ので、〜けど、〜れば、〜たら、等
> 　　　　　：条件情意　〜てくれるとうれしい、〜てくれてもいいのに、等

　文末表現には多様な語句類が混在しており、下位分類を設けた。その多くは構文論でモダリティ形式と呼ばれるものと合致するが、現状の構文論でモダリティ形式と認められていないもの（二重否定、条件情意の一部）も含まれており、出現位置だけを明記した文末表現としておく。

　助動詞は機能分類で緩和表現に属するものが多い。「〜ぽい」のようにもともと名詞の接尾語であったものが緩和表現として助動詞化したものも含んでいる。条件情意は、形式上は条件節を含む複文構造となっているが、全体として対人的な働きかけの機能を持つ文末表現を範疇化したものである。

> ⑥慣用文　ご笑納ください、ご高名は伺っております、おつかれさまです、
> 　　　　うれしい悲鳴です、高い所から失礼します、等

　慣用文は、文の構成要素というよりも独立した一つの文全体が慣習化しているものであり、語や句のレベルには収まらないタイプの配慮表現を含むカテゴリーとして独立させた。

> ⑦**文法形式の交替**　動詞の他動詞→自動詞、動詞の普通形→可能形、
> 　　　　　　　　　引用表現の発話者中心→受信者中心／→イベント中心、
> 　　　　　　　　　動詞の普通形→尊敬形／→謙譲形、等

　牧原（2012）で⑦文法カテゴリーとして挙げられているもので、第1章では〔B型〕の考察対象であったものを一括してここに区分する。文法形式の相対的な交替において、一方の形式を選択することが配慮表現として慣習化していると考える。例えば、他動的動作であるのに「（車掌が）ドアが閉まります」と自動詞を選択することが配慮表現となっている。「動詞の普通形→尊敬形／→謙譲形」は「話す→お話しになる／→お話しする」のような選択形式、いわゆる敬語のことで、「見る→ご覧になる（尊敬語）／→拝見する（謙譲語）」のような語彙交替による選択もその不規則変化として含む。

　なお、野田（2014）では配慮表現のⅠ形式分類に①敬語、⑤音声、⑥記号・顔文字・絵文字が含まれている。敬語はネガティブポライトネスの一つの表現方法であり、井出の敬意表現にも敬語は含まれていたし、本章でも上述の通り敬語も配慮表現の一つと考える。本章では、敬語は主として⑦文法形式の交替に属すると考えるが、他の6分類にも部分要素として横断的に現れており、敬語という独立区分を設ける必要はないと考えている。

　音声、記号・顔文字・絵文字も配慮表現に含まれると考えるが、接尾語・補助動詞や文末表現の一種として扱うことも可能である点、具体的にどのような音声形式、記号等が配慮表現として慣習化しているかについて十分な蓄積がないため、当面は形式分類として専用の区分を設けることはしない。

　以上は現時点における形式分類であるが、今後も研究の進展とともに変更が十分にあり得る。

3.3　配慮表現の原理

　配慮表現と認定する表現が増えるにつれて、それらが帯びる配慮機能の多様性が目を惹くようになった。そして、それらは多様ではあるが、いくつかの似通った配慮機能を帯びたグループに整理できることもわかった。そして、配慮機能こそが配慮表現の認定根拠でもあるので、最終的な配慮機能を探究するうえでは「機能分類」が重要となる。

配慮表現が持つ配慮の機能を記述するうえで役立つのがリーチのポライトネスの原理（序章 p.7 参照）である。ただし、そのなかには行為選択を動機づける原則が含まれているため、言語表現の選択をめぐる原理に読み換える必要がある。
　ここで、(6)と(7)の二つの言語行動を比較してみよう。

(6)　このじゃがいもの皮をむいてください。
(7)　もうひとつサンドイッチをお召し上がりください。

　リーチのポライトネスの原理のうち、気配りの原則である「他者の負担を最小限にせよ」、「他者の利益を最大限にせよ」に照らして、相手に負担が少なく、利益の多い(7)が選択される。
　これに対して、配慮表現は文脈の側を固定し、言語行動が制約された場合における表現の選択に関わる理論である。例えば、仮にどうしてもじゃがいもの皮むきを頼まなければならないような文脈を想定した場合、同じ内容の《依頼》であっても、話者は相手にかける負担に配慮した表現をなるべく用いようとする。(8)〜(11)は(6)と同じ内容の《依頼》だが、この順番に配慮の度合いが高くなっている（下線は本章の筆者）。

(6)　このじゃがいもの皮をむいてください。
(8)　このじゃがいもの皮をむいて<u>ほしいのですが</u>。
(9)　このじゃがいもの皮をむいて<u>いただけませんか</u>。
(10)　<u>ご面倒で恐縮ですが</u>、このじゃがいもの皮をむいて<u>いただけないでしょうか</u>。
(11)　<u>誠に失礼ですが</u>、<u>もしお時間が許せば</u>、このじゃがいもの皮をむいて<u>いただけると大変有り難いのですが</u>。

　(11)のように表現したからと言って相手の物理的な負担そのものは減らないが、配慮が相手に伝わることによって相手の心理的な負担感が相対的に緩和される。このように「ことばのポライトネス」として選択される表現が慣習化したものが配慮表現である。
　これを整理してポライトネスの原理から派生した配慮表現の原理の存在を論じた論考がある。川村（1991）では、日本語文化では利益を受けることを

精神的負担と受け止める傾向があり、そのため、相手に利益を与えながらも相手の心の負担を軽くしようとする配慮が働くとしている。姫野（2002）では、実際に相手に利益を与え、自分が負担を負ったとしても、それをそのまま表現すると相手に心理的負担を負わせてしまうので、言語表現では実際と反対に相手の利益や自分の負担は小さいと述べ、逆に相手の負担や自分の利益は大きいと述べることが相手の心理的負担を軽減すると述べている。

　これらの考えを整理すると、ポライトネスの原理のうち、負担と利益にかかわる気配りの原則と寛大性の原則には、反比例的な原理である「配慮表現の原理」が存在することがわかる。

表1　負担と利益に関わる配慮表現の原理

	①ポライトネスの原理	②配慮表現の原理
（A）気配りの原則	(a) 他者の負担を最小限にせよ	(a) 他者の負担が大きいと述べよ
	(b) 他者の利益を最大限にせよ	(b) 他者の利益が小さいと述べよ
（B）寛大性の原則	(c) 自己の利益を最小限にせよ	(c) 自己の利益が大きいと述べよ
	(d) 自己の負担を最大限にせよ	(d) 自己の負担が小さいと述べよ

　リーチの例文を借りて述べると、(6)はポライトネスの原理（A①-a）「他者の負担を最小限にせよ」の原則に反する《依頼》である。しかし、同じ《依頼》でも、(7)においては、「ご面倒で恐縮ですが」の部分で相手の負担を強調している。これは配慮表現の原理（A②-a）「他者の負担が大きいと述べよ」の原則に沿うものである。また、「大変ありがたい」の部分では自己の利益を強調している。これは配慮表現の原理（B②-c）「自己の利益が大きいと述べよ」の原則に沿うものである。これに対して行為者が「お安いご用だよ」と応じたとする。これは配慮表現の原理（B②-d）「自己の負担が小さいと述べよ」の原則に沿うものである。

　すると、日本語で「つまらないものですが」と言って贈り物を手渡したり、食事に招待して「何もありませんが」と言ったりするのは、配慮表現の原理（A②-b）「他者の利益が小さいと述べよ」に沿ったものであるし、相手が多忙かどうかわからなくても「お忙しいところ、わざわざありがとうございます」と言うのは、配慮表現の原理（A②-a）「他者の負担が大きいと述べよ」に沿ったもので、いずれも定型句として慣習化している。

（C）是認の原則以下の4原則については、それ自体が言語表現に関わる原則であるので、ポライトネスの原理と配慮表現の原理は一致する。ただし、言語表現において発話そのものの目的と、人間関係維持のためのポライトネスの目的と、異なる二つの目的を同時に達成しようとするときは、各原則の意図は配慮表現が専ら担うことになる。例えば、相手の問題点を指摘する目的で発話する「君の文章は<u>ちょっと</u>荒いな」《非難》はFTAであるが、この中で配慮表現「ちょっと」のみが是認の原則（C-e）「他者への非難を最小限にせよ」に基づく緩和の機能を担う。何かの事情で「わたし、英語は<u>そこそこ</u>できます」と自己の能力に言及する必要に迫られた場合、配慮表現「そこそこ」が謙遜の原則（D-g）「自己への賞賛を最小限にせよ」の役割を担い、自慢の程度を抑制する働きをする。他の2原則についても同様である。

なお、姫野（2004）、姫野（2016）では、上述の負担・利益に関する原理のほかに、「話し手の決定権・意志をなるべく表出しないこと」、「聞き手の縄張りに踏み込まないこと」、「自分を聞き手と対等な関係と位置付けないこと」なども配慮表現の原理として挙げている。

3.4 機能分類

機能分類は、「緩和表現」「ぼかし表現」など、独立した用語として従前に用いられていたカテゴリーも配慮表現の下位区分として活かしたいとの考えから「○○表現」という呼称を一貫して用いる。

ここでは下位区分を「Ⅰ利益表現、Ⅱ負担表現、Ⅲ緩和表現、Ⅳ賞賛表現、Ⅴ謙遜表現、Ⅵ賛同表現、Ⅶ共感表現」の7種とする。以下に区分ごとに代表的な語句例を示す。各区分内に小区分のあるものはⅰⅱと分けて示す。

> Ⅰ利益表現　ⅰ自利大　おかげさまで、ぜひ、〜れば幸いです、〜させていただく、お言葉に甘えて、さっそく、等／ⅱ自利大（感謝）ありがとう、先日は（その節は）ありがとうございました、お世話になりました、助かった、恩に着る、等／ⅲ他利小　つまらないものですが、何もありませんが、ご笑納ください、等

リーチのポライトネスの原理において、気配りの原則と寛大性の原則は非言語的な利益の授受行為に関する原則である。これらは対人関係の維持とい

う動機づけに基づく非言語的な行為の原則であるがゆえに、利益の授受による不均衡状態が生じた場合は言語表現で均衡を図ろうとする。そのためポライトネスの原理とは反比例的な、以下の配慮表現の原理が存在する。

　　（A）〔気配りの原則〕(a) 他者の負担が大きいと述べよ
　　　　　　　　　　　　(b) 他者の利益が小さいと述べよ
　　（B）〔寛大性の原則〕(c) 自己の利益が大きいと述べよ
　　　　　　　　　　　　(d) 自己の負担が小さいと述べよ

　このうちの利益に関わる原則 (b) と原則 (c) に適う配慮表現が利益表現である。原則 (b) に適う「他利小」の利益表現として、贈り物を贈る際の「つまらないものですが」、料理を振る舞う際の「何もありませんが」などがある。原則 (c) に適う「自利大」の利益表現として、「おかげさまで」や《許可要求》や《依頼》に応じる際に用いる「ぜひ」、相手の応答への謝意に添えて用いる「さっそく」などはこれに当たる。また、いわゆる感謝表現も理論的には利益表現（自利大）の一種と言えるが、慣習化が際立っているため、便宜的に別区分とする。

> **Ⅱ 負担表現**　**i 他負大**　お忙しいところ、わざわざ、お足元の悪いところ、恐縮ですが、お手数ですが、ご面倒ですが、可能なら、よろしかったら、失礼ですが、差し支えなければ、等／**ii 他負大（謝罪）**　ごめんなさい、お許しください、堪忍して、あしからず、すみません、私が悪い、迷惑をかけた、失礼しました、申し訳ない、恐縮、遺憾、恐れ入ります、等／**iii 自負小**　ぜんぜん、大丈夫、喜んで、ついでに、お安い御用、等

　前述の配慮表現の原理における気配りの原則、寛大性の原則のうち、負担に関わる原則 (a) と原則 (d) に適う配慮表現が負担表現である。原則 (a) に適う「他負大」の負担表現には多種多様なものが含まれている。《依頼》の際に相手に係る負担感を抑制する前置きの負担表現は主に三種ある。第一に、「すみませんが」、「悪いけど」、などの謝罪の前置き、第二に、「お手数ですが」、「ご面倒ですが」など、相手の負担を直接言語化した前置き、第三に、「可能なら」、「お時間があれば」など、条件を添えて《依頼》の心理的圧

力を減殺する前置きである。また、相手の来訪や協力に対する謝意として用いる「ご多忙のところ」、「お足元の悪いところ」、「わざわざ」、「あいにく」、「せっかく」なども相手の負担を強調する負担表現として用いられる。また、いわゆる謝罪表現も理論的には負担表現（他負大）の一種と言えるが、慣習化が際立っているため、便宜的に別区分とする。

　原則 (d) に適う「自負小」の負担表現としては「喜んで」、「大丈夫」、「ついでに」、「ぜんぜん」などがある。これらは用例を用いて説明したい。下記の4例では、それぞれの会話参与者のうち、第一話者が「他負大」、第二話者が「自負小」の負担表現を用いている。

(12)　「悪いけど、バイトのシフト変わってくれない？」「あ、僕、ぜんぜんやれますよ」
(13)　「お忙しいところお手間だったでしょう」「いえいえ、大丈夫です」
(14)　「時間があったら、少し手伝ってくれませんか」「はい、喜んで手伝いますので」
(15)　「わざわざ来てくれてありがとう」「いや、ついでに寄っただけです」

　(15) の応答の「ぜんぜん」は、本来は否定述語と呼応するとされるが、ここでは動詞の肯定形に係っている。この場合、相手の気遣いを打ち消す文脈的否定が読み取れる負担表現となっている。このような現状は若者言葉として認知されているが一般化していく傾向にある。(⇒第8章参照)(13) の形容詞「大丈夫」にも相手の心配を打ち消す意味が内包されており、「全然大丈夫」の組み合わせも多く見られる。

Ⅲ 緩和表現	ⅰ 侵害抑制　かもしれない、どちらかと言えば、〜と言えなくもない、〜ないでもない、〜ように思う、〜気がする、毛頭、やまやま、そのうえで、お言葉ですが、良かれと思って、悪気はないのですが、等／ⅱ 不一致回避　かもしれない、〜のほう、的には、とか、たり、〜ぽい、〜みたいな、等

　緩和表現という用語は彭飛（2004）などで従前から用いられていたものである。断定を意図的に避けるもので、B&L (1987) ではこれをヘッジ (hedge) と呼んでいる。これにはポライトネスの原理の三つの原則が関与している。

(C) 〔是認の原則〕(e) 他者への非難を最小限にせよ
(E) 〔一致の原則〕(i) 自他の意見相違を最小限にせよ
(F) 〔共感の原則〕(k) 自他の反感を最小限にせよ

　このうち原則 (e) に適う「侵害抑制」の緩和表現は、《非難》、《反論》、《忠告》など、相手に対する攻撃的な発話によって相手のフェイスを侵害する恐れがある場合、その程度を抑制しようとするものである。これには副詞「ちょっと」、文末表現の「かもしれない」(縮約形の「かも」を含む) や二重否定の「〜と言えなくもない」、「〜気がしないでもない」や前置き副詞句「どちらかと言えば」などがある。

(16)　「ちょっとやり過ぎだと言えなくもない」
(17)　「どちらかと言えば、苦手だな」
(18)　「そこ、どいたほうがいいかも」

　他の語句として、催促に添える「そろそろ」、自己弁護に用いる「毛頭」、「さらさら」、《反論》を導く接続詞として用いる「ただ」、「そのうえで」、理由を述べる言いさしの「〜ので」などがある。
　原則 (i) は《主張》、原則 (k) は《感情表出》と、発話機能の違いはあるが、いずれも自分と相手との不一致を回避しようとする原則である。こちらにも文末表現「かもしれない」が使えるほか、副詞「なんか」、接尾語の「〜のほう」、「的には」、「とか」、「たり」、「〜ぽい」、「〜みたいな」などがこれに類する。

(19)　「このラーメン、なんか、おいしいかも」
(20)　「お箸のほう、おつけしますか」
(21)　「わたし的には、嫌だな」
(22)　「映画とか、見に行かない？」
(23)　「ねえ、今度の日曜、空いてたりしない？」

　(19) では自分の味覚では「おいしい」と思っているが、一緒に食べている友人が一致する自信がないので、一致しない場合に備えてヘッジをかけている (逃げ道を作っている) のである。これらの原則に適う「不一致回避」

の緩和表現にはもともと「ぼかし表現」という呼称も用いられているが、本質的にはヘッジ機能の共通性から緩和表現の一種と考えられる。

| Ⅳ賞賛表現 | さすが、すごい、なかなか、お見事、恰幅がいい、健康的、個性的、伸びしろがある、恐れ多くも、もったいなくも、いい意味で、鳥肌が立つ、ご高名は伺っています、ご立派、動詞普通形→尊敬形、等 |

他者の評価に関わる原則が是認の原則である。

　(C)〔是認の原則〕(f) 他者への賞賛を最大限にせよ

原則 (f) については、「その髪型、似合ってるね」、「今日のプレゼンわかりやすかったよ」のような、文脈に依存した自由な表現によって実行されるが、これらは慣習化してはいない。いっぽうそうした《賞賛》において肯定評価を程度的に高めることが慣習化した賞賛表現もある。それが、副詞「さすが」、「なかなか」、形容詞「すごい」、「お見事」、「ご立派」などの賞賛表現である。近年、否定的な意味から肯定的な意味に転じたとされる形容詞「やばい」もこれに類する。

　また、語彙の選択における慣習化が認められるものとして、太った男性に対する「恰幅がいい」、同じく女性に対する「健康的」、容姿端麗ではない人の容姿をほめるときに用いる「個性的」、成長や上達が不十分あるいは遅れていることを指摘する際の「伸びしろがある」などがこれに当たる。本来の寒さや恐怖の意味から感動の表現に拡張したとされる「鳥肌が立つ」もこの種の賞賛表現として慣習化する傾向にある。

　相手の属性に対してではなく、相手の存在そのものを高める表現も賞賛表現の一種と言える。その機能が際立って慣習化したのが、動詞普通形から尊敬形への交替で、「お〜になる」(お話しになる)、「〜(ら)れる」(話される)といった文法形式で表現される。それ以外にも、上位者や敬意の対象による行為に対して用いる「恐れ多くも」、「もったいなくも」などもこれに含まれる。相手から何らかの恩恵を受けたときの《感謝》の一環であることも多い。相手の存在が自分よりも相対的に上位にあることに対して配慮した表現という意味では、「僭越ながら」のような謙遜表現と同種の機能を有する。

> **Ⅴ謙遜表現**　ⅰ**自賛抑制**　まだまだ、そこそこ、一応、自慢じゃないけど、月並みですが、手前味噌ですが、自分で言うのも何ですが、等／ⅱ**自己非難**　若輩者、不束者、出来の悪い、僭越ながら、高い所から失礼します、お目にかかれて光栄です、不徳の致すところ、拙宅、拙文、愚見、動詞普通形→謙譲形、等

自己の評価に関わる原則が謙遜の原則である。

　　(D)〔謙遜の原則〕(g) 自己への賞賛を最小限にせよ
　　　　　　　　　　(h) 自己への非難を最大限にせよ

原則 (g) に適う「自賛抑制」の謙遜表現は、何らかの文脈的要請により、(24) のように自己の能力や資格などに言及せざるを得ないときに、自賛を抑制する機能を有するものである。

(24)　私、英語は<u>そこそこ</u>できます。<u>いちおう</u>英検2級持ってますので。

原則 (h) に適う「自己非難」の謙遜表現は、自己への言及に際して敢えて低評価を付与するもので自身や身内の者を「若輩者」、「不束者」と呼んだり、「出来の悪い」と評したりするのはこれに当たる。相手との対人関係において自分を低く位置づける表現も謙遜表現の一種である。その機能が際立って慣習化したのが、動詞普通形から謙譲形への交替で、「お~する」(お話しする)、「お~いたす」(お話しいたす) といった文法形式で表現される。そのほかにも、上位者への気遣いから相対的に自分を下げる「僭越ながら」、「高い所から失礼します」などもこの区分に分類される。

> **Ⅵ賛同表現**　なるほど、たしかに、まったく、ごもっとも、~もの、~とも、その通り、異議なし等

自他の《主張》を少しでも一致の方向へ近づけようとするのが一致の原則である。

　　(E)〔一致の原則〕(j) 自他の意見一致を最大限にせよ

原則 (j) に適う賛同表現は、相手の《主張》に対する《賛同》を表明する際

に用いる副詞「なるほど」などや、終助詞「もの」などがこれに当たる。文末表現「かもしれない」はこの機能をも担い得る。

(25) 「あの人は信用できないわ」「たしかにあの人は嘘をついている<u>かもしれない</u>。ただ、もう少し信じてみたいの」
(26) 「彼ならきっと海外赴任も十分務まると思います」「<u>なるほど</u>彼なら留学経験も語学力もある<u>ものね</u>」

(25)では相手の《主張》に《反論》する前に、そのクッションとしていったん《賛同》して見せる発話に「たしかに」と「かもしれない」が用いられている例である。「たしかに」が原義の「確かさ」を全く有さず賛同表現に特化されている用例としても興味深い。

> **VII 共感表現**　大変ですね、よかったですね、本当に、やっぱり、おつかれさま、それな、ですよねー、わかる、等

自他の《感情表出》を少しでも一致の方向へ近づけようとするのが共感の原則である。

　(F)〔共感の原則〕(I) 自他の共感を最大限にせよ

原則(I)に適う共感表現としては、相手の《感情表出》に対する《共感》を表明する際に用いる形容詞句「よかったですね」、「大変ですね」、副詞「本当に」、「やっぱり」のほか、今や挨拶ことばにもなりつつある「おつかれさま」もこれに類する。

(27) 「両親が留学を認めてくれました」「<u>よかったね</u>」
(28) 「家族がみんな風邪をひいちゃったんですよ」「<u>大変でしたね</u>」
(29) (聴衆同士の会話)「今日の演奏、すばらしかったね」「<u>本当に！</u>」

賛同表現と共感表現とでは使用する語句が異なっており、別の区分としたが、若者言葉に見られる「それな」、「ですよねー」、「あーね」、「ほんとそれ」などは賛同・共感の両方に使えるものが多く、消長の激しい若者言葉のなかにあって定着しつつある傾向も見て取れる。したがって賛同表現と共感表現を「一致表現」(仮称)としたうえで下位区分として賛同と共感に分けて

おく方法も考えられる。今後の推移を観察しながら判断したい。

以上の機能分類の7区分とリーチのポライトネスの原理および気配り・寛大性の原則に関しては 3.3 の配慮表現の原理の対応関係は表 2 の通りである。

リーチのポライトネスの原理は、対人関係上の行為として相手にとって望ましいもの（利益、賞賛、一致）を最大化し、相手にとって望ましくないもの（負担、非難、不一致）を最小化しようとする原理を6種の原則で表現したものである。それらの自己自身への行為としては、相手にどう映るかという観点から、相手に対するものとは逆向きベクトルの志向性を有する。例えば、他者への非難は望ましくないので避けたいが、自己への非難を相手の前で行うと、相対的に相手を高める行為と映るので相手にとって望ましいものとなる。これらの原則群のうち最大化を図る行為は B&L のポジティブポライトネス（P）に当たり、最小化を図る行為は同じくネガティブポライトネス（N）に当たる。

表2　ポライトネスの原理と配慮表現の機能分類との相関関係

ポライトネス／配慮表現の原理	機能分類	配慮表現の語句例
(a) 他者の負担が大きいと述べよ（P）	負担表現／他負大	ご多忙のところ
(b) 他者の利益が小さいと述べよ（N）	利益表現／他利小	つまらないものですが
(c) 自己の利益が大きいと述べよ（P）	利益表現／自利大	おかげさまで
(d) 自己の負担が小さいと述べよ（N）	負担表現／自負小	ぜんぜん
(e) 他者への非難を最小限にせよ（N）	緩和表現／侵害抑制	ちょっと
(f) 他者への賞賛を最大限にせよ（P）	賞賛表現	さすが
(g) 自己への賞賛を最小限にせよ（N）	謙遜表現／自賛抑制	まだまだ
(h) 自己への非難を最大限にせよ（P）	謙遜表現／自己非難	僭越ながら
(i) 自他の意見相違を最小限にせよ（N）	緩和表現／不一致回避	どちらかと言えば
(j) 自他の意見一致を最大限にせよ（P）	賛同表現	たしかに
(k) 自他の反感を最小限にせよ（N）	緩和表現／不一致回避	かもしれない
(l) 自他の共感を最大限にせよ（P）	共感表現	おつかれさま

3.5　まとめ

本章では配慮表現の形式分類と機能分類について述べた。特に機能分類に

ついて各区分とリーチのポライトネスの原理との関連性を明確にするように努めたことにより、個々の配慮表現がそれぞれの使用文脈においていかなる配慮機能を果たすのかがより鮮明になった。

　リーチのポライトネスの原理は会話に際して話者が有している志向性のベクトルのようなものを端的に表現している点でわかりやすい。そのうえで、その適用による表現選択が文脈依存的で臨機応変なストラテジーであることは、B&Lほど強調してはいないものの、リーチの理論においても内包されているところである。その意味では、各原則に適う表現のあり方は文脈依存的な実質語の選択をもって実行される部分が大きいと考えられる。

　一例として、前節の用例(27)「両親が留学を認めてくれました」に対する応答が共感の原則に沿うには「私もうれしいわ」とか「あなたの努力が実ったね」などと対人関係や状況に応じた自由な表現によって共感の内実を示すことができる。そのうえで、この種の文脈において共感の内実に言及せず、共感の原則の志向性を示す機能だけを担った表現が(27)の応答「よかったね」であり、この表現が便利で汎用的な表現として文脈の位相を超えて慣習化していることから、これを配慮表現の下位区分の共感表現として認めたということである。このあたりの事情は第2章でも繰り返し述べてきたことでもあり、ポライトネス理論と配慮表現研究の関係性を理解するうえで重要な点であるので、この点を最後に確認して本章を終えたい。

第 II 部

日本語配慮表現の諸相

第 4 章

配慮表現「ちょっと」の機能と慣習化
―ポライトネス理論からの再検証―

牧原　功

4.1　本章の目的

　本書は、語用論研究、ポライトネス研究の知見を用いることによって、言語現象の分析を新たな視点から行いうることを示すという構想のもとに編纂されたものである。本章は、上記の観点から、語用論的な視点からの考察が十分に行われたとは言い難い、筆者の「ちょっと」に関する論文をもとに、その後の語用論研究の視座からの分析を加えることで、どのような分析が可能となるかを示すことを主な目的とする。

　日本語研究において B&L によるポライトネス理論が援用されるようになったのは、比較的近年になってからのことである。筆者は、牧原 (2005) において、副詞「ちょっと」が程度副詞としての意味から離れ、主に対人関係に関わる使われ方をしているということを指摘した。実はこの論文は 1993 年の筑波大学応用言語学研究会、1994 年の関東文法談話会で報告した内容をまとめたものであり、その考察に語用論研究の知見はほとんど用いられていない。その目的は、「ちょっと」のポライトネスへの働きかけの在り方を考察するということよりも、程度副詞として本来はプロポジションの中で機能するはずのものが文末のモダリティ形式と呼応するという統語的な問題を論じること、そして、純粋な程度副詞としての「ちょっと」から対人関係に関わる用法に特化した「ちょっと」まで、段階的な変化が見られるという意味論的な観点からの考察を進めることにあった。

　その後、語用論の立場から、配慮表現としての「ちょっと」を扱う研究が

散見されるようになったが、依頼と断りに限定された考察であったり、言語習得を主たる考察対象とする等、「ちょっと」の振る舞いに対する包括的な研究は見られなかった。秦（2014）は、山岡・牧原・小野（2010）をもとにして、B&L のポライトネス理論を含む語用論の観点から、比較的広範囲の「ちょっと」の分析を試みた興味深い論考だが、「ちょっと」はネガティブフェイス侵害のリスク軽減のためのストラテジーとして機能しているというのが主な結論であり、格別の新規性を示しているわけではなかった。

本章では、「ちょっと」のポライトネスストラテジーを詳細に検討することで、これまで十分な説明のできなかったいくつかの言語現象を含め、包括的な原理説明が可能となることを示す。

4.2　「ちょっと」の用法に関するこれまでの研究の整理
4.2.1　川崎（1989）

程度副詞以外の「ちょっと」の働きに言及した論考として最初のものは管見の限りでは川崎（1989）である。そこでは次のように述べられていた。

> 「ちょっと、すみません」「ちょっと、貸して下さい」「ちょっと、手伝って」等のように、依頼の場面でよく使われ、「相手の負担を軽減する」ようなことばで、なくてもいいが、あると依頼がうまくいったりと、会話の目的をよりうまく達成することができる。会話のストラテジーとして、自然に出てくることばで、それがなくても、会話は成立するが、それがあると、気持ちのこもった会話になる。　（川崎 1989：30）

4.2.2　彭（1994）

彭（1994）は、程度副詞としての用法から離れた「ちょっと」の用例をいくつか取り上げ説明した。取り上げられている主な用例は以下のようなものである。

(1)　「すみませんが、柔らかい枕はありませんか」「ちょっと（ない）」
(2)　「ちょっとわからない」
(3)　「あの人はちょっと」
(4)　「ちょっとお先に」

（5）　「ちょっとお茶でも」
（6）　「ちょっと冗談じゃない」

　（1）は本来その語の持つ意味から完全に離脱しており、断定が避けられ表現が柔らかくなり、丁寧度が増し、会話の潤滑油になると述べ、（2）も同様の例として挙げている。また、このようなこのような場合の「ちょっと」は「すみません」と解釈してよいとしている。（3）は何か言いにくい場合によく使用され、マイナス的価値評価の意が強いとする。（4）は自分の行為を示す場合に「ちょっと」を添えることでお詫びの気持ちを持たせたり、話者の行為を誇張しない効果があると述べ、類例として、「ちょっとヨーロッパに行ってきました」「ちょっとゴルフをしてきました」を挙げている。（5）は話者が相手に働きかける時の何らかの感情・気分（気軽さ・相手への配慮・直截さを避ける等）が付け加えられているとし、「ちょっと貸して」「ちょっとやってごらん」「ちょっとお願いしますが」がこれらの類例とされている。（6）では、人を非難する場合にも、相手の行動を制止する場合にも使用可能な例とされ、「ちょっと厚かましいじゃない」「ちょっとあんた、何言うてんの」もこのタイプとされた。

　彭（1994）では、これらの用例を示し、純粋な程度副詞ではない「ちょっと」の用法が多岐に渡ることを示したが、「ちょっと」が使用される発話を俯瞰するというものではなかった。「ちょっと」を用いることで「断定が避けられ表現が柔らかくなり、丁寧度が増し、会話の潤滑油になる」と述べたが、断定を避けることがすべての発話機能において丁寧度を増すことにつながるわけではなく、「ちょっと冗談じゃない」のような例では断定を避けていると考え得るかは明確ではない等、更に検討を要する分析も残されている。また、（4）のカテゴリーで挙げている用法には、「ちょっとお先に」のように先に行くことによる聴者のネガティブフェイス侵害のリスクを軽減する用法や、「ちょっとヨーロッパに行ってきました」のような謙遜に繋がる用法が混在している。このような点で、原理的な説明が明確に行われているとは言い難い面があるように思われる。

4.2.3 牧原（2005）

　牧原（2005）では、「ちょっと」の用法を分類し、「「ちょっと」は、話し手がこれから行おうとする発話が、聞き手との間に何らかの摩擦[1]を生じさせるかもしれないと考えられる場合に、そのことを事前に予告し、摩擦を回避するために機能する。」と述べ、程度副詞としての意味から離れて純粋に摩擦を回避する用法として使われる場合があること、程度副詞との用法の関連性に段階的な変化が見られることを示した。なお、4.5 節での考察に用いるため、そこでの「ちょっと」の分類を引用しておく[2]。

① 聞き手に何かを依頼する
(7) こんなふうになっちゃう、ちょっと、この、説明していただけ…
(8) うん、まあ、ちょっと急がせるようで悪いんだけどもね。

② 聞き手に質問する
(9) あの、ちょっとおうかがいしたいんですけれども
(10) そちらの営業時間のほうを、ちょっとお聞きしたいんですけれども

③ 聞き手からの依頼を断る
(11) A：一億五千万円ほど融資していただきたいのです。
　　　B：その金額はちょっと無理かと思いますが。

④ 聞き手に失礼に当たる、聞き手の自尊心を傷つける可能性がある場合
(12) いつも、お顔を拝見して、どういう方なのか、ちょっと、ねー、わからなかったものですから。

⑤ 話し手自身を高く評価する
(13) なかなかできがいいなんて、ちょっとほめられてしまったものですから。

---

[1] 語用論の立場から再定義すれば、FTA を生じさせるリスクということになるが、ここでは発表時の表現をそのまま用いることとする。
[2] 同時期の論考として、岡本・斉藤（2004）があり、網羅的な用法の分類を試みている。牧原（2005）とは微妙な相違は見られるものの、本章の目的はポライトネス理論を用いての「ちょっと」の考察であり、用例の分類に主眼を置かないため、ここでは言及しない。

⑥　相手の主張が理解できない等の態度を表明する
（14）　A：あの右側のアシスタントの人、なにか一歩引いてるっていうような感じの顔してない？
　　　　B：えっ、わからないなー、うーん、それはちょっとわからないなあ。
⑦　間つなぎとしての用法
（15）　やっぱり、どんな画であっても、なにも映って無くても、何かこう音とかなにかちょっとこう人の影とか
（16）　今日はザ・ニュースキャスターのキャスターをしていらっしゃいます蟹瀬さんに、ま、あの、ちょっと、経歴をうかがっている最中なんですけれども

⑧　呼びかけの用法
（17）　ちょっと、財布落ちましたけど。
⑨　会話のターンをとるために用いられる「ちょっと」
（18）　A：それで、そのあとでね、…
　　　　B：あ、ちょっと、聞いて、
⑩　不満を表す「ちょっと」
（19）　（近所の居酒屋に来た客が自分のアパートに車を置くのを見て）
　　　　ちょっとー、そんなとこに停めないでよね。
（20）　（前を走っていた車がポストの前で道の真ん中に止まるのを見て）
　　　　ちょっとー。
⑪　質問への明確な解答をさけ、ぼかす用法
（21）　A：あれ、石橋君どうしてこんな所へ？
　　　　B：ちょっと、コンサートの仕事で大阪の方へきたから。
（22）　A：痛いの？
　　　　B：ええ、ちょっと。

　以上のように、「ちょっと」の用例を包括的に分類し、相手に依頼をする場合や、相手を非難する場合等に「摩擦」が生じ、そのことを事前に予告し、摩擦を回避するために機能すると述べ、「ちょっと」を使用することに

よって聴者のネガティブフェイスへの配慮を行っているということを間接的に言及しているという点で、語用論の研究に近いものではあった。しかし、「摩擦」が具体的にはどのようなものかについての考察は行われておらず、十分な分析がなされているとは言い難い。

4.2.4　秦（2014）

　2000年代後半から、「ちょっと」に関わる論考がいくつか出されている。その中で、秦（2014）はその学位論文において、配慮表現としての「ちょっと」について、「依頼」・「断り」及び「自分の願望・行為・状態を控えめに表す」場合の「ちょっと」について、山岡他（2010）での考察をもとに、語用論の観点から分析を進めている。

　秦（2014）は、「依頼」・「断り」にみられる「ちょっと」を、「「他社に邪魔されたくない、踏み込まれたくない」というネガティブフェイスに配慮したネガティブポライトネスとして動機づけられたものだと考えられる」と述べた。その一方で、自分の願望・行為・状態を控えめに表す「ちょっと」はB&L（1987）の理論で説明することは難しく、Leech（1983）の合意の原則を用いなければ説明不可能だとした。以下は、その例として示されたものである。

(23)　A：そうだね、出ないよね。
　　　B：でもね、なんか、なんかの作家の小説ではね（うん）、旧漢字とか旧仮名使いが多くて、そういうのちょっと「いいな」と思って。
　　　A：ああー、そう、古い文体が…。
　　　B：そうそうそう。

　この「ちょっと」は、話者の考え方に対して聴者は反対意見を持っているかもしれない場合に、聴者との意見一致を最大限にし、異議を最小限にする働きがあると考えている。この主張は十分納得できるものではあるが、B&L（1987）では説明不可能であるとする点には検討の余地がある。

　また、第三者に対する批判については、「「他者に非難されたくない」というネガティブフェイスに対するネガティブポライトネスと考えられる」とし、以下の例を挙げている。

(24) 今朝の村長の壮行の辞は、ちょっと長すぎたなあ。

だが、(24) のような発話は、聴者以外の行為についての非難であり、聴者のネガティブフェイス侵害に対する補償行為であると考えることは妥当ではない。

以上、秦の考察は、山岡他 (2010) では簡単に触れる程度であった語用論の知見を用いての「ちょっと」の考察を、豊富な用例をもとに進めたという点で十分な意味を持つものであると思われるが、問題も含んでいる。

4.3　問題の所在

牧原 (2005) の内容については、1993 年以降いくつかの研究会等で報告しているが、そこでの質問で明確に答えられなかったものに、以下のようなものがある。(25) のような用法では、聴者を批判するということから、何らかの「摩擦」は想定できるが、(26) のような場合は聴者を批判しているわけではない。そこにどこにどのような「摩擦」が想定されると考えるのかというものであった。また、(27) でも、「摩擦」を想定することは難しそうである。

(25) （研究会が終わって発表者に対して）
　　 今日の発表は、ちょっとわかりにくかったかなあ
(26) A：この間の、田中さんの演奏会どうだった？
　　 B：ちょっと今一つだったね。
(27) このあいだ、ちょっとヨーロッパに行ってきましてね…

これらの例は、秦 (2014) においても説明付けに苦慮しているように思われる。まず、(26) のようなタイプは (24) で触れたように適切な説明がなされているとは言い難い。また、(27) のタイプは「自分の願望・行為・状態を控えめに表す「ちょっと」」に該当し、B&L (1987) では説明ができないと言及している[3]。

だが、話者と聴者との間のフェイス・リスクを軽減するために「ちょっ

3　秦の示している例文 (23) は、自分の願望・行為・状態を控えめに表す「ちょっと」と考えることも可能であるが、程度副詞として用いられていると解釈することもできる。配慮表現として用いるとすれば、例文 (27) のようなものを想定するべきであろう。

と」が用いられているのだとすれば、その原理はポライトネス理論によって説明付けることが可能であるというのが本章の立場である。

4.4 「ちょっと」の慣習化
4.4.1 配慮表現としての慣習化

これ以後度々「慣習化」という概念を用いるため、「ちょっと」をポライトネスの観点から考察する前に、配慮表現の慣習化について言及しておく。山岡 (2016) は、ポライトネスと配慮表現はイコールではなく、ポライトネスの機能が一定程度以上慣習化して、当該表現と新たな語義として搭載されたケースが配慮表現と呼ぶべきものであると述べている。これは、配慮表現という言語形式を語用論の範疇で扱う上で避けられない定義であり、本章も同じ立場に立つ。

その一例として、「ちょっと」を取り上げ、原義から原義の喪失までのプロセスを、「非配慮」「配慮拡張」「配慮特化」として示している。

(28) 今日はちょっと寒い。（原義：非配慮）
(29) 君の書類、ちょっと雑だな。（配慮拡張）
(30) すいません、ちょっと出てもらえますか。（配慮特化）

これは、牧原 (2005) で、程度副詞からそれ以外の用法までの段階的な変化を考察しようとした試みと共通するものである。本章でも、山岡 (2016) の用語を用いることとするが、配慮の拡張、特化についての用語はあるものの、原義の変化については明確な用語が示されていないことから、段階的に、「原義」「原義の分離」「原義の喪失」という表現を、それぞれ、「非配慮」「配慮拡張」「配慮特化」と対応するものとして用いることとする。

4.4.2 「ちょっと」の慣習化の要因：負担の程度性の有無

原義の喪失、配慮表現への特化が行われ関わる要素の一つとして、フェイス侵害のリスクを含む行為に、程度性があるかどうかということを挙げておく。

(31) ちょっと手伝ってほしいんだけど。
(32) ちょっとお願いしたいことがあるんだけど。

these例での「ちょっと」は、手伝う行為の量の大小への言及、頼みたいことの負担量の大小への言及という程度副詞的な意味と、聴者のネガティブフェイス侵害への補償行為としての機能とを併せ持っていると考えられる。一方、以下の例では、程度副詞的な意味を認めることは難しい。

(33) <u>ちょっと</u>、これ、落としましたよ。
(34) すみません、<u>ちょっと</u>時間を教えて欲しいんですが。

相手に、振り向いて話を聞いてもらうとか、時間を教えてもらう、といった自分の発話に反応する行為を要求するタイプの発話であるが、これらの例では、振り向くか振り向かないか、教えるか教えないかといった二者択一的な行為を要求するものであり、与える負担の大きさに程度性は認められない。このような場合は、当然のことながら、程度副詞としての解釈は不可能であり、配慮特化の副詞として用いられていると考えるしかない。

4.5 ポライトネス理論から見た「ちょっと」
4.5.1 ネガティブフェイスへのFTAとポジティブフェイスへのFTA

山岡他（2010）では、FTAについて、ネガティブフェイスを脅かすものと、ポジティブフェイスを脅かすものを、以下のように分類している。

ネガティブフェイスを脅かすFTA
　① 聴者に何らかの行為を行わせようとする行為（命令、依頼、提案等）
　② 聴者に利益を与える話者の未来の行為（提供、約束等）
　③ 話者が聴者や聴者の所有物に対する欲求を表す行為
ポジティブフェイスを脅かすFTA
　① 話者が聴者に対して否定的な評価を示す行為
　② 話者が聴者のポジティブフェイスに配慮しないことを示す行為

本章でもこの立場から考察を進め、それぞれのFTAに対するストラテジーとして機能する「ちょっと」の用法を以下で見ていきたい[4]。

4　聴者のネガティブフェイスを脅かす発話では、話者のポジティブフェイスも脅かす場合が多い等、両者にまたがるフェイス侵害のリスクを持つ発話行為も存在する。あくまでも、主たるフェイス侵害のリスクがどこにあるかという点からの分類である。

なお、4.6 節での考察のために、それぞれの「ちょっと」が慣習化のどの段階にあるか、他の程度副詞と言い換え可能かどうか、を、適宜あわせて見ておくこととする。

4.5.2　ネガティブフェイス侵害へのストラテジーとしての「ちょっと」

以下のような発話における「ちょっと」は、5.1 でのネガティブフェイスを脅かす FTA を伴う発話行為に該当し、聴者のネガティブフェイスに対する FTA の補償として用いられていると考えることができる。

① 聴者に依頼する
② 聴者に質問する
③ 呼びかける
④ 会話のターンを取る

聴者への依頼行為や質問行為が、聴者の領域を侵害する行為であることは既に周知のことと思われるが、呼びかけも、聴者に話を聞くことや振り向く行為等を要求するという点で、聴者のネガティブフェイスを侵害する可能性がある。また、会話のターンを取るという行為も、聴者の話を止めさせる、会話のターンを他者に譲るという行為を生じさせ、ネガティブフェイスを侵害するといえる。

以上のことから「ちょっと」は依頼や質問等の発話行為によって、聴者のネガティブフェイスを侵害するリスクがあると考えられた場合、その FTA を軽減するために用いられる場合があるといえる。

なお、聴者に依頼する、聴者に質問するという文では (31)(32) のように、「ちょっと」を他の程度副詞で置き換えても、大きな意味の変化は生じない場合も多い。しかし、(33)(34) のような呼びかけや会話のターンを取る用法では、程度副詞との言い換えはできない。呼びかけや、会話のターンを取るために見られる「ちょっと」は、負荷の程度性を持たず、程度副詞としての原義は喪失し、配慮に特化したものとなっている。

4.5.3　ポジティブフェイス侵害へのストラテジーとしての「ちょっと」

これまでの「ちょっと」に関する先行研究では、FTA として聴者のネガ

ティブフェイスへの侵害を想定するのみであった。しかし、以下のような発話における「ちょっと」は、主に話者のポジティブフェイスを脅かすFTAへの補償として用いられていると考えることができると思われる。

① 聴者に対して否定的評価を行う
(35)　この間のお話、<u>ちょっと</u>分かりにくかったと思うんですが。

このような用例が話者の相手から好かれようとするポジティブフェイスを侵害することは、よく知られている。ただし、話者のポジティブフェイスを侵害するだけでなく、聴者の踏み込まれたくない領域に踏み込んで言及を行っているという点で、聴者のネガティブフェイスも脅かしている。

このように用いられる「ちょっと」は程度副詞としての原義を残しており、「この間のお話、少しわかりにくかったと思うんですが。」のように他の程度副詞を用いて言い換え可能な場合が多い。

② 聴者の期待に添わない事柄を述べる
(36)　田中さんは<u>ちょっと</u>来られないそうです。
(37)　<u>ちょっと</u>わからないんですけど。

これらの発話例は、聴者の期待に添わない事柄を伝えることによって、話者のポジティブフェイスが侵害されるリスクを持つものである。このような場合もやはり「ちょっと」が用いられる傾向がある。このタイプの「ちょっと」は話者の躊躇やためらいを示すものであるとも考えられるが、「少し」等の他の程度副詞で言い換えることはできないようである。

③ 質問への明確な解答を避け、ぼかす
(38)　A：おでかけですか？
　　　B：<u>ちょっと</u>、そこまで。

これは、聴者の要求する情報を十分に提示できないという点で、聴者の期待に応えられないという話者のポジティブフェイス侵害のリスクを含む。言い換えれば②の外延的な用法ともいえる。この用法の「ちょっと」は他の程度副詞で言い換えることはできない。

④　不一致を避ける
(39)　(皆が批判している部長に言及して)
　　　でも部長も、ちょっといいところありますよね。

　この例では、皆と異なる意見を表明するにあたり、不一致が生じることによって話者のポジティブフェイスが侵害されるリスクを軽減するために用いられていると考えることができる。主張の程度を低くすることによって話者のポジティブフェイス侵害の程度を抑えFTAを軽減しているため、「少し」等の他の程度副詞と言い換えることができる。

⑤　聴者に無関係の事柄に否定的評価を行う
(40)　あの店、ちょっと問題ありましたよ。
(41)　あの店、結構／??ちょっと　おいしかったですよ。
(42)　この間行ったコンサート、ちょっと良くなかったなあ。
(43)　(皆が批判している相手に言及して)
　　　ちょっと困ったところはあるよね。

　秦の例文(24)で、ネガティブフェイスを侵害するとされていた「今朝の村長の壮行の辞は、ちょっと長すぎたなあ。」と同様の用例である。また、牧原(2005)について、頻繁に受けていた質問—何に対しての摩擦(FTA)を想定するのか—とも共通する問題でもある。(40)は、聴者と無関係の事柄に否定的な評価を行う例であるが、まず、言えることは、(41)のように聴者と無関係の事柄に肯定的評価を表明する文では「ちょっと」は使いにくいということである。(41)では、「ちょっと」を用いるよりも、「結構」や「なかなか」といった副詞を用いることが多い。その一方、(40)や、(42)のような否定的評価を表明する文では「ちょっと」がよく使用される。
　以上から推察されることは、否定的な判断を表明すること自体が、気難しいであるとか、不平や不満をよく口にする等と聴者に思われる可能性を含み、話者のポジティブフェイスを侵害するリスクが高いのではないかということである。
　なお、一見すると④の「不一致を避ける」と同様の機能であるとも考えられそうであるが、(43)のような例を見ると、別個のカテゴリーを考える方

が合理的であるように思われる。不一致を避け一致を示すなら「本当に困ったところがあるよね」のような言い方をすべきところだが、そこで「ちょっと」を用いており、一致を求める、不一致を避けるというストラテジーとは異なるものとしておく。なお、この「ちょっと」を他の程度副詞に言い換えても文は成立する。批判の程度を低くすることによって話者のポジティブフェイス侵害の程度を抑えFTAを軽減するという側面もあるためと考えることができる。

⑥ 話し手自身やその行為を高く評価する
(44) <u>ちょっと</u>、褒められちゃいましてね。
(45) <u>ちょっと</u>ヨーロッパに2週間ほど旅行に行ってきたんですが。

これらの例も、話者のポジティブフェイスを侵害するFTAが生じる可能性があるもので、そのFTA軽減のために「ちょっと」が用いられていると考えられる。評価を低めに述べることでFTAを軽減できるため、他の程度副詞と言い換えが可能な場合もあるが、(45)のように程度性を持たない行為の場合は、言い換えができない。

⑦ 不満・憤りを表す
(46) <u>ちょっと</u>、なんでそんなこと言ったの。
(47) <u>ちょっと</u>、そんなところに停めないでよね。

聴者に対して不満・憤りを表す場合は、明確に話者のポジティブフェイスの侵害行為となるが、第三者への不満・憤りの表明の場合も、⑤の否定的評価を行う場合の外延的な用法として、話者のポジティブフェイス侵害が生じるプロセスは説明可能である[5]。このタイプは、他の程度副詞での言い換えはできない。

以上のことから、「ちょっと」は聴者の期待に添わない事柄を述べたり、話者の不満や憤りを表す際に、話者のポジティブフェイスを脅かすリスクがあると考えられた場合、そのFTAを軽減するために用いられる場合があるといえる。「ちょっと」が話者のポジティブフェイスへのFTAを軽減するた

---

5 相手に対して策動性を持つ不満・憤りの表明もあり得るが、その場合は聴者のネガティブフェイス侵害への補償行為としても機能していることになる。

めに用いられる場合があると仮定することにより、先行研究では説明付けが難しかった例についても、一貫した説明が可能となったと思われる。

4.6　「ちょっと」の慣習化のプロセス

　配慮表現としての「ちょっと」の慣習化の程度は、原義が分離し配慮表現へと用法の拡張が行われたものから、原義を喪失し配慮特化したものまで段階性が認められる。以下では、その段階性を、聴者のネガティブフェイスへのFTAに対するタイプと話者のポジティブフェイスへのFTAに対応するタイプのそれぞれにおいて見てみることにしたい。

4.6.1　ネガティブフェイス侵害へのストラテジーとして用いられる場合

　4.5.2節の考察から、「ちょっと」の配慮表現への原義の拡張は、他の程度副詞と言い換え可能なタイプ、言い換えれば程度副詞としての原義を残しつつ意味が分化した聴者への依頼や質問といった発話から発生したと見ることができる。そこから、さらに、呼びかける、会話のターンを取るといった、程度性を持たない他の用法に拡大する過程で原義を喪失し、配慮表現に特化していったと考えるのが妥当だと思われる。

4.6.2　ポジティブフェイス侵害へのストラテジーとして用いられる場合

　聴者のネガティブフェイスを侵害せず、もっぱら話者のポジティブフェイスを侵害するFTAが生じる発話でも、4.5.3節で示したとおり、原義を残したまま用法が拡張したと考えられる例が見られた。聴者に否定的な評価を行う、事物に否定的な評価を行う、不一致を避ける、自己への賞賛を述べるといった、程度性を想定し得る発話がそれである。このことから、ポジティブフェイス侵害のFTAに対応する「ちょっと」は、上記の例から用法の拡張が起こり、それが他の用法に拡大していったと見ることが可能であるようにも思う。ただし、これらの「ちょっと」を他の程度副詞に言い換えた場合、躊躇やためらいを表すことはできなくなり、ややニュアンスが変わってくると感じられる。この点から考えると、「依頼」のように聴者のネガティブフェイスと話者のポジティブフェイスの両方を侵害する可能性のある発話においては、「ちょっと」が最初は聴者のネガティブフェイスを脅かすFTAに

対応するものとして使われるようになり、その後、その機能と同時に話者のポジティブフェイスを脅かすFTAに対応する配慮表現としての機能にまで用法を拡張した後、もっぱら話者のポジティブフェイスを脅かすFTAに対しても用いられるようになったと考えることもできそうである。このように考えると、話者のポジティブフェイス侵害のストラテジーとしての「ちょっと」は、配慮表現に特化した用法から使用されるようになり、たまたま程度性を持つ文では他の程度副詞と言い換えが可能で、それらが配慮表現への拡張の段階にあるようにも見えているということになる。

上記のプロセスが正しいかについては、今後更に考察を進める必要があるが、現段階ではこのような仮説を提示しておく。

4.7 おわりに

以上、これまで、現象としては度々取り上げられることがあったものの、その用法を網羅的に語用論的に考察するという論考が見られなかった配慮表現としての「ちょっと」の用法について、ポライトネス理論を用いて考察した。近年の研究には、配慮表現と明記して「ちょっと」を考察するものが見られる等、語用論的な研究は進展しつつあったと考えられるが、日本語教育との関連性や、外国語話者の習得の問題等に主眼を置くものが多く、正面から語用論の研究対象として「ちょっと」を取り上げるということはしにくかったのではないかと感じられた。本章では、牧原(2005)の分類をもとにしつつ、それぞれの用法が、どのようなしくみで配慮表現として機能しているのかを説明付けることができたように思う。これは1990年代前半から今日までの語用論研究の進展がもたらしたものであると考える。

今後、語用論の知見を活かして言語現象を分析する研究が、さらに盛んになることを期待したいと思う。

参照文献

Brown, Penelope and Stephen Levinson (1987) *Politeness: Some universals in language usage.* Cambridge: Cambridge University Press.［邦訳：田中典子（監訳）(2011)『ポライトネス：言語使用における、ある普遍現象』東京：研究社.］
Leech, Geoffrey (1983) *Principles of pragmatics.* London: Longman.［邦訳：池上嘉彦・

河上誓作（訳）(1987)『語用論』東京：紀伊國屋書店.]
岡本佐智子・斉藤シゲミ (2004)「日本語の副詞『ちょっと』における多義性と機能」『北海道文教大学論集』5: 65–76.
川崎晶子 (1989)「日常会話のきまりことば」『日本語学』8(2): 26–35.
彭飛 (1994)『「ちょっと」はちょっと…』東京：講談社.
牧原功 (2005)「談話における「ちょっと」の機能」『群馬大学留学生センター論集』5: 1–11.
山岡政紀・牧原功・小野正樹 (2010)『コミュニケーションと配慮表現：日本語語用論入門』東京：明治書院.
山岡政紀 (2016)「配慮表現の慣習化をめぐる一考察」『日本語コミュニケーション研究論集』5: 1–10.
秦暁麗 (2014)「配慮表現としての「ちょっと」の研究」博士論文、大阪：大谷大学.

第 5 章

配慮表現「よね」に見られる情報共有の諸相

金　玉任

5.1　はじめに

　対話はそれ自体情報の共有を目的とした共同行為ととらえることができる（片桐 1997: 242）。対話で使われる談話機能は、伝達的観点から、情報を相手に与える働きを持つ「情報提供」と、情報を相手から引き出す働きを持つ「情報要求」とに分かれ、「情報要求」の下位分類として「確認要求」がある。「確認要求」とは、「話し手が自分の判断について相手の確認を求める」（国立国語研究所 1960: 305）用法のことで、日本語には、聞き手の認知状態を確認する一連の文末形式がある。「ね」「よね」や、「だろう」「じゃないか」などがその代表的なものである。

　なかでも複合終助詞「よね」は、主に「ね」と比較しながら確認要求表現として議論されており、(1)のように、聞き手に直接関わることや、聞き手の方が確かな情報を持っていると見込まれる事柄に対して、確認を求める場合用いられる。

(1)　「びっくりした。まさか、また家出じゃないわ<u>よね</u>」
　　　崇が首をすくめる。
　　　「ちょっとふたりの顔を見たくて寄ったんだ。今日は確かるり子さんもお休みだ<u>よね</u>」
　　　「るり子、今、コンビニに行ってるの。すぐ帰って来ると思うけど、上がって」　　　　　　　　　　　　　　　　　　　（「肩ごしの恋人」）

(2) 綾子「あの、ちょっとそこまで来たんですよね。だから、もしお目
　　　　にかかればと思って」
　　　耕一「ああ、まだ帰ってないんだよね」

（「ふぞろいの林檎たち」）

　しかし、(2)のように聞き手の方が確かな情報を持っていると見込まれない場合にも「よね」が用いられることもあるが、(1)との関連性は、情報の帰属先といった観点だけからはうまく説明できない。本章では、(1)と(2)のような「よね」の振る舞いに見られる共通性についてポライトネスの観点から考察してみたい。

5.2　先行研究と問題点
5.2.1　先行研究

　確認要求形式の体系を記述したものとしては、金水（1992）、蓮沼（1995）、宮崎（2000）などが挙げられる。これらの研究の多くに共通しているのが、情報との関連性であり、主に「情報の一致」、「情報領域」、「情報の妥当性」などの観点から考察が行われている。金水（1992: 54–56）では、「ね」は話し手と聞き手の知識がマッチしていることの確認のために用いるのに対して、「だろう」は本来マッチすべき知識なのに、何らかの事情（忘れている、気づいていない等）により、同一性が損なわれている状態で、知識のマッチを回復するために用いるとしている。

(3)　乗客：奈良まで一枚下さい。
　　　駅員：奈良 {ですね /* でしょう}
(4)　（同じ乗客が「京都まで何分かかりますか」と聞いたとすると）
　　　駅員：え、お客さん、奈良 {でしょう /？ですね}

　(3)の状況では、駅員は乗客に対して知識の同一性が期待できるので、それを確認するために「ね」を用いるが、(4)では駅員は知識の同一性に関する自信がゆらいだので、聞き手に先の自分の発話を思い出させ、同一性を回復するために「でしょう」を用いるとしている。しかし、(4)の「でしょう」は、「え、お客さんは、奈良ですよね」のように「よね」との言い換え

が可能であり、両者の使い分けを検討する必要があると思われる。

(5) 　（同じ乗客が「京都まで何分かかりますか」と聞いたとすると）
　　　駅員：え、お客さん、奈良ですよね。

「よね」と「だろう」の違いについて論じたものとしては、蓮沼（1995）が挙げられる。蓮沼（1995: 397–402）では、「よね」固有の確認用法を「相互理解の形成確認（6、7）」と、「だろう」の固有の確認用法を「推量確認（8）」と呼んでいる。次のようなものがその典型的な例である。

(6) 　私、ゆうべ、眼鏡、ここに置いた{よね/??でしょ}。
(7) 　効いた{よね/*でしょ}、早めのパブロン。（風邪薬のCM）
(8) 　私の料理の腕前上がった{でしょ/??よね}。

(6) は、自分の知識が不確かな場合に、記憶を検索して「確かここに置いたはずだ」という結論を引き出し、それを聞き手に確認する用法である。この場合「だろう」を使用すると、それを忘れている聞き手に思い出させるような意図、あるいは覚えているべきなのに忘れている聞き手を非難し再認識を迫るような意図を伝える発話になってしまい、不適切であると述べている。(7) でも、「だろう」を使うと、「推量確認」の解釈になり、発話意図が変わってしまうとしている。結局、「よね」を「だろう」に置き換えると話し手の意図が変わってしまったり、不自然になったりするということが分かる。

そして、「相互理解の形成確認（6）」の用法を他から区別する本質的な相違点は、この用法では、聞き手ばかりでなく話し手における知識の形成がかかわるという点であるのに対して、「推量確認（8）」の用法では、話し手はあらかじめ自分なりの認識をもっており、聞き手に対してその共有や知識の形成を求めたり、自分の判断について聞き手の承認を求めるといったプロセスの上にこの用法は成立するとしている。

宮崎（2000: 7–13）では、確認要求とは、典型的には、聞き手に依存して情報の確実化を図る行為と定義でき、聞き手依存性を有する確認要求表現を、さらに「認識系」と「当為系」に分けている。「だろう」は、聞き手の認識についての話し手の把握の妥当性を確認する「認識系確認要求表現」で

あるが、「よね」は、そうでなければならない (そうあるはずだ) と話し手が考える事柄を示して、それが現実に対応していることを確認する「当為系確認要求表現」であり、「だろう」とまったく違うタイプであるとしている。(また、「ではないか」には、「聞き手依存性」がなく、その確認要求機能は、話し手の認識に聞き手の認識を同一化させるべく「聞き手を誘導する」というものであるとしている)。

(9) 君、昨日、徹夜した<u>だろう</u>？
(10) あなた、田中さんです<u>よね</u>？

野田 (2002: 283–285) でも、「よね」には「当然」という意味合いがあるとしている。「よね」は、文の内容を、当然そうであるはずのこと、正当なこととして示したうえで、それと聞き手の知識との一致を問いかけるとき、聞き手の認識との一致を促すとき、聞き手の認識との一致を説明するときなどに用いられるとし、宮崎 (2000) とほぼ同様な立場をとっている。例えば (11) では、当然そうであるはずだという見込みをもって確認することが「よね」によって示されており、「よ」によって、「当然そうであるはずだ」という話し手の見込みが表され、「ね」によって、その見込みと聞き手の知識との一致がといかけられていると述べている。

(11) 「チケット、知らないわ<u>よね</u>？」
　　　唐突に言われて僕は我に返った。
　　　「は？」
　　　「私の机の引き出し、開けないわ<u>よね</u>？」

ただし (11) の「唐突に言われて」という表現から窺えるように、「チケット、知らないわよね？」と言われると、なぜ聞き手側は唐突な感じがするのか、など疑問に思われる。

5.2.2　問題点

前節で概観した先行研究を踏まえた上で、検討する必要のある問題点を整理すると、以下のようになる。

① 確認要求用法 (1) と、非確認要求用法 (2) の関連性は何か。
② 再確認を要求するのに用いられる「よね」と「だろう」のニュアンス的な差異は何か。
③ 「チケット知らないわよね？」と言われると、なぜ、聞き手側は唐突な感じがするのか。

5.3 情報要求文に用いられる「よね」

一般に、終助詞「ね」は、省略すると文意が異なってしまう必須的なものと、省略しても文意に大きな違いが生じない任意的なものに大きく二分でき (神尾1990)、前者には「確認要求 (12)」と「同意要求 (13)」の用法が含まれる。そしてこれらの「ね」には、「聞き手の知識に対する考慮」という機能があるということは、大曽 (1986: 91) などで示されている。このような説明を「よね」に当てはめると、「よね」にも「確認要求」と「同意要求」の用法があり、どちらも必須の要素である。ただし (12) のような状況では「ね」を「よね」に置き換えると、不自然な感じがする。

(12) ハンバーグ定食二つにグラタン一つでございます {ね /?? よね}。
(13) 毎日暑いです {ね / よね}。

他方、宇佐美 (1997: 244–254) は、先行研究が終助詞のコミュニケーション機能を意味機能から直接導き出そうとしていることを批判し、談話全体のなかで総体的に捉える必要があるとして、「ね」を対象に「語用論的ポライトネス」という観点から5分類している。「会話促進」「注意喚起」「発話緩和」「発話内容確認」「発話埋め合わせ」の5つである。このうち、本章と関連するのは、「会話促進 (－同意要求)」と「発話内容確認」である。

① 「会話促進 (＝同意要求)」：相手の意見・考えなどに同意を示すことによって、一体感・連帯感を示す。「同意要求」はこの分類に含める。典型的なポジティブポライトネス。
(14) 飛行機酔う人ってあんまりいないよね。
② 「発話内容確認」：話し手が自分の発話の内容に確信を欠く場合に、相手に情報の確認をする。ポライトネス・ストラテジーの観点からは

ニュートラル。
(15) えーと、じゃあ、いちよ（一応）ちょっと、説明したほうがいいですよね。

(15)について、宇佐美（1997）は、「ポライトネス・ストラテジーの観点からニュートラル」だとしている。しかし、先の(11)の例のように、その確認する状況や内容によっては、相手のプライバシーを侵害したりする場合もあると思われるので、何らかの形でポライトネスと関わっていると推定される。

ポライトネスとは、会話において、話者と相手の双方の欲求や負担に配慮したり、なるべく良好な人間関係を築けるように配慮して円滑なコミュニケーションを図ろうとする際の社会的言語行動を説明するための概念である（山岡 2004: 17）。主に Leech（1983）のポライトネスの原理と Brown & Levinson（1987）（以下、B&L）のポライトネス理論が挙げられるが、本章では B&L のポライトネス理論を援用する。

B&L（1987）は、「人はだれでも社会生活を営む上で他者との人間関係に関わる基本的欲求をもつ。これがフェイスである。さらにフェイスに2種あり、他者に受け入れられたい、好かれたい、という欲求をポジティブフェイス、自分の領域を他者に邪魔されたくない、という欲求をネガティブフェイスとする。(略)。相手のポジティブフェイスに配慮して行うポライトネスをポジティブポライトネス、相手のネガティブフェイスに配慮して行うポライトネスをネガティブポライトネス」としている。先に謝罪してから依頼をする行為や、直接の依頼を避けて遠回しに依頼する行為は、相手の領域に踏み込むことへの遠慮を表現したネガティブポライトネスになるとしている（山岡 2004: 18–19）。

(16) 「結婚、してるんですよね？」
突然彼女が僕にそう聞いた。どくんと心臓が嫌な音を打つ。
「指輪」　　　　　　　　　　　　　　　　　　　　（野田 2002）
(17) （マンションの前で）
「そんじゃね。送ってくれてありがと」
「あの」
崇が言った。

　　　　　「ひとり暮らしだよね」
　　　　　「そうよ。両親は転勤で九州」　　　　　　　　（「肩ごしの恋人」）
　（18）　（次男の良雄と家事手伝いの邦子）
　　　　　良雄「あの、もう今日で四日目ですよね」
　　　　　邦子「ええ、もう四日目。（略）」
　　　　　良雄「だったら、分かってますよね」
　　　　　邦子「なにが？」
　　　　　良雄「母が兄の嫁さんを、義姉さんを、追い出そうとしているの、
　　　　　　　　分かりますよね」
　　　　　邦子「いいえ」　　　　　　　　　　　　　（「ふぞろいの林檎たち」）

　（16）（17）は、「結婚してるはずだ」「ひとり暮らしのはずだ」という話し手の推測や判断が正しいかどうかを相手に確認している場面である。「よね」を「だろう」に置き換えると、「結婚してるでしょう」「ひとり暮らしでしょう」のようになり、唐突で丁寧さに欠けているような感じがし、不適格な文になってしまう。相手の私的領域に踏み込むことへの遠慮を表現するための対人配慮として「よね」が用いられたと思われる。このような「よね」の対人配慮機能は、躊躇いを示す前置き的な表現「あの」との共起関係からも説明できる。（17）（18）から、「あの」を取り除くことも可能であるが、「あの」をとると、先の（11）のように唐突な感じがしたり、（16）のように当惑した感じがしたりする。「あの」という躊躇いを示す前置き的な表現には、相手の私的領域に踏み込むことへの遠慮を表現した「ネガティブポライトネス」としての機能があると考えられる。

　（19）　（依頼の拒絶）
　　　　　客　：ついでにこの荷物を送ってもらえるかな？
　　　　　店員：a. ＃ それはちょっと無理なんですけど。
　　　　　　　　b.　ええと、それはちょっと無理なんですけど。
　　　　　　　　c.　あの（ー）、それはちょっと無理なんですけど。

　定延・田窪（1995: 86）にも、「あの」を用いることにより、発話形式に気を配っているという態度を表出し、結果として発話のぞんざいさ・さしでが

ましさなどを減殺できるということが指摘されている。(19) を挙げ、「ええと」も「あの」と同様、発話の無礼さを減殺する効果を（すくなくともある程度は）持つとしている。（「＃」印は、相対的に無礼な発話と解釈できることを表す）。

(20) （客と店員 2 人）
　　　 知子の声「えーと、お客さん、大盛りでしたよね」
　　　 客の声　「大盛り」
　　　 知子の声「タンメン大盛りです」
　　　 平野の声「はい、大盛りね」　　　　　　（「ふぞろいの林檎たちⅡ」）

「よね」は、(20) のように「ええと」とも共起することがある。(20) は、お店で店員が「お客さん、大盛りでしたよね」と注文のメニューを再確認している発話である。このように店員がお客さんである聞き手に再確認を迫るような場面でも「だろう」より「よね」の方が用いられやすいようである。この「よね」を「だろう」に変えると、「お客さん、大盛りだったでしょう」のようになり、相手を非難するような無礼な感じがし、不適格な文になってしまう。摩擦を緩和しようとする対人配慮として「ええと」とか、複合終助詞「よね」が用いられたと思われる。

(21) （姑と嫁）
　　　 幸子「お母さんも、知ってらっしゃいましたよね」
　　　 愛子「なにを？」
　　　 幸子「あの人の、女の、人の、こと」
　　　 愛子「それが？」
　　　 幸子「――今日は、どんなことがあっても、争っても、なんなら、
　　　　　　家へ連れて来ても、別れて下さいっていいました」
　　　　　　　　　　　　　　　　　　　　（「ふぞろいの林檎たちⅡ」）
(22) （姑と嫁）
　　　「もしもし、お母さんですか」
　　　 美保の声ではない。敏子は戸惑って、「どちらにおかけですか」と尋ねた。相手は心外そうに 繰り返した。

「あれ、お母さんじゃないんですか」
流行りの振り込め詐欺か、と敏子は警戒した。
「娘の声じゃないわ。あなた、どこの家にかけているの。ちゃんと苗字を言ってご覧なさい」
厳しく問うと、気弱そうに相手が答えた。
「すいません。関口さんのお宅ですよね。あたし、由佳里です」

(「魂萌え」)

(23)　(彼のお母さんに)
　　　「お母さん、アワビのお粥お好きなんですよね」

　(21)は嫁姑の対話であり、敬意が必要な場面である。話し手である嫁が義理の母に、夫の浮気のことを確認している場面であるが、この場合も「よね」を「だろう」に変えると、「お母さんも、知ってらっしゃったんでしょう？」のように詰問しているようなニュアンスになり、不自然さが感じられる。(22)(23)も同様な例である。
　以上のように、聞き手の私的領域に抵触したり、嫁姑の会話やお客さんに再確認を要求したりするような配慮の要る人間関係では、「だろう」より「よね」の方が用いられやすいという傾向が見られた。相手の私的領域に踏み込むことへの遠慮を表現するための対人配慮として複合終助詞「よね」が用いられたと思われる。このような「よね」の対人配慮機能は、躊躇いを示す前置き的な表現「あの」や「ええと」との共起関係からも説明できる。また、「よね」には使用上の制約があまりなく、先の(11)で見るように、女性専用と言われる「わ」にも下接できるが、「だろう」は下接できないという接続制限がある。これについては稿を改めて、考察することにしたい。

5.4　情報提供文に用いられる「よね」

　「よね」は、「ね」と同様に、確認要求専用の表現ではなく、聞き手依存性が全くない情報提供文にも用いられることは、従来から指摘されている。しかしこのようなタイプの例は「よね」の全体の中で頻度が低く、一般化するのもむずかしい。次の(25)〜(29)のようなものがその例である。

　(24)　X:　どう、一緒に行かない？

　　　　Y:「いや、オレは行かない<u>ね</u>。」
(25)　綾子「あの、ちょっとそこまで来たんですよね。だから、もしお目
　　　　　にかかればと思って」
　　　耕一「ああ、まだ帰ってないんだ<u>よね</u>」(= (2))
　　　　　　　　　　　　　　　　　　　　　　　　(「ふぞろいの林檎たち」)

　(24)の「ね」について、神尾 (1990: 76) では、相手に「協応的態度」を強いることにより、結果として強い拒否を表すとしており、蓮沼 (1992: 65) でも、(25) の「よね」は、主として話し手が過去のエピソードを語るような場合の発言権の保持や、相手の発言に呼応して相手との一体感を感じさせるといった「協応的態度」を表す標識として用いられるとしている。しかし (25) の「よね」には強く拒否するというニュアンスより、むしろ懸念 (気づかい) が含意されているような感じがする。

(26)　(要請の断り)
　　　晴江　「なんか、少し、気に入らないみたいですけど、私と仲手川さ
　　　　　　んは、好き合ってますので、そういう風にお願いします」(略)。
　　　相馬　「仲手川君は向いてないと思うんだ<u>よな</u>」
　　　晴江　「クラブに？」(略)。
　　　相馬　「だから、そういうとこ向いてる人とも、合わないと思うんだ」
　　　　　　　　　　　　　　　　　　　　　　(「ふぞろいの林檎たちⅡ」)

　(26) も (25) と同様に、聞き手の要求や要請を断る場面であるが、「よね」が用いられている (「よな」も「よね」の文体的変種としてここに含める)。「よね」の後に続く「だから、そういうとこ向いてる人とも、合わないと思うんだ」の「思うんだ」文と比較してみると、むしろ「よね」が用いられた発話の方に、間接的で忠告に近い柔らかい含みが感じられる。
　さて、日本語の談話行為では、目上である聞き手に意見したり話し手の態度や感情を表明したりするのも控えるべきこととされている (楠本 1995: 7)。次の (27) は目上である聞き手 (先生) に瀬名 (生徒) が反対する意見を表明している場面である。(27) は「よね」を省略することも可能であるが、「僕は、その、誰かのためにピアノを弾いたことがないんです」のように、

断定的な「言い切り」になってしまい、反対する意見を強く主張しているようなニュアンスが生じ、目上に対して不丁寧で不適切となると考えられる。つまり、ここでの「よね」は、話し手の反対意見による聞き手の不愉快を軽減するための方策として使用されていると解釈できる。また次の(28)(29)のように、話し手が聞き手の勧誘や勧告などを断ったりするような人間関係を損なう恐れのある発話でも、「よね」の方が用いられやすいという傾向が見られる。

(27) 　(アドバイスの不同意)
　　　先生：瀬名君の場合はね、上がるっていうんじゃなくて、聞き手との間に壁を作ってしまうんです。
　　　瀬名：僕は、その、誰かのためにピアノを弾いたことがないんですよね。ピアノ自体がすごく好きですけど。
　　　　　　　　　　　　　　　　　　　　(ドラマ：ロングバケーション)

(28) 　(勧誘の拒絶)
　　　佐竹　「コーヒー四つ、頼めよ(と仲間Aにいう)」
　　　仲間A　「うん(とドアの方へ行く)」
　　　実　　「あ、どうかお構いなく」
　　　佐竹　「じゃ、三つでいいや」
　　　仲間A　「了解(と行く)」
　　　実　　「フフ、もうね。営業やってると、外でついコーヒーのむんだよね。だから、どうものみすぎちゃって」
　　　　　　　　　　　　　　　　　　　　(「ふぞろいの林檎たちⅡ」)

(29) 　ごめん、女性と話すの苦手なんだよね。　　　　(吉田 2008)

(30)(31)は家族間の対話である。子供を産むのは心臓に悪いからいけないという医師の勧告に反対意見を表明している場面である。(30)は「よね」を省略することも可能であるが、「私は、私の子を産みたいの」のように、断定的な「言い切り」になってしまい、直接的に反対しているような感じがする。また(31)の「産みたいと思いますから」と比較してみると、「よね」の方が、やわらかいニュアンスが付け加わったような感じがする。ここでの「よね」も話し手の反対する意見を聞き手に円滑に伝達するための方策とし

て使用されたと解釈できる。

(30) 幸子「私は、私の子を産みたいのよね」
　　 良雄「そりゃそうさ」　　　　　　　　（「ふぞろいの林檎たちⅡ」）
(31) 良雄「いけないんでしょう？　心臓によくないんでしょう？」
　　 耕一「そりゃいけないさ。あきらめろって、尾形先生にも、八邦病院でも、どこでもいわれて、その事はもう」
　　 幸子「出来ちゃったから」
　　 耕一「だけど、気をつけてたじゃないか」
　　 幸子「産みたいと思いますから、よろしくお願いします（と二人に背を向けたまま、決意は固く、声少しふるえる）」
　　　　　　　　　　　　　　　　　　　　（「ふぞろいの林檎たちⅡ」）

5.5　感情表出文に用いられる「よね」

複合終助詞「よね」には、今までの例とはやや性質を異にする、次のような用法もある。(32)は、一見、相手に確認を要求しているように見えるが、実は不満表明の解釈が可能な場合である。

(32) （友達同士のトラブル）
　　 るり子はすっかり酔っ払っている。
　　 「あんまり遅いから、つい駅前のパブで飲んじゃったじゃないの」
　　 「何で急に来るわけ？」
　　 「携帯に何回も掛けたわよ。つながるわけないわよね。部屋の中で呼び出し音が鳴ってるんだから」
　　 萌は鍵を開ける。
　　 「携帯電話持って出るの、すぐ忘れるのよ」　　　（「肩ごしの恋人」）
(33) （お客さまの苦情）
　　 「もっと早く届けてくれないかな。こちらとしても困るんだよね、楽しみにしてたんだから」
　　 「申し訳ございません。できるだけ早くお届けできるよう努力いたしますので」　　　　　　　　　　　　　　　　　　（「肩ごしの恋人」）
(34) （恋人同士の喧嘩）

「あたしの誕生日もうじきよ。プレゼント、何を買ってくれんの」（略）。
「冗談はよしてくれ<u>よな</u>」
ややあって彼は口を開いた。咀嚼途中の飯粒が口の中でぐるぐるまわっているのが見える。
「オレが金を持ってないの、君だってよく知ってるだろ。よくそんなこと言える<u>よな</u>あ」（略）。
「なによ、その言い方」　　　　　　　　（「最終便に間に合えば」）

　また (33) の「こちらとして<u>も</u>困るんだ<u>よね</u>」や (34) の「<u>冗談</u>はよしてくれ<u>よな</u>」と「<u>よく</u>そんなこと言える<u>よな</u>あ」のように不満や非難の感情を表明しているものもある。これらの場合は「よね」を省略することも可能であるが、「こちらとしても困るんだ」「冗談はよしてくれ」「よくそんなこと言える」のように、断定的な「言い切り」になってしまい、直接的に非難しているようなニュアンスになり、不自然な感じがする。否定的な感情表出のような人間関係を損なう恐れのある発話では、断定的な「言い切り」より「よね」の方が用いられやすいという傾向が見られた。聞き手に直接的に非難することを避けることによって、摩擦を緩和しようとする対人配慮として、反語的意味をもつ「よく」とか、ぼかしを表す「も」、逆説的な表現「冗談」や複合終助詞「よね」などが用いられたように思われる。それに、複合終助詞「よね」は、「冗談はよしてくれよな」のように命令文にも使用可能であるというように、使用上の制約があまり無いように思われるが、この問題については稿を改めて、考察することにしたい。

5.6　おわりに

　本章では、現代日本語で使用頻度がますます高くなってきた複合終助詞「よね」について、ポライトネスという概念を援用して考察した。その結果、複合終助詞「よね」は、典型的な「確認要求文」以外に、「情報提供文」や「感情表出文」にも用いられるが、これらの三つのタイプに共通するものとして「発話緩和」という対人配慮の機能があるということが分かった。まとめると、以下の表1のようになる。

まず、複合終助詞「よね」は、確認を要求する際に用いられ、話し手と聞き手の間での、ある種の情報・知識の調整に関わるという重要な働きのみでなく、対人関係調整にも関わるということが分かった。具体的には、確認する発話内容が聞き手の私的領域に抵触する場合、例えば、嫁姑の対話や店員が顧客に再確認を要求したりするような配慮の要る人間関係では、「だろう」より「よね」の方が用いられやすいという傾向が見られた。このような「よね」の対人配慮機能は、躊躇いを示す前置き的な表現「あの」や「ええと」との共起関係からも説明できる。

　また、複合終助詞「よね」は、確認する必要のない、情報提供文や感情表出文などにも用いられる。これらの用法は「確認要求」から拡張したものだと思われる。話し手が、相手の要請・勧誘・助言などを断ったり、相手に不満や非難のような否定的な感情を表出したりするような人間関係を損なう恐れのある発話では、断定的な「言い切り」より「よね」の方が用いられやすいという傾向が見られた。否定的な感情や断りによって生じる摩擦や対立を和らげる表現効果が「よね」にあるのだと思われる。このような現象は類似した事物の存在を暗示するぼかし表現「も」とか、反語的意味をもつ「よく」と共起したりすることからも説明できる。

　複合終助詞「よね」は発話の状況によって、さまざまな言語行為を担っており、命令文や評価文などにも使用される。今後、これらのタイプまで含め、複合終助詞「よね」の全体像を体系的に提示したいと思っている。

表1　複合終助詞「よね」の表現効果

原義	情報要求	確認要求	発話緩和
拡張1	情報提供	反意（拒絶等）	発話緩和
拡張2	感情表出	不満（非難等）	発話緩和

用例出典

＜ドラマ＞『ロングバケーション』フジテレビ
唯川恵（2004）「肩ごしの恋人」：集英社文庫
林真理子（1988）「最終便に間に合えば」：文春文庫
山田太一（1983）「ふぞろいの林檎たち」：新潮文庫
山田太一（1985）「ふぞろいの林檎たちⅡ」：新潮文庫

桐野夏生 (2005)「魂萌え」: 新潮文庫

参照文献

宇佐美まゆみ (1997)「「ね」のコミュニケーション機能とディスコース・ポライトネス」現代日本語研究会 (編)『女性のことば・職場編』東京: ひつじ書房.
大曽美恵子 (1986)「誤用分析Ⅰ「今日はいい天気ですね。」―「はい、そうです。」」『日本語学』5(9): 91–94.
片桐恭弘 (1997)「終助詞とイントネーション」音声文法研究会 (編)『文法と音声』235–256. 東京: くろしお出版.
神尾昭雄 (1990)『情報のなわ張り理論: 言語の機能的分析』東京: 大修館書店.
金水敏 (1992)「談話管理理論からみた「だろう」」『神戸大学文学部紀要』19: 41–59.
楠本徹也 (1995)「終助詞『よ』の待遇性に関する一考察」『留学生日本語教育センター論集』21: 1–14. 東京外国語大学.
国立国語研究所 (1960)『話しことばの文型 (1): 対話資料による研究』東京: 秀英出版.
定延利之・田窪行則 (1995)「談話における心的操作モニター機構: 心的操作標識「えーと」と「あの (ー)」」『言語研究』108: 74–93.
野田春美 (2002)「終助詞の機能」宮崎和人・安達太郎・野田春美・高梨信乃『モダリティ (新日本語文法選書4)』261–288. 東京: くろしお出版.
蓮沼昭子 (1992)「終助詞の複合形「よね」の用法と機能」『対照研究』2: 63–77. 筑波大学つくば言語文化フォーラム.
蓮沼昭子 (1995)「対話における確認行為:「だろう」「じゃないか」「よね」の確認用法」仁田義雄 (編)『複文の研究 (下)』389–419. 東京: くろしお出版.
宮崎和人 (2000)「確認要求表現の体系性」『日本語教育』106: 7–16.
山岡政紀 (2004)「日本語における配慮表現研究の現状」『日本語日本文学』14: 17–39. 創価大学.
吉田雅昭 (2008)「終助詞「ヨネ・ヨナ」の機能・意味について」『言語科学論集』12: 37–48. 東北大学.
Brown, Penelope and Stephen Levinson (1987) *Politeness: Some universals in language usage*. Cambridge: Cambridge University Press. [邦訳: 田中典子 (監訳) (2011)『ポライトネス: 言語使用における、ある普遍現象』東京: 研究社.]
Leech, Geoffrey (1983) *Principles of pragmatics*. London: Longman. [邦訳: 池上嘉彦・河上誓作 (訳) (1987)『語用論』東京: 紀伊國屋書店.]

第 6 章

とりたて詞「なんか」の捉え直し用法に見られる配慮表現[1]

大和 啓子

6.1 はじめに

「なんか」が単一の要素をとりたてるとき、大きく3つの用法があることがこれまでの研究から明らかになっている。(1) は類例暗示によるぼかしの用法、(2) は（低）評価の用法、(3) は事態の甚だしさをあらわす例を示す提題の用法である（下線は原著、または本章の筆者による。以下同じ）。

(1) このブラウスなんか君に似合うと思うよ。
（日本語記述文法研究会 2009: 150）
(2) マンガなんか読むな。
（日本語記述文法研究会 2009: 120）
(3) A「駅前のラーメン屋さん、繁盛しているらしいね。」
B「うん、今日なんか店の前に長い行列ができていたよ。」
（日本語記述文法研究会 2009: 240）

本章では、「なんか」という一つの表現形式がこれら複数の用法をあらわすメカニズムを明らかにし、対人コミュニケーション上でどのように機能しているのかを記述する。そのうえで、「なんか」がどのような文脈において、どのように配慮を示す表現として機能し得るのかということについて Brown

---

[1] 本章は大和 (2010) のうち、ナンカに関する論考の部分を再考し、大幅に加筆修正を加えたものである。

& Levinson (1987) のポライトネス理論を援用して考察する。

なお、本章では「なんか」を「など」の異形態として扱う。「など」が比較的かたい文体で用いられるのに対し、「なんか」はくだけた文体で用いられるというような文体の違いはある（日本語記述文法研究会 2009: 148）ものの本章で扱う範囲内において、「など」は「なんか」にすべて置換可能であり、先行研究の「など」についての議論は「なんか」にも適応して問題ないと考える。ただし、先行研究からの引用例文で「など」となっているものについては、原文のまま「など」と記載することとする。

6.2 「なんか」による類例暗示

「なんか」（など）はそもそも次の (4) のように同類の名詞をいくつか並べた後に、＜〜のような種類のもの＞という意を添える一種の接尾辞であった（寺村 1991）と考えられる。

(4) 作曲家というと、モーツァルト、バッハなんかがすぐに思い浮かぶ。
(作例)
(5) 作曲家というと、モーツァルトなんかがすぐに思い浮かぶ。(作例)

(4) (5) ともに、「なんか」を加えることで、具体的に挙げたバッハ、モーツァルト以外にも、ベートーベンやドビュッシーなどすぐに思い浮かぶ作曲家がほかにもいるという含みを感じさせる。つまり、「なんか」は、すべての要素を挙げ尽くしているのではなく、明示された要素以外に、まだ他に何らかの残されたものがある可能性を示しているといえる。このように「なんか」は例示の機能をもつため、(5) のように一つの名詞に「なんか」を後接する場合にも、＜〜のような種類のもの＞の一例を示し、同類を暗示しているといえる。

6.3 類例暗示の派生用法としてのぼかし

(5) のように一つの要素に「なんか」がついて、同類を暗示するという用法から派生したと考えられるのが、(6) (7) (8) のような用法である。

(6) このブラウスなんか君に似合うと思うよ。   ((1) 再掲)

(7)　これなんかお客様によくお似合いになると存じますが、…。
　　　　　　　　　　　　　　　　　　　　　　　　　　　（沼田 2000: 194）
(8)　田中さんへのプレゼントだけど、文房具なんかいいんじゃないかな。
　　　　　　　　　　　　　　　　　　　　（日本語記述文法研究会 2009: 127）

　これらの例は、(5) で他の作曲家がすぐに思い浮かべられるのとは異なり、暗示されている同類の例を具体的に想定することが難しい。このような用法は従来とりたて詞として分析され、具体的な存在の想定は難しいが、同類のものが存在するかのようなニュアンスを示すことで文全体の意味をやわらげられるとされている（沼田 2000、日本語記述文法研究会 2009）。

6.4 「なんか」による評価用法

　同類を暗示することによる婉曲用法を持つ一方で、「なんか」が評価的用法を持つことも多くの研究者によって指摘されている（寺村 1991、中西 1995、山田 1995、沼田 2000 など）。

(9)　マンガなんか読むな。　　　　　　　　　　　　　　　　　　　((2) 再掲)
(10)　私などにはとてもできない。　　　　　　　　　　　　（寺村 1991: 186）
(11)　よりにもよって、太郎なんかが僕の誕生日パーティーにやって来た。
　　　　　　　　　　　　　　　　　　　　　　　　　　　　（沼田 2000: 195）

日本語記述方法研究会 (2009) では「なんか」を評価のとりたて詞の一つとして、文中のある要素をとりたて、それに対する話し手の何らかの評価をあらわすとする。また、その評価は価値が低い、くだらないといったものであることが多いとしている。

　「なんか」が低評価を示すことについて、寺村 (1991) では、(10) のような例を挙げ、「Ｘ ナド Ｐ ナイ」という構文は、話し手の頭の中に非常に＜高い存在＞があり、それとの関連でＸのように＜低い＞ものがＰすることが思いもよらないという意味が暗示されるとしている。そして、自分のことに用いると謙遜、相手や第三者に用いると軽視となるとする。

　また、沼田 (2000) では、(11) のような「なんか」の用法を「否定的特立」とよびその二次特徴として、評価を含むこともあると説明する。明示された

自者（＝太郎）が、来ることが当たり前の他者（＝花子や次郎）と比較して、やって来るべきでない、著しく適切性を欠くものとされると説明する。

6.5 「なんか」によって示されるもの―典型例と周辺例

　では、「なんか」はどのような場合に類例を暗示し、どのような場合に類する他のものを問題とせずにそのものに対する評価という含みを持ちうるのだろうか。それは「なんか」がとりたてるものがどのようなカテゴリーの一例として示されるかということに関わると考えられる。

　（12）　食卓にコップなんかがおいてある。　　　　　　　　　（作例）
　（13）　食卓にタイヤなんかがおいてある。　　　　　　　　　（作例）

（12）のように、食卓に置いてあって何の不思議もないコップを「なんか」でとりたてた場合、そのほかにもお皿や料理といった食卓上に通常ありうると想定されるものの一例として理解することができる。一方で（13）は、一般的にタイヤが食卓に置いてある状況というのは想像しがたい。このような場合に、食卓に置かれたタイヤに類するものは想定しづらく、「そこにあるべきでない」タイヤがあるという含意がよみとれる。これが先行研究では（低）評価とされるものであると思われる。

　ここで、「なんか」が本来＜〜のような種類のもの＞としての意を添える接尾辞であったことに立ち返って考えたい。「なんか」は、＜〜のような種類のもの＞という、何らかのまとまり（カテゴリー）を示していると言える。その何らかのまとまりとして「なんか」で示された一例が、典型例（集合の中によくあること、ふつうのこと）であれば類例および具体的な集合が想起される。一方で、「なんか」によって示された一例が、類例が想起されにくい周辺例の場合、＜めったにないもの＞、＜ふつうではないもの＞というまとまりとして捉え直されると考える。

　典型例として解釈されるか、周辺例として解釈されるかは、その発話文脈・状況によって異なってくるものであるが、ここでは、食卓の上のコップが典型例、タイヤが周辺例となる。

(14)

典型例	周辺例
コップ、お皿、料理　…　テレビのリモコン、鍵　…　靴、タイヤ	
＜食卓によくあるもの＞	＜通常は食卓にないもの＞

したがって (13) では、タイヤが、＜通常はそこにないもの＞として捉えられ、その結果評価的な含みをもつと言える。

周辺例が、通常の事柄からの逸脱例であるととらえると、先行研究でも指摘されるように、「なんか」の持つ評価が本来そうではない、はずれたもの、とんでもないものというような低評価に偏ることも納得できる。

ただし、周辺例を＜あたりまえではないもの＞、＜普通ではないもの＞と捉えることが必ずしも否定的評価につながるとは限らない。次の (15) は、飲食店を評価する口コミサイトに掲載された寿司店についての書き込みの一部である。

(15)　最近、お刺身系とかお寿司を食べてなくて、たまにはランチにお寿司なんかをと思い、一念発起して車を 40 分ほど走らせ、Y 市にある「＜店名＞」さんに初めてうかがいました　　（出典稿末参照）

ここでは、しばらくお寿司を食べていなかったことについて触れた後、「お寿司」を「なんか」でとりたてている。そして、「たまには」と思い、「一念発起して」行ったことを示している。「なんか」によってお寿司がこの書き込みをした人にとってランチに食べるものの典型からは外れた周辺的なものであることが示されるが、「お寿司」に対する低評価が含意されているとはいえないだろう。「お寿司」を食べることが単にいつも通りではないものというカテゴリーとして捉えられていることを示している。これも (13) のタイヤの例に派生する周辺例の用法としていえるだろう。

また、「なんか」でとりたてたものが典型例として解釈されるか、周辺例として解釈されるかという違いが、次のような提案という発話行為においては、強い提案か、控えめな提案かという違いにつながる。

(16)　お休みの日に博物館巡りなんかいかがですか。　　（出典稿末参照）
(17)　思い切ってショートボブなんかどうでしょうか？　　（出典稿末参照）

6.3節でみたように、従来こうした「なんか」はほかにも可能性があることを暗示して文全体をやわらげるぼかし表現として説明されてきた。確かに一例として示すという部分では全体をぼかす効果があるかもしれない。しかし、その例を典型的な一例と捉えるか、周辺的な一例と捉えるかによって、その発話行為の働きかけの強さとでもいうべきものが変わってくるのである。(16)で、「博物館巡り」を、休みの日のよくある典型的な過ごし方のうちの一例と捉えれば、控えめな提案の表現となるが、「博物館巡り」を周辺的な例と捉えると、休みの日の特別な過ごし方を強く勧める表現ともなり得る。また、(17)も、「ショートボブ」を典型的な髪型の一つと捉えれば控えめな提案であるが、ずっと長い髪型にしていた人にとって、「ショートボブ」が考えてもみなかったような周辺的な髪型であれば、強い提案となる。

6.6 「なんか」による「捉え直し」

また次の(18)のような例についても、周辺例を＜あたりまえではないもの＞＜普通ではないもの＞としてとりあげる用法の拡張として解釈することができる。

(18) A 「テスト90点だった！すごいでしょ。」
 a. B 「ふーん、ぼくなんか満点だったよ。」　　　　　　　　　(作例)
 b. B 「ふーん。#ぼくなんか89点だったよ。」
  (Cf. ぼくは89点だったよ)
 c. B 「すごいね。ぼくなんか50点だったよ。」

(18a)は自慢をしてきた友人に対抗して、いやいやむしろぼくのほうがよかったよと、自慢をし返す文脈である。この文脈では「なんか」が「ぼく」に類する他の要素を想起したり、なんとなく文全体をやわらげている用法とは考えられない。ここでは、「なんか」を添えることによって「ぼく」を改めて捉え直してみせていることを示しているのである。90点をとった友人は「ぼく」を＜自慢できる相手＞として認識しているからこそ、自身の点数90点を自慢気に伝える。つまり、友人は「ぼく」が90点よりも点数が低いと思っている。そのような友人の認識に対して、＜友人の考えている通りで

はない＞「ぼく」を新たにとらえ直して見せているのである。つまりは、自慢をしてきた友人に＜逆に自慢できる＞ぼくを示しているのである。しかし、ぼくの得点が89点だった場合、友人にとっての＜ふつう＞のぼくを改める必要もなく特に主張すべきこともないため、(18b)ではぼく「なんか」の使用が不適切となる。

　一方で(18c)のように、自慢をしてきた友人に対して、あえて自身を＜全然できないもの＞として呈示する場合にはぼく「なんか」ということができるのである。

　ところで、(18)では、友人が自慢をしてきたのに対して、その応答のなかで、「なんか」を用いている。これに関連して、寺村(1991: 187)は次のように述べている。

　　単なる同類のナドが現れる文は、談話に初出の文でもよいが、評価を暗示するナドの現われる文は、先行の、対話相手の発話を受けての文であることが多い。その先行発話は、必ずしも言語化された文ではなく、話し手が考える相手の思惑、あるいは世間一般の常識であることもある。

このことは、「なんか」がある事柄を話者があらためて捉え直して示す際に使われることとも符合する。

　(19)　ママなんか嫌いー。　　　　　　　　　　　　　　　　　(作例)
　(20)　おまえなんかでていけ！　　　　　　　　　　　　　　　(作例)

　(19)や(20)は「なんか」を添えることで、それまでの状況から、相手をあらたに捉え直したことを示している。例えば、(19)の発話が現れる状況を思い浮かべると、子どもが叱られるなどのきっかけがあって、「ママ」を＜嫌いなもの＞として捉え直したときである。また(20)は、それまで同じ空間に存在した「おまえ」に対して同じ空間にいるべきでないものと新たに捉え直し、出ていけと命令している。

　以上のように、いわゆる評価にかかわる「なんか」は、それまでの文脈・状況をうけて、話者が、ある事柄をあらためて捉え直したことを示しているといえる。どのようなものとしてその事柄を捉えたかを示すこと、またその捉え方がそれまでの前提とは異なることによって、評価が含意されると言える。

(21) A 「駅前のラーメン屋さん、繁盛しているらしいね。」
　a.　B 「うん、今日なんか店の前に長い行列ができていたよ。」
(（3）再掲)
　b.　B 「うん、#今日なんか繁盛してたよ。」
　c.　B 「え、でも今日なんか一人もお客さんいなかったよ。」

また、(21)の場合にも、話者は前文脈を受けて、ラーメン店の今日の様子を新たに捉え直して示している。この時も、テストの点数自慢と同様、ただ普通に繁盛しているということをいうときには「なんか」を添えることはできず、新たに捉え直して示さなければならない。このことが、先行研究では、甚だしい事態を示すとされている説明されている[2]。

6.7 「捉え直したと示す」こととポライトネス

　ここまでは、「なんか」という形式が複数の要素をまとめて＜〜のような種類のもの＞という意を添えて例示するという基本の用法を持つこと、また、その例示が、ある集合における典型的な例か周辺的な例かによってその含みが異なってくること、そして、先行の文脈・状況を受けて、改めてそれを有標の事態、ふつうではないものとして、捉え直したことを示すことを確認した。

　本節では、インターネット上から採取した、対人コミュニケーション上機能していると思われる「なんか」について、どのような文脈において、どのように機能しているのか、前節までに明らかにした「なんか」の特徴を踏まえて、Brown & Levinson (1987) のポライトネス理論におけるフェイス補償

2　ほかに類例が想起されるような典型例の甚だしさを示すこともある。その場合には、「類例もだが、特に」という、ぼかしとは逆の卓立的な含みを持つ。
　　（例文1）和食を食べたくなったら、ここのお店ですね。特におすすめは、冬場のおでん。だしが染み込んだ大根なんか、格別です。　　　　　　（出典稿末参照）
　この場合、例えば、「大根」が格別であることをいうことで、「そのほかのおでん」もそれに準じた評価に値することを示している。
「まさにそのもの」を指し示したい時にもなんか」が用いられている。
　　（例文2）（市長記者会見における記者の質問）〜というのが、普通の手順じゃないかと思うんですけど、その辺、市長なんかどうお考えですか。（副市長、教育長、理事等も 11 名が同席）　　　　　　　　　　　　　　（出典稿末参照）

行為という観点から考えてみたい。

　Brown & Levinson（1987）は、Goffman が公的自己イメージとしたフェイスをコミュニケーションの参加者が互いに尊重すべき欲求として定義し直した。そのフェイスには2種類あり、一つは、他者から認められたいという欲求（ポジティブフェイス）、もう一つは、他者に侵害されたくない欲求（ネガティブフェイス）である。しかし、例えば、依頼、提案あるいは申出のような発話行為は、聞き手の未来の行動に言及することにより、その行為をするように（あるいは、しないように）聞き手になんらかの圧力をかける行為であり、本質的に他者のネガティブフェイスを脅かしてしまう。このような行為をFTA（face-threatening act）とし、そのようなフェイスを侵害する行為を軽減したり、補償したりする配慮を示す具体的な方法が、ポライトネス・ストラテジーと呼ばれるものである。

　（22）　お休みの日に博物館巡りなんかいかがですか。　　　（（16）再掲）
　（23）　思い切ってショートボブなんかどうでしょうか？　　（（17）再掲）

6.5で典型例か周辺例かによってその働きかけの強さが変わる例として挙げた（22）（23）のような提案も、話し手は、相手が将来的にその行為をすべきであると考えているということを示す行為であり、相手の行動を制約することにつながり、FTAを含む行為となる。周辺的であれ、典型的であれ、「なんか」を添えることでそれを「一例として」示している。これは、聞き手のネガティブフェイスを侵害されたくないという欲求を補償するためのネガティブポライトネス・ストラテジーの一つとして考えられる。ネガティブフェイスを補償する具体的な言語ストラテジーの上位ストラテジーとして「Hに強要しない（Don't coerce H）」というものがある。「なんか」を添えることで、その提案をあくまでも一例として示し、その提案が絶対的なものではないことを示し、聞き手のネガティブフェイスを補償するストラテジーとして働いていると考えられる。

　（24）　蕎麦なんか食べますか？　よければ差し上げますよ（出典稿末参照）

　（24）は、蕎麦を提供する際の発話である。そばの提供「よければ差し上げますよ」の前置きとして、「蕎麦なんか食べますか？」と質問をしている。

蕎麦が提供されることが聞き手にも予測される状況で、質問すること自体が、相手に提供というFTAを回避するヒントとして機能しているとも考えられる。しかし、この種の提供の前置きとしての質問では、相手の返答を待たずに、次の発話が続けられる事もあるように思われる[3]。この場合、「なんか」を添えた質問にすることで、そばを食べることを当然のことではないと示している。それは相手に「逃げ道（out）」を用意していることを示している。実際のコミュニケーション上、それが逃げ道となっていなくても、相手の逃げ道を考慮していることを示すこと自体が、相手のネガティブフェイスを尊重していることを示すとB&Lでは述べている。さらに、それは必ずしも提供が成立するとは考えていない、悲観的な想定があることを示すネガティブポライトネス・ストラテジーにもつながると考えられる。

(25)　できればサインなんかいただけたらうれしいなぁ～なんて思うのですが…。　　　　　　　　　　　　　　　　　　　（出典稿末参照）
(26)　予算オーバーなので値引きなんかしてもらえたら嬉しいです。
　　　　　　　　　　　　　　　　　　　　　　　　　　（出典稿末参照）

(25)は経営する飲食店で仕事中の有名人に話しかける際の想定の台詞、(26)はインターネット上での個人売買サイトでのやり取りのメッセージである。依頼は言語行動の中でも、本質的にその相手のフェイスを傷つけやすいものであり、話し手の欲求が聞き手によって満たされることを求める行為である。聞き手は依頼を承諾することによって行動の自由が奪われ、自己の領域を侵されることになる。要するに、聞き手のネガティブフェイスを侵害する行為である。(25)サインをもらうこと、(26)値引きをしてもらうことを当然のことではないものとして捉え直して示すことで、依頼の成立が簡単なものではないと考えていることを示している。すなわち、「なんか」は聞き手がサインをしないこと、値引きをしないことを想定していることを示す「悲観的であれ（Be pessimistic）」のストラテジーとして働き、相手のネガティブフェイスへ配慮した表現となっている。

3　(24)の例はブログの筆者である聞き手（＝そばをもらった人）が状況を思い出して後から記録したもので、(24)の部分のみ台詞として記述されているが、聞き手の反応は挟まれていない。

(27)　「いえいえ、わたしなんかまだまだです。」　　　　（出典稿末参照）

　(27)は書店員へのインタビューの記事の中で、その仕事ぶりを関係者が「絶賛」していると伝えたのに対して、書店員が答えたものである。他者を賞賛することは、他者を認める、聞き手のポジティブフェイスを尊重する行為と言える。また、相手の褒めを受け入れることは他者の考えを共有するポジティブフェイスを尊重する行為と言えそうである。しかし、B&Lでは、賞賛をされた側がそのまま賞賛を受け入れることは、賞賛をされた側のポジティブフェイスを侵害するとも述べている。そしてそのようなフェイス侵害は、賞賛した側のフェイスも脅かすことになるとされる。これについて、滝浦（2008）では、褒めたり、その褒めを受け入れたりすることは、他者との価値の共有であり、それは自分と相手の相対的な位置関係を等しくすることにつながるという。そのため、目上の人を褒めたり、褒めを受け入れたりすると、自分が目上の人と同位置まで上がってしまい、逆に相手は相対的に下がってしまうことになるという。

　したがって、褒めをそのまま受け入れることがFTAとなるような人間関係の場合には、受入側はなんらかのフェイスの補償行為をすることが期待される。

　6.6の自慢の文脈でも見たとおり、「わたしなんか」ということで、相手の捉え方とは異なる「わたし」を示すことができる。そこで、相手が褒めた私をそうではないものとして捉え直して示し、自分を低め謙遜することで、相手との距離を保ち、相手のネガティブフェイスを補償することになるのである。

　このように、提案、提供、依頼、あるいは賞賛の受入といった潜在的FTAを含む行為のなかで、「なんか」は主にネガティブポライトネス・ストラテジーとして機能している。ところで、上記のように他者へ働きかける発話行為以外に、自身の行為の描写にも他者を意識したと思われる「なんか」の使用がみられた。以下は、ブログなど不特定多数の読者を想定した自身の行動記録の中で、用いられている「なんか」の例である。

(28)　当日は友人代表のスピーチなんかやらせてもらっちゃったりして（顔文字略）余興になんちゃって参加しちゃったりして（顔文字略）

終始しあわせいっぱいのとっても素敵な式でした（顔文字略）

(出典稿末参照)

(29) 新幹線での帰省は久々で、調子こいてグリーン車なんかに乗ってたら…後少しで青森と言う所で車内アナウンス。　　(出典稿末参照)

(30) 久々に行くと古いメンバーは居ない事が多いので、誰？って事が多いのですが、今回は何気に子供たちが覚えていてくれたりしました。＞Xさんだぁ〜サインください。とか、＞8耐出てる人だ〜と言われると、＞ここで練習して、タイム出せるようになるとどこでも何乗っても走れるよ！ってな感じで色々アドバイスなんかさせていただきました。特に重要なブレーキの使い方など。

(出典稿末参照)

(28)は友人の結婚式に出席したブログの筆者が友人代表のスピーチをしたこと、(29)は芸能人であるブログの筆者がグリーン車に乗ったこと、(30)はサーキットでレーサーであるブログの筆者が声をかけてきた人にアドバイスをしたことが書かれている。どれも自身の行動について述べているのだが、「やらせてもらっちゃったり」「させていただきました」のように自分の行為を謙譲表現と共に用いたり、「調子こいて」というように他者からの視線を意識したような表現が見られる。これらの行為はどのような行為と言えるだろうか。例えば、結婚式の友人代表のスピーチは選ばれた人しかできないことである。グリーン車も普通車に比べて余計に料金のかかる特別な車両である。また、アドバイスも自分が他者よりも知識が多いことによってできる行為で誰もができることではない。つまり、読み手によっては自慢に捉えられるかもしれない行為である。こうした特定の人ができる特別な行為を「なんか」によってとらえて、筆者自身にとっても＜あたりまえのことではないもの＞として示すことが、不特定多数の読者である相手とのフェイスバランスを調整していると思われる。つまり、筆者は、自身の行為を伝えることによって自己の認められたいというポジティブフェイスを守りつつも、「なんか」が他者との位置関係を配慮したネガティブポライトネス・ストラテジーとしてはたらき、読者とのフェイスを調整しているのである。「なんか」を用いることで、自慢とも捉えられかねない内容を抑制的に謙遜して伝

えているのである。

　以上、「なんか」によって捉え直したことを示すことが、文脈との関連で、フェイス配慮の機能を持ち、他者への配慮を示す表現となりうることを示した。山岡（2015）は対人的コミュニケーションにおいて、相手との対人関係をなるべく良好に保つことに配慮して用いられている一定程度以上に慣習化された言語表現を「配慮表現」と定義している。今回の実例からも、「なんか」の捉え直し用法については、ある程度慣習化した配慮表現と考える。褒めの応答への文脈での、「わたしなんか…」については謙遜表現として特に慣習化が進んだ配慮表現といえそうである。

6.8　おわりに

　本章では、「なんか」が＜〜のような種類のもの＞の一例を示すという基本的な用法から、事柄を新たに捉え直したことを示すことで様々な語用論的な効果を生じることを確認した。

　特に、依頼や申し出、提案のような FTA に関わるような発話行為について「なんか」が用いられた場合、配慮をあらわす表現として働きうることもいくつかの実例から明らかにした。

　このように、配慮をあらわす表現形式が本来どのような用法をもつかを明らかにすることによって、日本語における配慮が、何をどのように配慮しているのかを具体的に明らかにしていくことができるのではないだろうか。

参照文献

Brown, Penelope and Stephen Levinson (1987) *Politeness: Some universals in language usage*. Cambridge: Cambridge University Press.［邦訳：田中典子（監訳）（2011）『ポライトネス・言語使用における、ある普遍現象』東京：研究社.］
中西久実子（1995）「ナド・ナンカとクライ・グライ：低評価を表すとりたて助詞」宮島達夫・仁田義雄（編）『日本語類義表現の文法（上）』328–334. 東京：くろしお出版.
日本語記述文法研究会（編）（2009）『現代日本語文法 5　第 9 部とりたて 第 10 部主題』東京：くろしお出版.
沼田善子（2000）「とりたて」金水敏・工藤真由美・沼田善子『日本語の文法 2　時・否定と取り立て』151–216. 東京：岩波書店.
滝浦真人（2008）『ポライトネス入門』東京：研究社.

寺村秀夫 (1991)『日本語のシンタクスと意味Ⅲ』東京：くろしお出版.
山田敏弘 (1995)「ナドとナンカとナンテ：話し手の評価を表すとりたて助詞」宮島達夫・仁田義雄 (編)『日本語類義表現の文法 (上)』335–344. 東京：くろしお出版.
山岡政紀 (2015) 慣習化されたポライトネスとしての配慮表現の定義『日本語用論学会 第 17 回大会発表論文集』10: 315–318.
大和啓子 (2010)「例示の助詞タリ、ナンカの語用論的効果」『表現研究』91: 41–51.

例文出典 URL

(15) 寿司　　https://tabelog.com/chiba/A1204/A120402/12029695/dtlrvwlst/B287744141/?lid=unpickup_review
(22) 博物館　http://placehub.co/lists/67526
(23) ショートボブ　https://beauty.epark.jp/hair/concierge-486/
(24) そば　　https://ecoring591127.wordpress.com/2012/11/05/
(25) 相撲サイン
　　　　　http://detail.chiebukuro.yahoo.co.jp/qa/question_detail/q1454795779
(26) メルカリ値引き　https://item.mercari.com/jp/m65064994477/
(27) 書店員　https://diamond.jp/articles/-/12447
(28) スピーチ　http://sonorite.info/blogs/view/00040/00000113
(29) グリーン車　https://ameblo.jp/k-daimaou/entry-10371173158.html
(30) アドバイス　http://nccfactory.cocolog-nifty.com/blog/2017/09/post-4dc8.html

脚注 1
(例文 1) おでん大根　https://www.cookdoor.jp/dtl/14092747399/
(例文 2) 市長
　　　https://www.city.zushi.kanagawa.jp/syokan/kouhou/kaiken/kaiken200111.html

第 7 章

配慮表現「させていただく」の違和感をめぐって

塩田 雄大

7.1　微妙な表現としての「させていただく」

　SMAP が解散する際に、事務所から FAX が流された。その決して長くはない文中に、「させていただく」が 4 回も使われていたのだ（武田 2018）。

- 「SMAP の今後の活動につきましてメンバーと協議を重ねた結果をご報告させていただきます」
- 「デビューより 25 年間アーティストとしてグループ活動をして参りました SMAP は 2016 年 12 月 31 日を持ちまして解散させていただくことになりました」
- 「7 月の音楽番組を辞退させて頂いた経緯がございました」
- 「本年を持ちまして、SMAP は解散させていただくことになりますが」

　武田（2018）ではほかにも芸能人の「させていただく」の多用が指摘されており、EXILE のメンバーによる「LIVE をやらさせていただいて」「テキーラを呑まさせていただいて」「自分は今年限りでパフォーマーを一区切り付けさせていただく」などの発言が紹介されている。
　この章で取り上げる「させていただく」は配慮表現の一つなのだが、その一方で、この言い方をすることでかえって聞き手に違和感を与えてしまうこともあるという特性も帯びている。配慮表現の中には、このようなおそれ

〔＝話者が意図していない印象を、聞き手に対して与えてしまいかねないこと〕のあるものと、あまりないものがある。

　例えば、配慮表現の一つである「ちょっと」を用いて「私にはちょっとわかりません」という発言があった場合に、「『ちょっと』ではなくて『まったく』わからないんだろう。事実に反していて気分が悪い」などと反論する人は、普通はいない。また、同じく配慮表現の「かもしれない（が）」を使って「きみは試験に合格したかもしれないが、これで気を抜いたらダメだぞ」と言われて「『かもしれない』じゃなくて実際に合格したんです。うそを言わないでください」と言い返すようなことは、まずしないだろう。このように、「ちょっと」や「かもしれない（が）」は、使用にあたって、誤解や不快感などを招くおそれはあまりない。

　一方、何かを贈呈するときの配慮表現「つまらないものですが」は、「おかしい」と感じる人が現代では一定数おり、特に女性にその傾向が強い（塩田 2012）。つまり、配慮表現として使用する場合でも注意が必要な言い回しの一つであり、「させていただく」もこの「要注意グループ」に属する。

7.2　「させていただく」の原義

　最初に、きわめて簡単にであるが、「させていただく」の原義およびそれに基づいた原義的な用法について記す。

　まず「させる」は「使役」であるが、強制的あるいは意図的な「使役」というよりも、「許可」（「放任」「容認」「邪魔をしない」などを含む）であるととらえるのがわかりやすい。そして「いただく」は、話者が何らかの利益・恩恵を得ること、つまり「話者の受益」として解釈できる。

　総合すると、「させて ＋ いただく」によって表されることがらは、要素主義的な観点からは、まずは「話者の受益〔＝「いただく」〕」であるという位置づけなのであり、その「話者の受益」が何によってもたらされたものなのかと言えば「（誰かによる）許可〔＝「させる」〕」のおかげなのだ、という構造になっている（言い換えると、話者は「利益を受ける立場」であり、なおかつ「許可を受ける立場」であるということを表明していることになる）。要素〔＝「させる」〕と要素〔＝「いただく」〕の単純な加算の結果が全体〔＝「させていただく」〕の原義であるという考えに立つのであれば、例えば、次

のようなものが原義的な用法ということになる。

- 大事にしまってあるお皿を、無理を言って使わせていただきました。

ここでは、文中に明示はされていないものの「お皿」の使用を許可した人物〔＝許可者〕がおり、その人の許可によってこの文の話者が恩恵を得た〔＝話者の受益〕という形になっている。このような原義的な用法〔＝（言語化するかどうかは別として）「許可者」と「話者の受益」が両方とも存在する状況での使用〕に対しては、違和感を覚える人はほとんどいない。

それに対して、次のような文には、違和感が寄せられることがある。

- 全品、20％の割引をさせていただきます。
- あすは、営業させていただきます。
- ○○さんと、おつきあいをさせていただいております。
- 中学校では、トップの成績を取らせていただきました。

7.3 「させていただく」に対する違和感の指摘と、それに対する反論

滝浦（2016）では、違和感のありうる「させていただく」について、非常にわかりやすく3類型にまとめられている。

① "無許可"型（＝聞き手［読み手］は許可していない）
　（A）本日休業させていただきます。
　（B）用があるので先に帰らせていただきます。
② "実質的強制"型（＝聞き手は拒否できない）
　（C）では書類の方、確認させていただきます。
　（D）〔電車の車掌が〕このへんでドアを閉めさせていただきます。
③ "無関係"型（＝そもそも聞き手と関係ない）
　（E）このたび○△大学を卒業させていただきました。
　（F）私たちはこのたび入籍させていただきました。

（滝浦 2016: 92–93）

「させていただく」文に対する「違和感」の指摘は、なにも最近始まったものではない。例えば、作家の永井荷風は、1934（昭和9）年に銀座の喫茶

店の店頭に「閉店させて頂きます云々」という張り紙があったことを記している。これは、おそらくこの表現に違和感を覚えたから、わざわざ記録したのであろう（読売新聞社会部 1988: 185）。

　こうした「違和感」の指摘は、比較的古いところでは例えば次のようなものがある。滝浦（2016）での分類に沿って、該当箇所に本章の筆者が波線と分類番号〔①"無許可"型、②"実質的強制"型、③"無関係"型〕を付した。

> 「ていただく」は「来ていただく」「いらつしやつていただく」、明治の中葉以降流行して来た「…させていただく」のやうに用ゐられ、（今泉 1943: 168）… 今の人は何でもなく、「それではおたづねさせていただきませう②。」といふが、明治時代の物言ひに慣れた人だつたら、この言ひ方は何といふことなしに少し變に聞えて、どうしても、「それではおたづねいたします。」でよいではないかといふ。　（今泉 1943: 258）

> 会議などで見ていると、人を散々待たせておいて「それではこれから開会させていただきます②」などというのが皮切りで、「僭越ながら、それでは、私が議長をつとめさせていただきます②」と来るのだから、大事の会議よりは余計な言葉のやりとりで時間が経つてしまう。大体あの「させていただきます」は、誰が何時ごろから流行らせた言いまわしかは知らないが余計なことを流行らせたものだ。　（松方 1954: 17）

> しかし幸いが不幸に転じて、「サセテイタダク」というインギン無礼な円曲法がマンエンしつつある。
> 　　資本主義初期　　本日休業！
> 　　資本主義中期　　本日休業イタシマス
> 　　資本主義末期　　本日休業サセテイタダキマス①
> 　　　　　　　　　　　　　　　　　（三上 1955: 223–224）

「では、お話をさせていただきます②」「明日は、お休みさせていただきます①」などと言うのは、手前勝手で慇懃無礼もいいところだと言いたい。（中略）「お陰様で、合格させていただきました③」を真に受けると、こちらが賄賂などを受け取り、無理に人為的な操作を加えて、入試に合格させたと採られかねない。（中略）いきなり「明後日は、休ませ

ていただきます①」と一方的に言うのはおかしい。上役としては「俺は休むことを命令も許可もしないし、希望しているわけでもない」と言うことになりかねない。
（伊吹1976）

「来る〇月〇日から料金を改定させていただきます②」式の新聞広告その他が、よく目につく。この言いかたは、いつの頃からか、一般におこなわれるようになって、慣れてはいるが、どこかにおかしなところがある。（中略）なにも、こちらが認めるわけでも、許すわけでもないのだから、勝手に「させていただきます」には、おしつけがましく、責任転荷（ママ）の心底がみえる。（改行）そこで気がついたのは、これは許可権や認可権をもつ監督官庁へあての、願いの書式を、そのまま利用者へ転用したものらしいということである。
（ミヤザキ1977）

こうした「違和感の表明」に対する反論的なものとして、例えば次のようなものがある。

「させていただく」敬語は、大阪など関西の庶民の間で古くから用いられてきたことは知られていたが、じつはこれが同時に、近代国家日本を建設した山の手のお歴々の言葉であり、漱石・鷗外をはじめとする文豪たちの芸術の語彙であったことは、まったく知られていなかった。「慇懃無礼」「責任転嫁」「卑屈に聞こえる」「嫌な用法」などと、あからさまに不快感が表明されたのは、こうした偏った前提に立っていたことが作用していたのではないか。
（松本2008: 366–367）

関西に住む私や周りの人が「させていただく」を常用するのは一種の「方言」ということになる。（中略）ただ、他者の方言を否定してよいものだろうか。私はこのような言説に接するたびに、自分の出身地（そこには出身校も存在する）と自分の方言（広く文化）と自分自身を否定されていると感じている。自分の言語感覚のみを正しいとする態度は他者の否定へと結びつくことを知らなければならない。
（前田2017: 151）

このように現代では、「させていただく」への違和感の表明と、そのよう

な感じ方自体に対する反論の両方がなされており、決着がついていない。
　また、「させていただく」の起源が関西にあるという指摘が、以前から提出されている。例えば下記。

> 金田一春彦氏の話によると、東京山の手の言葉の挨拶用語には関西弁の影響がかなり入っているということで、「<u>おうらやましゅう存じます</u>。」「…<u>しております</u>が、」「<u>させていただきます</u>。」「そうでは<u>ございません</u>。」「…<u>参じます</u>。」「<u>寄せていただきます</u>。」などの例を示された。
>
> （楳垣 1954、下線は原文のとおり）

なお、司馬遼太郎は「"させていただく"の近江商人発祥説」を唱えている（司馬 1988: 11–12）。

7.4　「させていただく」の先行研究

「させていただく」をおもな分析対象とした研究は、これまでに数多くなされている。それぞれの内容についてここで詳細に述べる余裕がないが、例えば井口（1995）、嶺田（1997）、菊地（1997）、李（1998）、山田（2001）、米澤（2001）、茜（2002）、姫野（2004）、宇都宮（2004）（2005）（2006）、松本（2008）、沖（2009）、伊藤（2011）（2015）、李（2015.7）（2015.10）（2016）、椎名（2017）（2018）、김（2017）、高橋・東泉（2018）、森（2018）、大内（2018）などが挙げられる。また、大規模な無作為抽出式調査の形式で「させていただく」に関連した設問を取り上げたものとして、東京と大阪を対象にした飯豊（1981）および石野・稲垣（1987）、全国を対象にした文化庁（1997）（2008）および塩田（2016）がある。

7.5　「聞き手無関係型」は、違和感が大きい

「させていただく」に関する先行研究のうち、ここでは、「違和感」を左右する要因について取り上げた菊地（1997）と椎名（2017）を見てみる。
　菊地（1997）では、社会人103人を対象にした「させていただく」文のアンケート結果も合わせ、4つの分類（"恩恵／許しを得てそうする"のかという要因の「濃淡」に着目）を提示した上で、（Ⅰ）→（Ⅳ）となるに従って適切さが落ちていくと指摘している。菊地（1997）の記述を整理して示す。

（Ⅰ）（本当に）"恩恵／許しをいただく"という場合
　　ア　（学生が教師に）すみませんが、先生の本を使わせていただけないでしょうか。
（Ⅱ）"恩恵／許しを得てそうする"と捉えられる場合
　　イ　（パーティーの出欠の返事で）出席させていただきます。
　　ウ　（結婚式で媒酌人が）媒酌人として一言ご挨拶させていただきます。
（Ⅲ）"恩恵／許しを得てそうする"と（辛うじて）見立てることができる場合
　　エ　（結婚式での、新郎の友人のスピーチ）新郎とは十年来のおつきあいをさせていただいております。
　　オ　（同、新婦の友人のスピーチ）私は新婦と三年間一緒にテニスをさせていただいた田中と申します。
（Ⅳ）"恩恵／許しを得てそうする"とは全く捉えられない場合
　　カ　（セールスマンが客に）私どもはこのたび新製品を開発させていただきまして……。
　　キ　（近所の人に）私どもは、正月はハワイで過ごさせていただきます。

　次に椎名（2017）では、「させていただく」文をめぐって、「使役性〔＝使役・許可性；話し手が"相手・聞き手"の働きかけや許可によって特定の行為をするのか否か〕」「聞き手への恩恵性」「話し手への恩恵性」「必須性〔＝"相手・聞き手"が不可欠な役割を果たすのか否か；その動作の成立に聞き手が必須の要素として関与するかどうか〕」という４つの素性を設定したうえで、それぞれの素性のありなしを調整した例文を複数作成し、若年層・中年層・高年層の計686人を対象にしたアンケートを実施している。その結果、「させていただく」文の違和感に関して、最も強い効果を及ぼしているのは「必須性」であり、２番目が「使役性」であって、「聞き手への恩恵性」「話し手への恩恵性」は有意な関与はしていないことを明らかにした。
　「させていただく」は語構成としては「させて〔使役性と関連〕」＋「いただく〔恩恵性と関連〕」であり、「必須性」はこれらの各要素およびその和からは単純には導き出されないはずである。しかし文の違和感の醸成に関して

は、表面上明示的ではない「必須性」の要因が最も強い。椎名（2017）では、「そもそも聞き手と関係ない」文脈において用いられた「させていただく」文は、違和感が特に強くなるという、非常に画期的な視角を提供している。

椎名（2017）で掲げられた調査例文と素性を、「聞き手への恩恵性」と「話し手への恩恵性」の表示は省略した上で、簡略化してここに掲げる。

① 「使役性」「必須性」ともに「あり」とした例
   a. （ケータイの契約を変更した時、販売員が）では、ご契約内容について説明させていただきます
   b. （講演会の会場で係員が）受講票を確認させていただきます
② 「使役性」は「あり」、「必須性」は「なし」とした例
   c. （同僚に会議室を譲った時、同僚が）お言葉に甘えて、会議室を使わせていただきます
③ 「使役性」は「なし」、「必須性」は「あり」とした例
   d. （コミュニティーセンターで地域おこしの話をした時、知り合いが）微力ながら応援させていただきます
   e. （メガネを買った時、店員が）セール期間中ですので、全品5％の値引きをさせていただきます
   f. （美術館でペットボトルのお茶を飲もうとした時、係員が）ここでの飲食は禁止させていただいております
④ 「使役性」「必須性」ともに「なし」とした例
   g. （知り合いからの年賀状で）エッセイコンテストで受賞させていただきました
   h. （自己紹介の場面で知らない人が）このたび、○△大学を卒業させていただきました
   i. （テレビでオリンピック選手の演技を見た感想を聞かれた観客が）素晴らしい演技に感動させていただきました

蛇足を恐れつつ、少しだけ術語の整理をしておきたい。滝浦（2016）での「"無関係"型」と椎名（2017）での「必須性がない」は、実質的に同じ観点に基づくものであると解釈される。これを本章では、これ以降「聞き手無関係型」と言い表すことにしたい（同義・類義術語のバリエーションをいた

ずらに増やすのは本意ではないが、わかりやすさを優先してのことであるとご理解いただきたい）。例えば滝浦（2016）で示された諸例をもとに見てみると、「(A) 本日休業させていただきます (B) 用があるので先に帰らせていただきます (C) では書類の方、確認させていただきます (D)〔電車の車掌が〕このへんでドアを閉めさせていただきます」などは、一応、何らかの形で聞き手に影響が及びうる事象・行為が発生しているが（椎名（2017）では、こうした状況では聞き手の存在が必須であるとして「必須型」という命名をおこなっている）、一方、「(E) このたび○△大学を卒業させていただきました (F) 私たちはこのたび入籍させていただきました。」については、そもそも聞き手が存在しなくてもその事象・行為〔＝大学を卒業する、入籍する〕が成立・完了するものであり、またこれは聞き手に何の影響も及ぼさない。この (E) (F) のようなものを、「聞き手無関係型」と呼んでおくことにする。

7.6 「させていただく」文への違和感を左右する、別の要因は？

「聞き手無関係型」は違和感が強いのであるが、次に「非・聞き手無関係型」の諸表現に対して考えてみよう。ここで、「させて〔使役性と関連〕」＋「いただく〔恩恵性と関連〕」という語構成から直接には導き出されない別の要因として、「迷惑性」というものを想定してみると、どうなるだろうか。聞き手にとって迷惑になる（と話し手が見立てている）場合には「させていただく」文の違和感は低い（つまり容認度が高い）が、常識的に考えて聞き手の迷惑になるはずがない場合だと違和感が高くなる、ということはないだろうか。こうした観点を意識しつつ、複数のアンケート・世論調査の結果を眺めてみたい。具体的には、「させていただく」文の違和感に関して調べた先行調査のうち、対照可能な設問数がある程度掲げられていて、かつ回答者の数も一定程度あるものをここに掲げる（有力な先行調査である椎名（2017）は単純集計結果が明示されていないため割愛）。また一般論として、広い意味での敬語に関する表現については、「学生」の意識は安定しない側面もある（社会に出てから学ぶことでその後大きく変化することがままある）と想定されるため、回答者のうち学生の占める割合があまりに大きい先行調査は対象外とした。ここでは、調査対象となった各「させていただく」文の容認度〔＝違和感なく受け入れられる率〕にほぼ該当すると思われる数値を中心

に見てゆく。なお調査文の傍線は、調査実施時の原文での表示にかかわらず、適宜付した。

　実施年度が異なり、また精度の異なる世論調査とアンケートを1つの土俵で論じることは一見ナンセンスであるが、ここでの大きな目的は、各調査文の容認度の違いが、それぞれの調査内において、順列としてどのように表れているのかを概観するところにあることをご理解いただきたい（決して、各調査間での容認度の数値を比較しようとしているわけではない）。

表1　先行調査結果の対照

▼菊地（1997）
〔数値は「適切」と回答した人の占有率、回答者数103人（社会人）のアンケート〕
- （90）　先生の本を使わせていただけないでしょうか
- （86）　出席させていただきます
- （78）　媒酌人として一言ご挨拶させていただきます
- （58）　新郎とは十年来のおつきあいをさせていただいております
- （40）　私は新婦と三年間一緒にテニスをさせていただいた田中と申します
- （17）　★私どもはこのたび新製品を開発させていただきまして
- （5）　★私どもは、正月はハワイで過ごさせていただきます

▼文化庁（1997）
〔数値は「気にならない」の占有率、回答者数2,240人（全国男女）の世論調査〕
- （92）　（店の貼り紙で）明日は休業させていただきます
- （89）　（会議で司会者が）これで会議を終了させていただきます
- （79）　（店で店員が）この商品は、値引きさせていただきます
- （78）　（電車の車内放送で）ドアを閉めさせていただきます

▼文化庁（2008）
〔数値は「気にならない」の占有率、回答者数1,975人（全国男女）の世論調査〕
- （79）　（会議で司会者が）これで会議を終了させていただきます
- （76）　（店の貼り紙で）今月末で、休業させていただきます
- （66）　（先輩のノートをコピーしたいときに）コピーを取らせていただけますか

第7章　配慮表現「させていただく」の違和感をめぐって

▼塩田（2016）
〔数値は「させていただく」の支持率（「"させていただく"のほうが感じがいい」と「どちらかといえば"させていただく"のほうがより感じがいい」の合計）、回答者数1,192人（全国男女）の世論調査〕

- (75)　店内は<u>禁煙と</u>させていただいております
- (73)　コメントは<u>差し控え</u>させていただきます
- (63)　あすは、<u>休業</u>させていただきます
- (55)　全品、5％の<u>値引きを</u>させていただきます
- (42)　あすは、<u>営業</u>させていただきます
- (30)　私は、このように<u>お訴えを</u>させていただきました
- (8)　★<u>感動</u>させていただきました
- (7)　★恋人に、手作りのチョコを<u>渡</u>させていただきました

▼高橋・東泉（2018）
〔数値は「適切と思う」の占有率、回答者数452人（大学生・社会人）のアンケート〕

- (81)　（店の休業を知らせる張り紙）本日、<u>休業</u>させていただきます
- (77)　（パーティーの出欠の返事で）<u>出席</u>させていただきます
- (74)　（学生が教師に）先生の本を<u>使わ</u>せていただけないでしょうか
- (72)　（発表の冒頭で）それでは、<u>発表</u>させていただきます
- (67)　（カラオケでいきなり）それでは<u>歌わ</u>せていただきます
- (65)　（相手の持っている本をコピーしたいとき）<u>コピーを取ら</u>せていただけますか
- (23)　★（近所の人に）私どもは、正月はハワイで<u>過ご</u>させていただきます
- (11)　★（自己紹介で）私は、○○高校を<u>卒業</u>させていただきました

「聞き手無関係型」に該当する調査文には★を付した。「新製品を開発すること」「ある人たちがハワイで過ごすこと」「感動したこと」「手作りのチョコを渡したこと」「ある高校を卒業したこと」などは、「使役・許可」や「恩恵」などを論じる以前に、そもそも聞き手とはなんらかかわりのないことである。こうした場合に「させていただく」文が用いられた場合には容認度がきわめて低くなり、そのことが各調査の実際の数値にも明確に表れている。

次に、「非・聞き手無関係型」の各調査文について考えてみる。これらは、それぞれ調査をおこなった結果として、「なぜ」このような順に並んだのか。

この順序を決定したのは、いったいどういう要因なのであろうか。
　例えば、塩田（2016）の例を見てみよう。〔禁煙とさせて → コメントは差し控えさせて → 休業させて → 値引きをさせて → 営業をさせて → お訴えをさせて〕の順に「大きくなっていくもの（あるいは「小さくなっていくもの」）」は、何であろうか。これら6つの状況においては、いずれも聞き手の「使役」が存在しないのはもちろん、「許可」も存在せず、極言すればどれも「話し手側の意志」のみに基づいて実現されるものである。つまり、いずれも滝浦（2016）で言うところの「無許可型」であり、また椎名（2017）での「使役性なし」に該当すると考えてよいだろう。
　ここで、さきほど掲げた「迷惑性」という観点について考えてみたい。ある場所を「禁煙とする」ことは、喫煙者にとっては一種の「迷惑」でもあるのではないだろうか（非喫煙者にとってはうれしい限りのことであるが）。「コメントを差し控える」ということは、コメントが欲しいと望んでいる人にとっては、やはり「迷惑」であろう。「休業する」ことは、店が開いているものと思って来た人にとっては「迷惑」である。一方、「営業する」ことは、来店した人にとってはありがたいことであるし、来店していない人にとっては営業していようがいまいが関係のないことである（つまり「迷惑」ではない）。また「値引き」は普通は迷惑どころかありがたいものである。
　つまり、〔禁煙とさせて → コメントは差し控えさせて → 休業させて → 値引きをさせて → 営業をさせて → お訴えをさせて〕という順列は、この順に「迷惑性」が小さくなっているのではないか、と言えそうである。「休業」と「営業」とで容認度に違いが出るのは、「休業」のほうが「迷惑性」が高いからだと説明できるし、また仮に「全品、10％のサービス料を加算させていただきます」という文も調査対象にした場合には、ここでの「全品、5％の値引きをさせていただきます」よりも、容認度が高まる（「サービス料の加算」のほうが「迷惑性」が高いため）ものと想像されるのである。
　これ以外の、菊地（1997）、文化庁（1997）（2008）、高橋・東泉（2018）についても、表1の各欄内では、〔「迷惑性」が高い → 低い〕の順に並んでいるように見える。例えば高橋・東泉（2018）において「先生の本を使わせて」のほうが「コピーを取らせて」よりも容認度が高いのは、「本を使う」行為は実際に一定期間「迷惑」が続くものである（つまり「迷惑性」が高い）の

に対して、「コピーを取る」のはわずかな時間で終了するものであり、相対的にそれほど「迷惑」ではないからだと考えられる。

以上から、あくまで現時点での仮説として、次のように考えられる。

「させていただく」文の違和感に関して、
① 「聞き手無関係型」に該当する場合、非常に強い。聞き手が関与しない文脈での「させていただく」文は、違和感がきわめて大きい。
② 次に「非・聞き手無関係型」では、「迷惑性」が要因として効いてくる。聞き手にとって迷惑にあたるとは考えにくい文脈で用いられた「させていただく」文は、違和感が一定程度大きくなる。

7.7　今後の課題

椎名（2017）で指摘されている「使役性」に関しては、そのありなしによる結果の違いを判定できる設問が表1に含まれていないこともあり、これと「迷惑性」との相対的な位置づけをめぐっては今後とも考えていくことにしたい。

また、ここまで地域差について触れられなかった。「させていただく」文の使用・感じられ方については地域による違いがあることが、主観的な個別の指摘にとどまらず、客観的な手法を伴って、例えば李（1998）（上方出身者の小説には「させていただく」文の使用率が高い）、沖（2009）（『方言文法全国地図（GAJ）』での「その荷物は、私が持ちましょう」の言い表し方は、「持たしてもらう（いただく）」類は近畿にまとまった分布を見せる）や塩田（2016）（世論調査の結果、「関西・東海・甲信越を「させていただきます」が好まれる地域、「関東」を「させていただきます」がそれほど好まれない地域として位置づける」）など、さまざまな実証がなされている。

さらに本章の筆者は、次のような表現の用いられる割合に関して地域差がある（具体的には、関西での使用率が、全国平均に比して高い）ことを、グルメサイト「食べログ」の地域別検索結果をもとに報告したことがある（塩田雄大「"させていただく"の現在地　～ウェブサイトの書き込みに地域差が見られる（のか？）～」ベネファクティブとポライトネス研究集会［2019.3.11］）。

予約させていただく、お伺いさせていただく、訪問させていただく、来店させていただく、訪店させていただく、注文させていただく、オーダーさせていただく、食事させていただく、利用させていただく、堪能させていただく、満足させていただく、再訪させていただく

　こうした表現は、ここまでの記述に当てはめると、「店」の存在が前提となっていることから「非・聞き手無関係型」として位置づけられはするものの、店に対する「迷惑性」はほぼゼロだと考えられる。こうしたタイプの表現（の一部？）に関して、「関西では相対的に容認度が高い」というような地域差が存在する可能性がありそうだと、今のところ考えている。

参照文献

茜八重子（2002）「「～（さ）せていただく」について」『講座日本語教育』38: 28–52.
李譞珍（2015.7）「謙譲表現「させていただく」の拡大的な用法について：日本人母語話者の意識調査から」『言語の研究』1: 15–30.
李譞珍（2015.10）「衆議院における「させていただく」の使用実態とその用法の変化について：『国会会議録検索システム』を利用して」『日本語学会2015年度秋季大会予稿集』57–64.
李譞珍（2016）「参議院の予算委員会における「させていただく」の使用実態とその用法の変化について：『国会会議録検索システム』を利用して」『言語の研究』2: 23–37.
李炳萬（1998）「現代日本語の敬語「～（さ）せていただく」考」『野州國文學』61: 25–52.
飯豊毅一（1981）「6.2 敬語の使い方」『国立国語研究所報告70-1 大都市の言語生活分析編』277–306. 東京：三省堂.
石野博史・稲垣文男（1987）「第一回言語環境調査から　現代人と敬語」『放送研究と調査』37(7): 15–29.
井口裕子（1995）「謙譲表現「…（さ）せていただく」について：結婚披露宴における使用例を中心に」『國學院雑誌』96(11): 54–66.
伊藤博美（2011）「「（さ）せていただく」表現における自然度と判断要因」『日本語学論集』7: 152–139.
伊藤博美（2015）「近代以降の謙譲表現における受影性配慮について：「お／ご～申す」「お／ご～する」「させていただく」」『近代語研究』18: 165–185. 東京：武蔵野書院.
伊吹一（1976）「「…させていただく」考」『茶道の研究』247: 58–59.
今泉忠義（1943）「現代の敬語：その教養と教育と」『国語教育学会叢書 第2輯（現代

語法の諸相)』127–274. 東京：岩波書店.
宇都宮陽子（2004）「「〜（さ）せていただく」の「定型表現」に関する考察：「待遇表現」の観点から」『待遇コミュニケーション研究』2: 1–17.
宇都宮陽子（2005）「「待遇表現」としての「〜（さ）せていただく」に関する一考察」『早稲田大学日本語教育研究』6: 29–44.
宇都宮陽子（2006）「「〜（さ）せていただく」の「行動の許可者」に関する考察：「行動展開表現」と「理解要請表現」の観点から」『早稲田日本語研究』15: 35–46.
楳垣実（1954）「関西弁と東京語のせり合い」『言語生活』33: 15–20.
大内一輝（2018）「敬語「させていただく」の無関係型用法に対する印象の世代間比較：動画を用いた評定に基づく考察」『東北大学言語学論集』27: 81–96.
沖裕子（2009）「発想と表現の地域差」『言語』38(4): 16–23.
菊地康人（1997）「変わりゆく「させていただく」」『言語』26(6): 40–47
椎名美智（2017）「『させていただく』という問題系：『文法化』と『新丁寧語』の誕生」加藤重広・滝浦真人（編）『日本語語用論フォーラム 2』75–105. 東京：ひつじ書房.
椎名美智（2018）「ベネファクティブ「させていただく」の形式と機能：2 つのコーパス調査より」『東アジア日本語教育・日本文化研究』21: 47–72.
塩田雄大（2012）「現代人の言語行動における"配慮表現"：「言語行動に関する調査」から」『放送研究と調査』62(7): 66–83.
塩田雄大（2016）「"させていただきます"について書かせていただきます：2015 年「日本語のゆれに関する調査」から②」『放送研究と調査』66(9): 26–41.
司馬遼太郎（1988）『近江散歩、奈良散歩　街道をゆく 24』東京：朝日新聞社.
高橋圭子・東泉裕子（2018）「（さ）せていただく」の許容度と依頼表現の変化：アンケート調査による年齢層の比較から」『アカデミック・ジャパニーズ・ジャーナル』10: 45–53.
滝浦真人（2016）「第 3 章　社会語用論」加藤重広・滝浦真人（編）『語用論研究法ガイドブック』77–103. 東京：ひつじ書房.
武田砂鉄（2018）「「させていただく」への違和感」『日本の気配』260–266. 東京：晶文社
姫野伴子（2004）「「〜させていただく」文の与益・使役者と動作対象について」『留学生教育』6: 1–12.
文化庁（1997）『国語に関する世論調査』東京：大蔵省印刷局.
文化庁（2008）『平成 19 年度　国語に関する世論調査　日本人の国語力と言葉遣い』東京：ぎょうせい.
前田均（2017）「自己の言語を絶対化する人たち：「させていただく」の検討から始める」『ことばと文字』7: 148–154.
松方三郎（1954）「私ならこうする　文部大臣だったら」『言語生活』34: 17.
松本修（2008）「東京における「させていただく」」『國文學』92: 355–367.

三上章 (1955)『現代語法新説』東京：刀江書院.
嶺田明美 (1997)「謙譲表現の一形式「(サ) セテイタダク」の使用の実態について」『學苑』685: 33–40.
ミヤザキヒロシ (1977)「現代の国語問題」『月刊実用現代国語』1977(2): 6–11.
森勇太 (2018)「第 16 章　近世・近代における授受補助動詞表現の運用と東西差：申し出表現を中心に」小林隆 (編)『コミュニケーションの方言学』365–386. 東京：ひつじ書房.
山田敏弘 (2001)「日本語におけるベネファクティブの記述的研究 第 13 回「〜させてもらう」(2)」『日本語学』20(12): 100–108.
米澤昌子 (2001)「待遇表現としての使役形を伴う受給補助詞：「〜(さ) せていただく」の用法の考察を中心に」『同志社大学留学生別科紀要』1: 105–117.
読売新聞社会部 (1988)『東京ことば』東京：読売新聞社.
김용각 (2017)「일본인의「〜させていただく」사용실태에 관한 고찰」『日本語教育』82: 105–119. ソウル：韓国日本語教育学会.

第 8 章

配慮表現としての「"全然"＋肯定形」

斉藤 幸一

8.1　はじめに

　昭和 20 年頃から副詞「全然」は、否定表現と共起して使用されるという規範意識が生まれ、「"全然"＋肯定形」は、正しくないと批判されてきた。しかし、梅林（1994）、新野（1997）、小林（2004）、尾谷（2007・2008）などでは、戦前の小説などにも「"全然"＋肯定形」が頻繁に使用されることに触れ、「"全然"＋否定表現」の共起への規範意識は迷信であると論じ、さらには現代日本語として新たな用法を確立し、一般化しつつあることを指摘した。また、新野（2011）では、肯定を伴う「全然」は、昭和戦前と現代では〈何から何まで、完全に〉という意味で基本的には変わっていないが、現代では、戦前まで見られなかった「全然平気」「全然大丈夫」や「□□の方が（○○より）全然××」といった比較表現の用例が数多く見られるという用法の違いがあると述べている。そして、「全然平気」「全然大丈夫」などについて、加藤（2014）では「否定の想定を打ち消す配慮」があり、山岡他（2018）では、配慮表現「全然」として解説している。

　このような先行研究から、かつて漱石や芥川が用いた戦前の「"全然"＋肯定形」と、現代日本語における「全然平気」「全然大丈夫」などの「"全然"＋肯定形」は同じものではないと考えられる。「全然」は、戦前から時代を経て規範意識が形成され「"全然"＋否定」と収斂していったが、現代において「全然平気」「全然大丈夫」などの対人配慮の機能がある「"全然"＋肯定形」が新しく生まれ出たといえる。

しかし、先行研究では、このような「"全然"＋肯定形」が、実際にはどのような文脈で使用され、どの発話機能で使用されているのか、またその配慮のメカニズムについて、深く言及したものは見当たらない。

そこで、本章では、現代の談話における「"全然"＋肯定形」の文脈的否定を中心に、それらがどのような文脈で用いられるのか、山岡の「発話機能論」を援用し、考察していく。また、対人機能の配慮性に関しては、Leechのポライトネスの原理、Brown & Levinson（以降、B & L）のポライトネス理論を相補的に援用し、本書第3章の配慮表現の原理を用いて、「"全然"＋肯定形」の配慮のメカニズムを解明しようと試みる。

8.2 「全然」と呼応する否定3分類

本章において、副詞「全然」と呼応する否定を、文法的否定、語彙的否定、文脈的否定という名称で、3分類する。

まず、「文法的否定」とは、「全然」に後続する語が「ず」「ない」などの否定辞を伴うものである。例えば、「全然おいしくない」「全然食べられない」などが、文法的否定となる。次に、「語彙的否定」とは、「全然」に後続する語は肯定形だが、語そのものに否定的意味を持つものである。例えば、「全然違う」や「全然だめ」などは、肯定形ではあるが、「違う」や「だめ」などの語自体に、否定的意味が含まれている。最後に、「文脈的否定」というのは、「全然」に後続する語が、肯定形であり、その語自体には否定的意味はないが、文脈上においては、否定的意味を有するものである。例えば、Aの作った料理をBが食べているときに、A「まずいでしょ？」B「全然おいしいよ」と発話した場合、Bの発話「全然おいしい」は、文脈上にあるAの「自分の料理は、まずい（かもしれない）」という想定を否定している。

8.3 配慮表現「全然」について

配慮表現「全然」は、副詞「全然」の原義が喪失し慣習化したものである。

(1)　話を聞いただけでは、<u>全然</u>わからない。
(2)　家で打ち合わせをしても、<u>全然</u>かまわないよ。
(3)　ランチは、このお店でも<u>全然</u>いいよ。

(1)(2)は、ともに文法的否定である。しかし、(1)が全面的な否定をしているのに対し、(2)は、自分の負担が小さいことを述べ、相手の家を使うことへの申し訳なさを打ち消そうと配慮し、打ち合わせをしてもよいと許可をしている。これは、否定辞と呼応しながらも、相手の想定した文脈を否定することで、対人配慮へと拡張した表現となっている。さらに(3)は、文脈的否定である。ここでは、副詞「全然」が、否定表現を伴って全面的な否定をあらわすという原義を完全に喪失し、配慮表現として慣習化している。その関係性を図式化すると以下のようになる。

	原義	ポライトネス	分類
全然わからない	全面的な否定		＝非配慮
	拡張		
全然かまわない	全面的な否定	⇒ 心理的負担を解消	＝配慮拡張
	↓		
全然いいよ	（喪失）	心理的負担を解消	＝配慮特化

このように副詞「全然」は、文法的否定においても、対人配慮へと拡張する場合があるが、「全然いい」「全然大丈夫」などの「"全然"＋肯定形」は否定表現と共起して使用されるという規範意識を破り、配慮表現として慣習化しているといえよう。このような文脈的否定である「"全然"＋肯定形」の用例を整理することにより、「全然」の配慮のメカニズムを明らかにしていく。

8.4 配慮表現「全然」の整理

ここでは、名大会話コーパス・ロールプレイ会話データベース・シナリオ・テレビ・Twitter等の談話資料において、配慮表現「全然」が、どのような文脈で使用されているのか、発話機能論とポライトネスの観点から整理していく。

8.4.1 {策動}系

{策動}（deontics）は、《命令》《依頼》《許可》などの会話に参与する人の行動を制御するという目的をもった発話機能の範疇である。参与者の行動を制

限するため、B&L のポライトネス理論でいう「自分の領域を他者に邪魔されたくない」という欲求（＝ネガティブフェイス）を侵害することが多く、日本語において、さまざまな配慮表現が使われる。「"全然" ＋肯定形」においても、その例外ではなく、《協力》《勧誘》《参加》《許可》の発話機能で、「全然」が配慮を伴って使用されている。

8.4.1.1 《依頼》に対する《協力》の実例と考察

（4） A（女）「30秒で終わるんでアンケートに御協力してください♡」 　　　B（俺）「はい♡全然いいですよ♡」　　　　　　　　　（Twitter） 　　　　　　　　　　※用例の下線及び、A、Bの加筆は本章の筆者。以下、同じ
〔発話機能〕《依頼》に対する《協力》 〔文脈〕Bのネガティブフェイスとポジティブフェイスを脅かすかもしれないと思うA側の心理的負担 〔配慮〕Bの負担が小さいことを述べ、Aの心理的負担を打ち消そうとするB側の配慮

　これは、Twitter をつぶやいた本人 B（俺）が、アンケート調査に協力したことを回顧している。ここでは A（女）が、アンケートの協力を《依頼》し、B（俺）が《協力》を申し出ている。

　《依頼》は、相手のフェイスを脅かす代表的な発話機能である。依頼者 A は、相手 B が持っている、自分の領域を邪魔されたくないというネガティブフェイスを脅かし、また B の相手 A に好かれたいというポジティブフェイスも、断ると嫌われるかもしれないという心理的負担を与えて脅かす FTA となる。ゆえに、A 自身も自分の発話が B にとって FTA となることへの心理的負担を負う。それに対して、B は「全然いいですよ」と述べることで、「全然」が B の《協力》の負担が小さいことを示し、A の心理的負担を打ち消そうとしている。これは、本書第 3 章の配慮表現の原理「自己の負担が小さいと述べよ」に合致している。

8.4.1.2 《協力》のたたみかけの実例と考察

> (5) 自転車に跨がる A（マサル）。
> 　　A（マサル）「今日はありがとうございました。乗って下さい。俺、
> 　　　　　　　　送りますから」
> 　　B（ノブ子）「……」
> 　　A（マサル）「（笑って）全然大丈夫っすよ」
> 　　B（ノブ子）「じゃあ……」　　　　　　　　　　　　　　（ノン子）
>
> 〔発話機能〕《協力》のたたみかけ
> 〔文脈〕A にかかる負担に対する B 側の心理的負担
> 〔配慮〕A の負担が小さいことを述べ、B の心理的負担を打ち消そうとする配慮

　ここでは、A（マサル）が B（ノブ子）に「B（ノブ子）を自転車に乗せて家まで送る」という《協力》を申し出ている。

　《協力》は、相手に利益を与える「与益」である。「与益」は、「相手のために行う行為だから、相手との関係をより良好にしようとする話し手自身のポジティブフェイスを満足させる。しかし一面、相手に気を遣わせてしまい、相手のポジティブフェイスを脅かす恐れがある（山岡他（2010：179））」。つまり、ここでの A の《協力》は B に対する「与益」にあたるため、B は「A に負担をかけてしまうのではないか」と気遣い、すぐに A の《協力》を受け入れようとしない。そこで、A は、「全然大丈夫だ」と述べることで、A の負担が小さいことを強調し、「A に負担をかけるかもしれない」という B の心理的負担（気遣い）を打ち消そうとしている。これは、配慮表現の原理「自己の負担が小さいと述べよ」の原則に沿うものであり、《協力》する側 A の負担が小さいことを示し、相手に気を遣わせまいとする配慮が行われている。

8.4.1.3 《勧誘》に対する《参加》

> (6) A (39A)：えっと、あのー、この後、この調査終わった後に…あのー…もしよかったらなんですけどー…焼肉でも食べに行きませんか？
> B (40B)：<u>全然いいですよ</u>（笑い）（ロールプレイ会話データベース）
>
> 〔発話機能〕《勧誘》に対する《参加》
> 〔文脈〕Bのネガティブフェイスとポジティブフェイスを脅かすかもしれないと思うA側の心理的負担
> 〔配慮〕Bの負担が小さいことを述べ、Aの心理的負担を打ち消そうとする配慮

ここでは、A（39A）がB（40B）を焼き肉に誘っている。

《勧誘》は、お互いがある行為をともに行うことである。そのため、《依頼》と同じように、相手Bの行為を方向づけ、相手Bの領域を侵害するというようにネガティブフェイスを脅かし、また相手Bに対して、誘いを断ったら嫌われるかもしれないという心理的負担を与え、ポジティブフェイスも脅かす。このように《勧誘》の発話機能では、勧誘される側Bに対してネガティブフェイスとポジティブフェイスを脅かすFTAとなっているため、《勧誘》する側Aは、「相手Bのネガティブフェイスとポジティブフェイスを脅かしているのではないか」という心理的負担を負うことになる。

ここでは、そのような《勧誘》する側Aの心理的負担に対し、《勧誘》される側Bが「全然いいですよ」と表現することで、Bの負担が小さいことを述べ、Aの心理的負担を打ち消そうとしている。これは、配慮表現の原理「自己の負担が小さいと述べよ」の原則に沿った表現となっている。

8.4.1.4 《勧誘》のたたみかけの実例と考察

> (7) A (F 021)：今度来たとき鍋やろうよ。
> A (F 021)：（やろう、やろう）（いいねー）
> うちならさー、雑魚寝して寝ても<u>全然いいから</u>。
> （名大会話コーパス）

> 〔発話機能〕《勧誘》のたたみかけ
> 〔文脈〕Aにかかる負担に対するB・C側の心理的負担
> 〔配慮〕Aの負担が小さいことを述べ、B・Cの心理的負担を打ち消そうとする配慮

　これは女性3人の雑談で、A（F021）が、B（F067）とC（F128）に対して、「A（F021）の家で鍋を一緒に鍋をすること」を《勧誘》している。さらに「うちならさー、雑魚寝して寝ても全然いいから。」と《勧誘》をたたみかけている。
　ここでの《勧誘》は、Aの家に集まって鍋をするという内容であり、当該行為の実行はAの部屋を提供するという内容も含むため、他の二人B・Cに対して利益を与える「与益」の一種であると考えられる。「与益」は、先述したように、FTAとなり得るため、BとCには、「Aに負担をかけてしまうかもしれない」という心理的負担が想定される。そのような心理的負担に対し、Aは、「雑魚寝して寝ても全然いいから」と発話することで、Aの負担が少ないことを強調し、B・Cの心理的負担を打ち消そうとしている。これは、《協力》のたたみかけと同じく、配慮表現の原理「自己の負担が小さいと述べよ」の原則に沿った配慮の働きをしている。

8.4.1.5　《許可》の実例と考察

> (8)　A「あのう、写真撮っていいですか」
> 　　　B（杉村太蔵衆院議員）が、目を丸くして人なつこい笑顔で答える。
> 　　　B「もちろんもちろん。<u>全然いいですよ</u>。写真、撮ってください」
> 　　　　　　　　　　　　　　　　　　　（『週刊アエラ』2005年11月21日）

> 〔発話機能〕《許可要求》に対する《許可》
> 〔文脈〕Bのネガティブフェイスとポジティブフェイスを脅かすかもしれないと思うA側の心理的負担
> 〔配慮〕Bの負担が小さいことを述べ、Aの心理的負担を打ち消そうする配慮

　これは、若者の意見を聞こうと開いた集会でのB（杉村太蔵衆議院議員）とA（出席者）とのやりとりである。ここでは、出席者の一人Aが、Bに

「写真を撮ること」への許可を要求し、Bが《許可》をしている。Aが「写真を撮ること」は、《依頼》などと同じように、Bのネガティブフェイスとポジティブフェイスを脅かすFTAであるため、Aはおずおずと申し訳なさそうに《許可要求》をしている。Aには「Bに負担をかけてしまうかもしれない」という心理的負担が想定される。それに対して、Bは「全然いいですよ」と発話することによって、Bの負担が少ないことを強調し、Aの心理的負担を打ち消そうとしている。これも、配慮表現の原理「自己の負担が小さいと述べよ」の原則に沿って、配慮している。

8.4.2 ｛宣言｝系

｛宣言｝は、《承認》《拒否》《命名》《判定》などの、世界を即座に変化させる発話行為である。配慮表現「全然」に関しては、《謝罪》《感謝》《見舞い》に対する《承認》で使用されている。

8.4.2.1 《謝罪》に対する《承認》の実例と考察

(9)【A (F 021) は B (F 067) に明太子を渡そうとしている】 　　A (F 021)：あっ、ぼろぼろになっちゃった。 　　A (F 021)：ごめーん。 　　B (F 067)：うん、<u>全然</u>平気。　　　　　（名大会話コーパス）
〔発話機能〕《謝罪》に対する《承認》 〔文脈〕Bに不利益を与えてしまったというA側の自責の念 〔配慮〕Bが被った不利益に関して問題がないことを述べ、Aの自責の念を打ち消そうとするB側の配慮

　これは、食事中の二人の女性のやりとりである。A (F021) は、B (F067) に明太子を渡そうとする際に、ぼろぼろと崩してしまい、B (F067) に対して《謝罪》をしている。《謝罪》をしているAには「不利益を与えてしまった」という自責の念があることが想定される。そのAの自責の念に対して、Bは、「(私は) 全然平気だ」と発話して、Bが被った不利益に関して問題がないことを述べ、Aの自責の念を打ち消そうとしている。「Bが被った不利益に関して問題がない」というのは、Bにかかる負担が小さいことである。

よって、これは配慮表現の原則「自己の負担が小さいと述べよ」に沿った表現であり、先述した《策動》と同じ配慮をしている。

また、このような文脈においては、「全然」に後続する語がなくとも、配慮した《承認》となる。例えば、「ごめんね」「いやいや、全然」などがそうである。

8.4.2.2 《感謝》に対する《承認》の実例と考察

本章では、「"全然"＋肯定形」に焦点を当てて考察しているが、下記のような用例も日常的に使用され、配慮表現として機能しているため、考察をすすめていく。

（10）A（じゅん平）「俺はりこの事が好きやねん。だからあした待ってるし。ホンマに素直な気持ちで答えを聞かせてください。」
　　　B（りこ）「はい」B（りこ）「ありがとう」
　　　A（じゅん平）「ありがとね」
　　　B（りこ）「いやいや全然」　　　　　　（あいのり 2005.02.07 放送）

〔発話機能〕《感謝》に対する《承認》
〔文脈〕Bにかかった負担に対するA側の心理的負担
〔配慮〕Bにかかった負担が小さいことを述べ、Aの心理的負担を打ち消そうとするB側の配慮

ここでは、A（じゅん平）が、B（りこ）に告白をし、その返事を明日聞かせてほしいと、B（りこ）にお願いをしている。Bは、それを受け入れ、さらにAが告白したことに対して《感謝》している。そこで、Aも告白を聞いてくれたBに対して「ありがとうね」と《感謝》している。その発話を受けて、Bが「いやいや全然」と謙遜しながら、Aの《感謝》を《承認》している。《感謝》する側Aは、相手Bから何らかの利益を受けているため、Bに負担をかけているという心理的負担を負っている。そこで、Bは「いやいや全然」と、利益を与えていることに対し負担がないことを述べ、そのAの心理的負担を打ち消そうとしている。

このような謙遜表現は、「引っ越しを手伝ってくださって、ありがとうございます」「いいえ、何もしませんでしたが…」の「いいえ」と同じように、

形式上は、《拒否》であるが、相手の《感謝》を《拒否》したわけではなく、配慮表現の原則「自己の負担が小さいと述べよ」に沿って配慮しながら《承認》しているのである。

8.4.2.3　《見舞い》に対する《承認》の実例と考察

> (11)【TV 番組の企画で恋愛をするために旅をしているにも関わらず恋愛できない B（栄子）を心配し、A（DAI）が呼び出している】
> 　　A（DAI）「どう？辛いっしょ」
> 　　B（栄子）「大丈夫。全然平気だから」
> 　　A（DAI）「本当？辛かったら辛いって言わないと」
> 　　B（栄子）「でもこの年になるとたぶん男の理想が高くなってんのよ」
> 　　　　　　　　　　　　　　　　　　　（あいのり 2005.07.14 放送）
>
> 〔発話機能〕《見舞い》に対する《承認》
> 〔文脈〕B が不利益を享受している状態に対する A 側の心配
> 〔配慮〕B が不利益を享受している状態に関して問題がないことを述べ、A の心配を打ち消そうとする配慮

　これは、A（DAI）が B（栄子）の辛い状況を案じて、声をかけている。A（DAI）の「どう？辛いっしょ」という発話は、現在、辛そうにしている B（栄子）に対し、その心情に寄り添おうとし、共感的心情を伝達している。この発話は、《見舞い》にあたる。

　《見舞い》とは、「参与者 B が不利益を享受していることへの共感を参与者 A が参与者 B に伝えることを目的とした発話機能である（山岡他 2018）。例えば、「大変でしたね。早く良くなってくださいね」という事故などの不利益を被った人に対して、共感を伝えるものがそれにあたる。

　ここでは、B は、実質的な被害を被ってはいないが、他のメンバーに比べ、TV 番組の企画の趣旨に沿ったことができないという負い目から、不利益を享受しているといえる。そこで、A は B を心配し、その共感的心情を B に伝えている。そして、それを受けて、B は「全然平気」と述べることで、B の状態に対して問題がないことを強調し、A の心配を打ち消そうとしている。「B の状態に対して問題がないこと」は、B の不利益を被っている

状態に関して負担が小さいことであるため、配慮表現の原則「自己の負担が小さいと述べよ」に沿った表現である。

8.4.3 〔演述〕系

〔演述〕は、《陳述》《報告》《主張》などの世界の現象に関して述べることを目的とした発話機能である。配慮表現「全然」は、《賞賛》《賛同》で使用されていた。これらは、相手の肯定的評価および相手との見解を一致させるため、相手のポジティブフェイスへの配慮に関わっている。

8.4.3.1 《賞賛》の実例と考察

【A（F076）がB（F106）にピアスをつけている】
（12）A（F076）：痛くないでしょう 全然。 　　　B（F106）：うん、全然痛くない。 　　　A（F076）：こっち向いて。 　　　A（F076）：全然かわいいし。　　　　　　　　（名大会話コーパス）
〔発話機能〕《賞賛》 〔文脈〕Bの容姿に関わるB側の不安感 〔配慮〕Bの容姿に関わる不安感を打ち消し、《賞賛》を強調しようとするA側の配慮

ここでは、二人の女性の談話で、ピアスをつけた経験のないB（F106）に、A（F076）がピアスをつけている。この直前にはB（F106）が、自分は太っていて、夏に肌を露出する服を着たくないという自分の容姿に対して否定的評価の発話をしている。

ここでは、Bの「容姿に自信がなく、ピアスなど似合わないかもしれない」という不安感を、Aの発話「全然」が打ち消し、さらに「かわいい」という肯定的評価を強調している。肯定的評価の強調は、Leechの「是認の原則（Approbation Maxim）：(b) 他者への賞賛を最大限にせよ」の働きと合致し、配慮性を強めていると考えられる。ここでは、Bに関する否定的評価の想定を打ち消すことにより、Bに対する肯定的評価を強調しているという配慮が働いている。

8.4.3.2 《賛同》の実例と考察

> (13) A（F128）：でもさあ、ど、そういうのってどうやってさあ、なんかすごい聞きにくいと思うんだけど、どうやって聞いたらいいか。
> A（F128）：ハワイはどうって？
> B（F107）：別にいいんじゃない。
> B（F107）：なんか私たちはテロのことがやっぱすごく心配なんだけどー、ハワイってどんな感、どんな感じでいいんじゃない。
> B（F107）：全然いいと思うよ。　　　　　　（名大会話コーパス）
>
> 〔発話機能〕《賛同》
> 〔文脈〕Aの提案に関わるA側の不安感
> 〔配慮〕Aの提案に関わる不安感を打ち消し、《賛同》を強調しようとするB側の配慮

　ここでは、テロがあったため、B（F128）はアメリカに行った友人の安否確認をしたいのだが、その上手な聞き方が分からず、A（F107）に相談をしている。しかし、そこでBは「ハワイはどうって？（聞いたらいいのかもしれない）」と自ら提案し、Aにその見解を《主張要求》している。この文脈を見る限り、Bが自ら行った提案に対し自信を持っているようには読み取れない。それに対し、Aは、Bの提案した聞き方に対し、「全然いいと思うよ」と発話して、Bの「自分の提案した聞き方に自信がない」という不安感を打ち消し、《賛同》を最大限に強調している。これは、Leechの「一致の原則（Agreement Maxim）：(b) 自己と他者との意見一致を最大限にせよ」に沿った働きをしている。

8.5　まとめ

　本章では、「"全然"＋肯定形」の文脈的否定を中心に、その配慮性を発話機能論とポライトネス理論を援用し、談話資料の用例で考察してきた。その結果、「"全然"＋肯定形」は、聞き手の心理的負担を打ち消すという配慮がされていることが明らかとなった。表1は、配慮表現「全然」を発話機能

第 8 章　配慮表現としての「"全然"＋肯定形」　|　143

別に整理し、配慮に関する原則群を記したものである。

　表1のように、配慮表現「全然」は、{策動}{宣言}{演述}の発話機能の場合に使用されていることを確認した。まず、{策動}では、《協力》・《協力》のたたみかけ・《参加》・《勧誘》のたたみかけ・《許可》で見られた。{策動}に関しては、主に《依頼》《勧誘》などの要求する側に生じる「要求される側に負担をかけて申し訳ない」という心理的負担に対し、「全然」を使用することで、要求される側の負担が小さいことを述べ、要求する側の心理的負担を打ち消そうとする配慮がされていた。

表1　配慮表現「全然」の発話機能と配慮の原則群

発話機能		配慮に関わる原則群	用例
{策動}	《依頼》に対する《協力》	配慮表現の原理「自己の負担が小さいと述べよ」	「アンケートに協力してください」「全然いいですよ」
	《協力》のたたみかけ		「空港まで車で送りますよ」「なんか悪いなぁ…」「全然大丈夫ですから」
	《勧誘》に対する《参加》		「次の金曜、飲み会するんだけど」「全然行けます！」
	《勧誘》のたたみかけ		「今度来たとき、また鍋をしよう」「いつも悪いなぁ」「全然家は大歓迎だよ」
	《許可要求》に対する《許可》		「ここで、たばこ吸ってもいい？」「全然いいよ」
{宣言}	《謝罪》に対する《承認》		「ごめんね」「全然平気」
	《感謝》に対する《承認》		「ありがとう」「全然いいよ」
	《見舞い》に対する《承認》		「けが痛そうだね」「全然平気！」
{演述}	《賞賛要求》に対する《賞賛》	是認の原則(b) 他者への賞賛を最大限にせよ	「(自信なさげに)ピアスあっているかな…？」「全然かわいいし」
	《賛同要求》に対する《賛同》	一致の原則(b) 自己と他者との意見一致を最大限にせよ	「(自信なさげに)こういう企画って…どうかなぁ？」「全然いいと思うよ」

次に、{宣言}においては、《謝罪》・《感謝》・《見舞い》に対する《承認》で使用されていた。こちらの心理的負担が小さいことを伝えて、《謝罪》では、相手の与害行為からくる自責の念、《感謝》ではこちらの与益行為で生じた感謝の必要性、《見舞い》では、相手の心配を打ち消そうとする配慮がされていた。

これら{策動}と{宣言}は、ともに配慮表現の原理「自己の負担が小さいと述べよ」という自分の負担が少ないという負担表現であり、この最小化を図る行為はネガティブポライトネスにあたる。

最後に{演述}では《賞賛》・《賛同》で使われていた。{策動}と{宣言}での「全然」を伴って相手の心理的負担を打ち消そうする点は、{演述}での相手の不安感を打ち消そうとする点と似ているが、そこに働く配慮の原則は異なるものであった。《賞賛》においては、是認の原則「(b) 他者への賞賛を最大限にせよ」、《賛同》においては、一致の原則「(b) 自己と他者との意見一致を最大限にせよ」が関係していた。これは、《賞賛》・《賛同》という発話機能そのものがポジティブフェイスであることと、相手の想定する相手自身の否定的評価を打ち消そうすることが、そのまま肯定的評価を最大化することにつながるからであろう。なお、このような最大化を図る行為は、ポジティブポライトネスにあたる。

本章では、「"全然" + 肯定形」から配慮表現「全然」について分析をしていったが、今後は、副詞「"全然" + 否定表現」の用例にも視野を広げ、配慮表現「全然」の特徴を明らかにすることが課題である。また、電子媒体を介したコミュニケーションが発達しているなか、「"全然" + 肯定形」の慣習化の程度とその特徴の分析を試みたい。

参照文献

Brown, Penelope and Stephen Levinson (1987) *Politeness: Some universals in language usage*. Cambridge: Cambridge University Press.［邦訳：田中典子（監訳）(2011)『ポライトネス：言語使用における、ある普遍現象』東京：研究社.］

加藤重広 (2014)『日本人も悩む日本語：言葉の誤用はなぜ生まれるのか』東京：朝日新聞出版.

小林賢次 (2004)「全然いい」北原保雄（編）『問題な日本語』17–21. 東京: 大修館書店.

Leech, Geoffrey (1983) *Principles of pragmatics*. London: Longman.［邦訳：池上嘉彦・

河上誓作（訳）(1987)『語用論』東京：紀伊國屋書店.]
新野直哉 (1997)「「"全然"＋肯定」について」佐藤喜代治 (編)『国語論究6　近代語の研究』258–286. 東京：明治書院.
新野直哉 (2011)『現代日本語における進行中の変化の研究：「誤用」「気づかない変化」を中心に』東京：ひつじ書房.
尾谷昌則 (2007)「構文の確立と語用論的強化：「全然〜ない」の例を中心に」『日本語用論学会大会研究発表論文集』24: 17–24.
尾谷昌則 (2008)「アマルガム構文としての『「全然」＋肯定』に関する語用論的分析」児玉一宏・小山哲春 (編)『言葉と認知のメカニズム：山梨正明教授還暦記念論文集』103–115. 東京：ひつじ書房.
梅林博人 (1994)「副詞「全然」の呼応について（現代語のゆれ＜特集＞）」『国文学解釈と鑑賞』59(7): 103–110.
山岡政紀 (2008)『発話機能論』東京：くろしお出版.
山岡政紀・牧原功・小野正樹 (2010)『コミュニケーションと配慮表現：日本語語用論入門』東京: 明治書院.
山岡政紀・牧原功・小野正樹 (2018)『新版 日本語語用論入門：コミュニケーション理論から見た日本語』東京: 明治書院.

用例出典

1 『名大会話コーパス』
2 日高瑞穂 (2009)『ロールプレイ会話データベース』(http://hougen.sakura.ne.jp/hidaka/kaiwa/index.html)
3 『'08年鑑代表シナリオ集』「ノン子36歳（家事手伝い）」宇治田隆史原作・脚本 (2009年9月30日)
4 『アマヤドリ公開戯曲集』「うそつき」広田淳一作 (2009年2月3日)
5 「あいのり」フジテレビ (2003年7月14日放送)・(2005年2月7日放送)
6 『週刊アエラ』朝日新聞社 (2005年11月21日)

第 9 章

引用表現における配慮表現

小野 正樹

9.1 はじめに：語用論としての引用研究

引用研究の流れは、文法論にせよ語用論にせよ、話法とは何かを中心に議論されてきた（松木 2002）。本章で追究したいのは、現実社会で引用表現が用いられる発話の目的である。従来の研究の枠組みでは、現代日本語における引用表現のコミュニケーション上の重要な機能が見落とされているのではないかと考え、引用表現を認知レベルと伝達レベルに分けて考える立場から、伝達レベルをポライトネス理論の観点から述べたい。

9.2 引用研究における事態認識

小野（2016）では、引用されるもとになる発話を、話者（＝引用者）がどのように認識し、それをどのように言語化するかを、話者中心構造、聴者中心構造、イベント中心構造として整理した。話者中心構造とは、引用されるもとの発話をアウトプットする主体の側から述べるもの、聴者中心構造はもとの発話をインプットする主体の側から述べるもの、イベント中心構造は、アウトプットの主体、インプットの主体のいずれからでもなく、他者の発話を述べる構造である。代表的な表現形式として、話者中心構造は「と言う」述語文、聴者中心構造は「と聞く」述語文、イベント中心構造は、主体が明示されない「そう」「って」述語文が挙げられる。

(1) ニュース番組で「10月から増税する」という情報を得て、他者に伝える状況
 a. ニュースで10月から増税するって言ってたよ。［話者中心構造］
 b. ニュースで10月から増税するって聞いたよ。　［聴者中心構造］
 c. ニュースによると10月から増税するそうだよ。
            ［イベント中心構造］
 d. ニュースによると10月から増税するって。［イベント中心構造］

(1)はいずれも不自然さも感じないが、(2)の発話では判断が変わる[1]。

(2) a. 総理が10月から増税するって言ってたよ。［話者中心構造］
 b. ?総理から10月から増税するって聞いたよ。［聴者中心構造］
 c. 総理によると10月から増税するそうだよ。［イベント中心構造］
 d. ?総理によると10月から増税するって。［イベント中心構造］

理由は直接性により、筆者の立場では、(2b, d)は「増税について」総理から直接話を聞くことは立場上ない状況にあるためである。認識方法から見ると、引用表現形式が引用のもとになる発話をどのように認識するかという事態把握に関わり、(1)はニュース番組と話者が同じ空間にいることから、いずれの表現でも許容されるのに対し、(2)は事態把握の空間制限があるのではないかと考える。

9.3　本章の課題

ある事態をどのように聴者に伝えるかの表現形式は、話者と聴者との関係、例えば、親疎、上下関係、力関係等により選択される。

(3) 先生と約束したが、その先生が約束時間に現れなかった先生に対して
 a. ?先生は今日来るとおっしゃいましたが、
 b. 先生は今日いらっしゃると伺いましたが、

(山岡・牧原・小野 2010)

1　記号「?」は筆者の判断により、その状況での発話に不自然さを感じるものである。

(3a) の発話は、「先生」と約束時間にミスコミュニケーションがあったことから、話者が聴者の「先生」に尋ねる状況だが、話者が聴者「先生」を詰問しているように感じる。話者と聴者の意見の相違は、Leech (1988) のポライトネスの原理 (the politeness principle) の【一致の原則】(Agreement Maxim) に反し、詰問は Brown and Levinson (1987) に従えば、聴者のポジティブフェイスを脅かすフェイス脅かし行為 (face-threatening act: 以下、FTA) とも言える。そのため「PPS 6. 不一致を避けよ」というポジティブポライトネス・ストラテジーを必要とする発話状況である。

9.4　引用発話の定義

　引用の定義については、砂川 (1988) では「もとの文の発言の場と当の引用文の発言の場という二つの場の、前者を後者の中に入れ子型に取り込むという形の二重性によって成り立っている文」、鎌田 (2000) では、「ある発話・思考の場で成立した（成立するであろう）発話・思考を新たな発話・思考の場に取り組む行為」、松木 (2002) では「所与とみなされる言葉を同一性に基づいて再現すること」として、同一性には「形の上での同一性」「意味の上での同一性」「形・意味両面における同一性」の３つのレベルを挙げている。しかしながら、引用表現研究をコミュニケーション上の機能として考える場合には、渡邊 (2014) の「引用は、報告発話者による、本源的発話の文面の忠実な再現により、その内容を中継する言語的方略である。本源的発話者がなんらかの手段で示され、書記的には引用符などで言説の他者性が示される。」という指摘が的を射ていて、「引用」が言語的方略であることに、本章も同じ立場に立つ。小野 (2016) では、ポライトネスとしての引用を、「引用とは引用者（話者）A が、X という他者からの情報を聴者 B に人間関係を損なわないように伝えるものである。」と定義したが、小野 (2016) を一部修正し、ポライトネスの観点から、引用を以下のように定義する[2]。

2　インポライトネスの観点から、ヘイトスピーチの用法はあり得るが、本章では扱わないこととする。

【ポライトネスから見た引用表現の定義】
引用とは引用者（話者）Aが、Xという他者からの情報を聴者Bに人間関係を損なわないように伝える方略である。

方略をどのように分析するべきか。初級日本語教科書における引用表現を見たい。(4)は「ミラーさん」、(5)は聴者が主体の話者中心構造で、(6)はイベント中心構造である。

(4)　ミラーさんは来週大阪へ出張すると言っていました。
(5)　すみませんが、渡辺さんにあしたのパーティは6時からだと伝えていただけませんか。
(6)　「一週間以内に警察へ来てください」と書いてあります。

（『みんなの日本語』第33課 初級Ⅱ本冊 p60–61）

発話の目的についてみると、(4)は「ミラーさんがいない」ことへの理由説明という情報提供、(5)は「明日のパーティは6時からであることを伝える」依頼、(6)は「警察に来る」ことの命令という等の発話機能と理解できる。証拠として、引用動詞を他の動詞への置き換えテストから説明できる。

(4')　ミラーさんは来週大阪へ出張すると{説明して・謝罪して、喜んで……}いました。
(5')　すみませんが、渡辺さんにあしたのパーティは6時からだと{頼んで・確認して、訂正して……}いただけませんか。
(6')　「一週間以内に警察へ来てください」と{要請されています、命令されています……}。

引用表現が他者の発話を伝えるというだけではなく、伝える目的は何かを考えるにあたり、発話機能からの分析は有効な手段と考える。

9.5　事例分析
9.5.1　情報と引用表現：確実性と情報の縄張り

引用表現の目的としては、例えば、学術論文においては先行研究を引用し、その上で自身の論文を述べることは典型的方略である。先行研究を引用

し、紹介すること自体は情報伝達だが、聴者に、話者（＝筆者）とできるだけ情報共有を図る方略と考えられる。(7) は日常談話においての発話例である。

(7) 　同僚の出張の予定に言及する状況
    a. 　明日からご出張ですね／でしたね。
    b. 　明日からご出張だそうですね。
    c. 　明日からご出張ですって。
    d. 　明日からご出張らしいですね。

(7a) は確認的な発話で、本発話を承けて聴者から「はい、そうです」とか、「いいえ、来週に延期になったんです」のような発話が予想される。それに対し、(7b, c) は「出張する」という情報を聴者以外から得たことを伝えるため、そのため「どこでお知りになったのですか」のような発話も予想できる。(7d) については、(7a–c) とは異なり、「出張する」ことが確定していないと話者が判断している状況での発話である。

次に、(8) では同僚との対話でも個人的な話題の場合である。

(8) 　聴者の家族の結婚に言及する状況
    a. 　娘さん、？来月ご結婚ですね／来月ご結婚でしたね。
    b. 　娘さん、来月ご結婚だそうですね。
    c. 　娘さん、来月ご結婚ですって。
    d. 　？娘さん、来月ご結婚らしいですね。

(8a)「ご結婚ですね」のような「直接＋ね」は聴者の領域に踏み込むため、本話題は不自然となる（神尾 1990、岡本 1996）。また、(8d)「ご結婚らしい」という不確実な情報性は、この発話には不自然となる。このように引用形式の「そう」「って」の両者は、認識レベルの情報の確実性と、伝達レベルの情報の縄張りと密接な関係にある。

9.5.2　イベント中心構造「そう」「って」について

引用表現形式の「そう」「って」述語文について、どのような異なりがあるだろうか。

(9) a.　橋田：こんどの映画は百本めのご出演になるそうですね。民話『鶴の恩返し』の映画化だそうですが、いつごろお決めになったの？
　　　　吉永：去年の九月ごろかしら。でも、その前、二月ごろからこれにしようかなって、考えてはいましたけどね。
　　　　　　　　　　　　　（『中納言』ID：LBd9_00178_15230_9530
吉永小百合・橋田壽賀子 1989『橋田寿賀子と素敵な 24 人』家の光協会）
　　　b.　橋田：こんどの映画は百本めのご出演になるんですってね。

　(9a, b)とも「こんどの映画は百本めのご出演になる」という情報を聴者に伝えているが、(9a)「そう」述語文は「こんどの映画は百本めのご出演になる」ことが情報の確実性として前提とされた発話であるのに対し、(9b)「って」述語文は話者の驚きのような主観性が読み取れる。
　「って」の用法については格助詞と終助詞的用法があるとされ（加藤 2010）、池谷 (2018) の指摘を踏まえれば、6 つの用法にまとめられる。

用法 1　同格 N　佐川さんって人に会いました。
用法 2　主題…WHO って何のことですか。
用法 3　引用…かれはすぐ来るって言ってますよ
用法 4　聞き返し…A：これどこで買ったの？ B: どこってマニラだよ。
用法 5　伝聞…あの人先生なんだって。
用法 6　終助詞的機能…そんなことないって。

6 つの用法の異なりは、表現形式の置き換えを行うと、用法 1 は「という」、用法 2 は「は」、用法 3 は「と」、用法 4 は「というと」、用法 5 は「だそう」、用法 6 は「よ」に置換できることから、この分類は説得力を持つ。

用法 1　同格 N　佐川さんって（＝という）人に会いました。
用法 2　主題…WHO って（＝は）何のことですか。
用法 3　引用…かれはすぐ来るって（＝と）言ってますよ
用法 4　聞き返し… A：これどこで買ったの？
　　　　　　　　　　B：どこって（＝というと）マニラだよ。

用法5　伝聞…あの人先生なんだ<u>って</u>（＝そう）。
用法6　終助詞的機能…そんなことない<u>って</u>（＝よ）。

「結婚したって」を例に観察する。

(10) a.　二十五年も思い続けて、結婚するって、ある意味、すごい（笑）おはようございます☆＋.(*´＿ω`)(´ω＿`*)°＋.☆水嶋ヒロくん、結婚するんだ<u>って</u>！？！？！？「理人サマー！.°、(´∀`｡)ﾉ°.:｡＋」だったさおりとママは大打撃。ママなんかさっきガタ落ちしたテンションで仕事行ったよ
　　　　　（『中納言』サンプル ID　OY14_51181　Yahoo! ブログ 2008）
b.　☆水嶋ヒロくん、結婚する<u>そう</u>！
(11) a.　もう一つ、ビッグニュースがあった！！さおりちゃんが、来年、結婚するんだ<u>ってぇ</u>　　いつだろ？いつだろ？思ってたから、よかったわぁ〜♬
　　　　　（『中納言』サンプル ID　OY14_09337　Yahoo! ブログ 2008）
b.　さおりちゃんが、来年、結婚するんだ<u>そう</u>

いずれも「結婚する」という情報は確実性のあるもので、後続の発話から(10)は「失望」、(11)は「祝福」の感情表出の解釈が可能である。これが「彼女が結婚した」ことに対する話者の主観性で、聴者へのポライトネスの方略となっている。主観性についてはある情報を取得し、引用表現として言語化されるまでに時間を要すれば、瞬間的発話時の話者の主観性（中右1994）は失われると考えられるが、このことは「そう」とは性質を異にする。

(12) a.　鶴になった浦島太郎は乙姫と結婚した<u>そう</u>です。中には白髪の老人になったあと死んでしまうという結末のものもあるようです。
　　　　　（『中納言』サンプル ID　OC12_04711　Yahoo! 知恵袋　2005）
b.　?鶴になった浦島太郎は乙姫と結婚した<u>って</u>。
(13) a.　私の友人は十一月に結婚する<u>そう</u>です。でも出席したくないので「親戚の結婚式があるの。地方だから泊まりで行く予定なの」と断りました。
　　　　　（『中納言』サンプル ID　OC09_12936　Yahoo! 知恵袋　2005）

(13) b. ？私の友人は十一月に結婚する<u>って</u>。

　(12b)、(13b) では「結婚した／する」という確実性に基づく事実を伝えてはいても、「って」に見られる失望、祝福の感情表出は読み取りにくいことから、「って」述語文への置き換えは不自然に感じる。「そうだ」と「って」述語文の異なりは、認知レベルにおいて、発話者の瞬間的発話時における事態に対する認識的態度が異なる。以下で「って」述語文に絞りポライトネスとどのように関わるかを観察する。

9.6　引用表現とポライトネスの関わりについて
9.6.1　Leech (1983) の原則適用について

　引用表現の発話目的は、聴者への情報共有から始まる。証拠性の立場からも引用はもとの情報を聴者に提示するもので、情報構造の観点から言えば、情報源の再現である（小野 2005）。

> (14)　こまめなケアで、いつもきれいに─一体のお手入れ─ブラッシングさっぱりするし、健康にもいいんだ<u>って</u>。毎日やってほしいな
> （『中納言』サンプル ID　PB36_00042『ワンちゃん大好き！』
> 磯部芳郎（2003）池田書店）

　(14) の「健康にいいんだって」という引用発話は、話者と聴者の意見の一致に近づける主張の方略と考えられる。この点は Leech (1983) の一連の原則と関連付けられる。

　【一致の原則】（Agreement Maxim）
　　(a) 自己と他者との意見相違を最小限にせよ
　　(b) 自己と他者との意見一致を最大限にせよ

　最小限の意見相違、最大限の意見一致を目指すことは、ポジティブフェイスを脅かす FTA に関わるものであることから、以下、Leech (1983) の挙げる原則に沿って分析を進めたい。

9.6.2 非難と賞賛について

　Leech（1983）では「非難」と「賞賛」を挙げており、(15) の文から考えたい。

(15) a.　「警察に訴えたん<u>って</u>な。生意気なことするんじゃねえ。」
　　　　（『中納言』サンプル ID　OB4X_00177　星の輝き　シドニィ・シェルダン著　天馬竜行訳 1995 アカデミー出版）
　　 b.　さすが、警察に訴えたん<u>って</u>。

　情報の縄張り的に聴者の領域への言及であることから、「あなたは部長を告発した」のような直接形は避けられる。「訴えた」主体が聴者であり、(15a) では「非難」となるが、「誰もそんな勇気を持っていない中、よくやった」という感情を有するならば、同じ「って」述語文でも (15b) のように「賞賛」ともなる。「賞賛」「非難」の対立は、Leech（1983）の【是認の原則】、【謙遜の原則】に見られるものである。

　　【是認の原則】（Approbation Maxim）
　　　（a）他者への非難を最小限にせよ
　　　（b）他者への賞賛を最大限にせよ

　「非難」「賞賛」については、Brown and Levinson（1987）の理論では、非難は聴者のポジティブフェイスを脅かす FTA であり、賞賛は聴者のネガティブフェイスを脅かす FTA である。

(16) a.　「榎本って、軽そうだな」
　　　　「軽い、軽い。あれで高校教師だ<u>って</u>。信じられないよ。
　　　　（『中納言』リンプル ID　LBr9_00134　雨宮町子（著）『私鉄沿線』実業之日本社 2003）
　　 b.　（みんなが）さすが高校教師だ<u>って</u>。

　発話形式だけ見れば、(16b) のように賞賛ともなり得る。引用表現を用いることで、発話が「みんな」ともなり話者以外の他者の主張でもあることが読み取れよう。(16a, b) は話者の主張ではあっても、引用形式を利用した他者の主張とも読み取れる。引用表現を用いることで話者自身の主張であって

も、他に主張する主体がいることを伝える方略として、主張の一般化を図り、「他者への非難」を強めたものと解釈できる。
　次に【謙遜の原則】（Modesty Maxim）の例である。

　【謙遜の原則】（Modesty Maxim）
　　（a）自己への賞賛を最小限にせよ
　　（b）自己への非難を最大限にせよ

自己への賞賛ということで、（17a）の情報は自己の領域である。

(17) a. 「学校で書いた私の作文がねー青少年コンクールで入賞したんだ<u>って</u>」
　　　（『思春期っ子はみんなバカ！！』新川てるえ・しばざきとしえ（2011）ぶんか社）
　　b. 「学校で書いた私の作文がねー青少年コンクールで入賞したんだ<u>よ</u>」

（17a）は（17b）と較べると賞賛を抑えたものと解釈できる。反対に、（18）は自己への非難の例である。

(18) 「だから、あんときは悪かった<u>って</u>言っているだろう？　今さらそんなこと言うなよ」
　　　（『中納言』サンプル ID LBp3_00067『スカートの中の秘密の生活』田口ランディ 2001 幻冬舎）

　自己への非難を発話時以外にも自己を非難していることを伝えることで、自己への非難を最大限にしている。
　【是認の原則】（Approbation Maxim）、【謙遜の原則】（Modesty Maxim）については、引用表現を用いることで、発話者以外にもその引用内容を指示する主体がいることを伝えるため、表1のように整理できる。ここに「って」述語文の方略がある。
　是認の原則の「（a）他者への非難を最小限にせよ」が強化されることは Leech の原則に反している。

表1　非難・賞賛と引用表現の方略関係

原則の種類		方略
是認の原則 （Approbation Maxim）	（a）他者への非難を最小限にせよ	＊他者への非難を強化
	（b）他者への賞賛を最大限にせよ	他者への賞賛を強化
謙遜の原則 （Modesty Maxim）	（a）自己への賞賛を最小限にせよ	自己への賞賛を弱化
	（b）自己への非難を最大限にせよ	自己への非難を強化

9.6.3　話者と聴者間の意見の相違・意見の一致について

　意見とは個人の意見であるため、個人により異なるのが当然だが、主張を理解してもらうような方略がポライトネスとなる。

　　【一致の原則】（Agreement Maxim）
　　　（a）自己と他者との意見相違を最小限にせよ
　　　（b）自己と他者との意見一致を最大限にせよ

『2018 ユーキャン新語・流行語大賞』（現代用語の基礎知識選）の年間大賞およびトップテンに、日本代表 FW 大迫勇也の活躍ぶりを指す「（大迫）半端ないって」がトップ10に入ったという記事がある。

（19）a.　大迫半端ないってもぉー！（アイツ半端ないってほんとに）
　　　　アイツ半端ないって！（意味わからんかったな）
　　　　　　　　　　　　　　　　（ニコニコ大百科「大迫半端ないって」）

相手チームの主将が発した発話であるが、引用形式を伴った話し手の意見を強調したものである。

　　b.　大迫半端ない！アイツ半端ない！

（19b）では個人的な意見を述べているだけなのに対し、（19a）のように引用を用いて他者の意見も含めた意見として主張することが、【一致の原則】（Agreement Maxim）を満たす方略である。（20）についても、同様の【一致の原則】の方略と考えられる。

(20) 「令和」への率直な感想としては「ピンと来る、来ないというのは、そもそもないんですけど、なんかステキやん、って。響きがきれいです」と回答。　　　　　　　　　　　　　　　　（デイリースポーツ）

なぜ引用形式が、終助詞的な強調表現となり[3]意見の一致と得るのか。引用とは他者の発話を述べることだが、これを「って」述語文の拡張的用法と考える。自分の意見を述べているのだが、あたかも他者の意見を引用しているように述べることで、意見の説得力を増すという方略である。その方略をLeechの【一致の原則】（Agreement Maxim）、【共感の原則】（Sympathy Maxim）からまとめると、表2となる。

表2　意見相違・意見一致と引用表現の方略関係

原則の種類		方略
一致の原則 （Agreement Maxim）	(a) 自己と他者との意見相違を最小限にせよ	意見相違の弱化
	(b) 自己と他者との意見一致を最大限にせよ	意見一致の強化

9.6.4　反感と共感について

【共感の原則】（Sympathy Maxim）は次のように説明されている。

　【共感の原則】（Sympathy Maxim）
　　(a) 自己と他者との反感を最小限にせよ
　　(b) 自己と他者との共感を最大限にせよ

(21) a.　ゴメン、反省してます。だからってさ、布団の上はまずいよ。今日、曇りだし、明日は雨だってよ。洗っても乾かないじゃん。
　　　　　　（『中納言』サンプルID　OY05_05323 Yahoo!ブログ 2008）
　　b.　明日、雨だ！

同様の反感（22b）と共感（22a）の例である。
(22) a.　「今年の梅雨は長いんだって。夏はないかもしれないね」　それはまるで、わたしの夏はもう来ないかもしれないね、と言っている

3　「この服、絶対似合うって！」「そんなことないって」の例が終助詞的用法である

ようで、胸にクサビを打ち込まれるような思いだった。
（『中納言』サンプルID　PB59_00423　『愛と奇跡を信じて』平井光明2005文芸社）
b.　今年の梅雨は長いんだ！

　いずれもテレビの天気用法を見ての発話としても違和感はない。テレビを見ての情報の共有を行っている。前提として聴者は晴天であることを期待している場合に、(21a)(22a)のように言い切ることは、聴者の反感を買うこととなる。そこで、反感を緩和するために、「(a) 自己と他者との反感を最小限にせよ」ということから、引用表現が用いられるのであろう。

表3　反感・共感と引用表現の方略関係

原則の種類		方略
共感の原則 (Sympathy Maxim)	(a) 自己と他者との反感を最小限にせよ	反感の弱化
	(b) 自己と他者との共感を最大限にせよ	共感の強化

9.7　まとめ：引用表現による配慮表現の原理

　本章では従来の文法的記述の引用研究から、引用のコミュニケーション上の方略についてポライトネス理論から分析し、引用という聴者への情報提供の発話がポライトネスと強く関わることを述べた。イベント中心構造の引用マーカーである「って」と「そう」述語文を比較すると、話者の発話時の心的態度示す「って」述語文は主観性が強いのに対し、「そう」述語文があくまでも「自分は直接体験せず、他の人から口伝えに知らされたことである」（『日本語文法大辞典』2001）という特徴であるのに対し、「って」述語文には主観性を含めることでポジティブポライトネス・ストラテジーに関わる表現機能を有することがわかる。

　ポライトネス研究の枠組みにある日本語配慮表現では、「対人的コミュニケーションにおいて、相手との対人関係をなるべく良好に保つことに配慮して用いられることが、一定程度以上に慣習化された言語表現」（山岡2015、山岡他2018）としているが、配慮表現には、副詞、とりたて助詞、そして、文末表現にその機能が担うことが多い。引用は文末表現で明確になるが、文末表現「って」の有する主観性がポライトネスとどのように関わるかの分析

を行った。Leech（1985）の【是認の原則】（Approbation Maxim）、【謙遜の原則】（Modesty Maxim）、【一致の原則】（Agreement Maxim）、【共感の原則】（Sympathy Maxim）に照らし合わせて考えると、各原則を強化したり、弱化することで、聴者への配慮となる。「って」述語文のこうした表現は、慣習化されていることから、配慮表現として位置づけることが本章の主張である。

参照文献

岩男考哲（2003）「引用文の性質から見た発話「〜ッテ」」『日本語文法』3(2): 146–162.
小野正樹（2005）『日本語態度動詞文の情報構造（ひつじ研究叢書 言語編）』東京：ひつじ書房.
小野正樹・李奇楠（編）（2016）『言語の主観性：認知とポライトネスの接点』東京：くろしお出版.
神尾昭雄（1990）『情報のなわ張り理論：言語の機能的分析』東京：大修館書店.
加藤陽子（2010）『話し言葉における引用表現：引用標識の注目して』東京：くろしお出版.
鎌田修（2000）『日本語の引用』東京：ひつじ書房.
許夏玲（1999）「文末の「って」の意味と談話機能」『日本語教育』101: 81–90.
三枝令子（1997）「「って」の体系」『言語文化』34: 21–38. 一橋大学語学研究室.
砂川有里子（1988）「引用文の構造と機能：引用文の3つの類型について」『文藝言語研究 言語篇』13: 73–91. 筑波大学.
中右実（1994）『認知意味論の原理』東京：大修館書店.
堀口純子（1995）「会話における引用の「〜ッテ」による終結について」『日本語教育』85: 12–24.
松木正恵（2001）「引用と話法に関する覚書」『早稲田大学大学院文学研究科紀要』第3分冊：65–76.
松木正恵（2002）「何を引用ととらえるか：日本語学の立場から」『国文学研究』136: 50–58. 早稲田大学国文学会.
山岡政紀（2015）「慣習化されたポライトネスとしての配慮表現の定義」『日本語語用論学会第17回発表論文集』315–318.
山岡政紀・牧原功・小野正樹（2018）『新版 日本語語用論入門：コミュニケーション理論から見た日本語』東京：明治書院.
Brown, Penelope and Stephen Levinson（1987）*Politeness: Some universals in language usage*. Cambridge: Cambridge University Press.［邦訳：田中典子（監訳）（2011）『ポライトネス：言語使用における、ある普遍現象』東京：研究社.］
Leech, Geoffrey（1983）*Principles of pragmatics*. London: Longman.［邦訳：池上嘉彦・

河上誓作（訳）(1987)『語用論』東京：紀伊國屋書店.]

辞書
山口明穂・秋本守英（編）『日本語文法大辞典』(2001) 東京：明治書院.

使用データ
国立国語研究所『現代日本語書き言葉均衡コーパス通常版』(BCCWJ)
新川てるえ・しばざき としえ (2011)『思春期っ子はみんなバカ！！』ぶんか社.
修羅場ほか速報　http://shuraba-hoka.com/2018/04/09/49486/
スリーエーネットワーク（編著）(1998)『みんなの日本語初級Ⅰ』スリーエーネットワーク.
デイリースポーツ　https://headlines.yahoo.co.jp/hl?a=20190402-00000000-dal-ent
ニコニコ大百科「大迫半端ないって」https://dic.nicovideo.jp/a/%E5%A4%A7%E8%BF%AB%E5%8D%8A%E7%AB%AF%E3%81%AA%E3%81%84%E3%81%A3%E3%81%A6

第 10 章

モバイル・メディアにおける配慮
―LINE の依頼談話の特徴―

三宅 和子

10.1 はじめに

　本章は、モバイル・メディアの SNS の中でも最も利用度が高い LINE をとり上げ、配慮がどのように行われているかを考察する。テーマを「依頼」に絞り、その談話に現れる特徴を分析し、モバイル・メディアのコミュニケーションの一端を明らかにすることで、配慮言語行動研究に寄与したい。

　配慮の現れ方をみる視点として本章では、吹き出しの配置、スイッチバック現象、談話構造、ヴィジュアル要素の配置、対人配慮表現を検討した。その結果、LINE では、やりとりの始まりから依頼を一気に行う傾向が強いこと、タイムラグによるやりとりの不整合を即時に調整すること、談話構造において特有の配慮があること、絵記号やスタンプなどのヴィジュアル要素の配置には一定のパターンがあり、特にスタンプは情緒に強く訴える機能をもつこと、感謝・謝罪・挨拶などの対人配慮表現には多様なヴァラエティがあることなどが明らかになった。

　これらの結果は、「話すように書いている」と思われがちなモバイル・メディアの談話が、実はメディアの特性を反映した「打ちことば」[1] の特徴を多

1　モバイル・メディアやパソコンのキーを使って（打って）書かれた語句・語法。その文章。メディア特性を反映した独自の特徴がある（三宅 2011）。

くもっていることを示している。電子メディアを介してコミュニケーションが行われるようになって久しいが、言語研究からのアプローチは未だ少ない。配慮言語行動の研究も、メディアへと視野を広げていく必要がある。

10.2 依頼の先行研究

依頼の研究は、1980年代から発話行為論や語用論の研究（Blum-Kulka, S. et al., eds. 1989など）に触発されて論考が増えていく。日本語教育の立場から学習者の依頼や、ポライトネス・ストラテジーとしての依頼を日本語母語話者と比較したものもみられる。しかし研究のほとんどは、依頼する側や依頼された側の発話行為の種類やストラテジーを扱う論文であった（蒲谷他1993、柏崎1993、熊谷智子1995など）。近年、談話展開や談話構造を視野に入れた研究が増えてきている（国立国語研究所2014、渡邉2015など）。日本語母語話者と学習者の依頼談話を比較する研究（猪崎2000、アクドーアン・大浜2008、柳2012、生天目他2012など）や、モバイル・メディア上の依頼を学習者と母語話者で比較したもの（阿部2014）などもみられる。しかし、研究方法などにさらなる検討を必要としており、談話展開を含んだ依頼を分析する研究は緒についたばかりだといえよう。

10.3 モバイル・メディアとLINEコミュニケーション
10.3.1 モバイル・メディアの研究

モバイル・メディアの研究に関しても概観する。携帯電話は1999年のiモードの導入により、急激に電話利用からメール利用に傾斜していく。その20年余の利用の歴史の中で「打ちことば」といわれる表現や表記が生まれ、変化しながら受け継がれてきた。特異にみえた表記の一部はすでに定着している（例.「(笑)」→「笑、w、www、大草原、大草原不可避」など）（三宅2019b）。当初、その言語行動やネットワーク、電話とメールの使い分け、言語表現・表記の特徴が注目されたが（三宅2000、2001、田中ゆかり2000、2001、中村2001など）、絵文字・顔文字などに注目した研究も増えていく（荒川・鈴木2004、中丸2005、三宅2004、2011、2013、久保田2012など）。談話を視野に入れた研究が2010年前後から現れ始めるが（宮嵜2015、渡邉2015、KHAMTHONGTHIP 2017など）、談話構造の研究や語用論的視点か

らの本格的な研究はこれからである。慣習化は語彙や表現に止まらず談話レベルにも及んでいると考えられるため、モバイル・メディアにおける言語研究、談話研究の必要性が高まっている。

10.3.2　LINE のコミュニケーション上の特徴

近年利用が急増した SNS の中でも、顕著な伸びをみせているのが LINE である。20 代の若者で 95.8%、熟・高年層の伸び率もここ数年で高まり、全年代の平均で 75.8 % となっている（総務省情報通信政策研究所 2018）。LINE は Facebook, Twitter, Instagram などの他の代表的な SNS と比較すると、友人間、あるいはグループ間の比較的閉じたコミュニケーションに多く利用され、人間関係のつながりが強い、拡散性の低いメディアであるといわれる（総務省 2018）。そのコミュニケーションの特性について、西川・中村（2015）を参考に以下にまとめた（三宅 2019a）。

1) やりとりが速く、数秒間で往復する場合もあり、実際の会話に近い感覚でテンポ良くコミュニケーションを進めることができる。
2) 発言が吹き出しに表示・共有されるので、複数人のメッセージ交換・グループ・トークに利用されやすい。
3) やりとりが画面に残るため、途切れた会話を再開してもスムーズに継続できる。
4) タイムラグのため、異なるトピックの会話が同時平行して継続することがある。
5) ヴィジュアル性に富むスタンプで多彩な感情表現が可能。
6) 画面のデザインや色、プロフィール画像などでヴィジュアルな演出ができる。
7) 異なる文脈で使われる文字なしスタンプは文脈から意味をくみ取り解釈する必要があるが、文字付きスタンプが増加し、意味の曖昧性は比較的少なくなっている。
8) 相手の「未読」、「既読（時間）」を確認できる。

図 1 にトーク画面に現れた LINE の主な言語表記の特徴を示す。携帯メール利用の頃から使われてきた表記・表現も多いが、スタンプ、画面背景デザ

イン[2]、吹き出し使用は LINE に特徴的に現れるものである。

図1　トーク画面に現れた LINE の言語表記の特徴　（三宅 2019a より）

10.4　研究の内容と方法

若者が取り交わした LINE の依頼を、談話の構造、コミュニケーション機能、機能的要素に分類し、その談話的特徴と配慮言語行動を分析した。以下、分析の対象となるデータを概観する。

データ収集時期：2018 年 7 月〜 10 月
データ内容：若者が取り交わした依頼トーク（ロールプレイ）
データ量：200 件：調査者 25 名（女 16 名、男 9 名）が 8 名の相手に依頼
　　　　　調査者・参加者年齢：21 〜 23 歳男女
親疎関係：親しい友人（男女）vs. あまり親しくない友人（男女）
依頼内容：ゼミの活動で若者の LINE 使用に関して簡単なアンケートをすることになったので協力してほしい（選択方式で所要 2 〜 3 分程度／自由記述式で所要 10 分程度）。

2　スマホ画面には初期設定で背景画面デザインがあらかじめ表示されている。しかし「着せかえ」ショップで背景デザインを選択して変えることができる（図 1 参照）。

大学生の間で昨今最も頻繁に行う依頼の1つとして「WEBアンケート調査に答える」がある。これを本章の「依頼」とし、25名の学生調査者がそれぞれ8名の相手に依頼を行った。負担の軽重、親疎の違いを設け、男女の相手とLINEのトーク機能を使ってやりとりを行った。相手に合わせて自然に依頼が行えるように文言や展開については調査者に任せた。なお、依頼のやりとりそのものがデータとなることについては、やりとりの間は相手に知らされてはいない。その意味では自然に近いロールプレイである。依頼が承諾されるとURLが伝えられる。相手方がそこに行くと依頼のやりとり自体がデータになる旨が説明され、改めて調査に協力するか否かが問われる。協力する場合はフェイスシートの基本情報（男女、年齢、LINE使用歴など）に答えて調査は終了となる。今回は依頼を行った相手全員が協力を表明した。こうして収集した依頼談話200名分を、全体の談話構造として開始部、主要部、収束部、終了部に分け、次にコミュニケーション機能で分類し、その内訳を機能的要素という単位に分け、分析した[3]。

10.5　調査結果

分析対象となった200件の依頼談話には2,487の機能的要素（後述）が認められた。1つの依頼談話は最長で36、最短で6の機能的要素で構成されていた。

まず「談話構造」について説明する。依頼談話のやりとり全体を分析するには依頼がどのような構造をもっているか、どのようなストラテジーや言語要素をもって展開、成立するかを考える必要がある。談話には一定の構造があることはSchegloff（1968）、Schegloff & Sacks（1973）の古典的研究以来、日本語の分析においても基本的な考え方として定着している。「開始部－主要部－終結部／終了部」とすることが多いが、本章ではメディア特性を考慮の上、「開始部－主要部　収束部－終了部」と4分類した。

　　開始部：依頼の具体的な内容に入る前の談話部分。基本的にコミュニ
　　　　　　ケーション機能の「きりだし」に該当する。

---

[3]　三宅（2019a）は同調査中に全体を概観する意図で執筆したものである。本章とは使用可能なデータ数、分析の範囲や内容などに異なりがあることに留意されたい。

主要部：依頼の具体的な内容や説明をめぐるやりとりの部分で、依頼が承諾されるところまでとする（承諾を受けて感謝するところが1つの区切り）。

収束部：依頼が承諾された後、補足情報（Webの情報を送る、今後の予定をいうなど）の部分は、収束に向かっての補足や調整の部分だと考え収束部とした。情報としての重要性もあるため主要部とも考えられるが、ここでは、承諾を得た後に終了に向かって進んでいる部分と捉えた。

終了部：収束部の後に「別れの挨拶」など談話が終わることを示す部分。依頼は終わっており、依頼の具体的な内容や補足情報を与える場所ではない。

次に「機能的要素」について論じる。熊谷・篠崎（2006）は依頼のデータに現れた回答を「相手に対する働きかけの機能を担う最小部分と考えられた単位」に分類し「機能的要素」と呼んだ。また「機能的要素」を「依頼の言語行動においてどのような役割を担っているか」という観点からグループにまとめ「コミュニケーション機能」という上位概念を設けた。この研究は、依頼場面において依頼者がどのような言語ストラテジーを使用するかに関する論考で、相手の返答は想定されていない一方通行のものである。双方向のやりとりを対象にする本章とは異なるものの、機能的要素の考え方や分類法は参考になる。これをベースに、コミュニケーション機能、談話構造の3段階に分け、メディア特性に配慮しながら表1のように分類した。

スタンプや絵記号（絵文字・顔文字・記号）などの視覚に訴える要素（以下「ヴィジュアル要素」）の分類についても説明を加える。スタンプは文字付きと文字なしを区別し、機能的要素番号の後に「Sw」（文字付スタンプ）、「S」（文字なしスタンプ）を入れた。例えば、「感謝」を示す文字が付いたスタンプは「f1_Sw」）である。絵記号は吹き出し内で単独使用されるものと、文字と共に使用されるものを、大文字と小文字に分けて分類した。絵文字の場合はファイ（Φとφ）、顔文字の場合はラムダ（Λとλ）、記号の場合はプシー（Ψとψ）である。機能的要素が明確に分からないものが多いので、文字と共に使用された場合は機能的要素番号を付与せず、絵記号が付いている

ことを示す「+」を加えた。例えば、「感謝」を示す絵文字は「f1_Φ」（単独使用）、「f1+φ」（文字と共に使用）である。

表1　依頼の談話構造、コミュニケーション機能、機能的要素の分類

談話構造	コミュニケーション機能	機能的要素
開始部	A. きりだし	a1 挨拶、a2 謝罪的挨拶、a3 呼びかけ、a4 注目喚起、a5 現況確認、a6 現況認識、a7 用件
		ar1 挨拶応答、ar2 呼びかけ・注目喚起への応答、ar3 現況報告、ar4 用件への応答
主要部	B. 状況説明	b1 背景説明
	C. 効果的補強	c1 補償、c2 ほめ、c3 激励、c4 種明かし
		cr1 補償要求、cr2 補償評価、cr3 補償要求充足
	D. 行動の促し	d1 依頼説明許可願い、d2 依頼説明許可への感謝、d3 依頼内容説明、d4 依頼、d5 依頼内容訂正、d6 依頼受諾伺い、d7 依頼受諾確認、d8 依頼充足不安の解消、d9 依頼内容への不安解消、d10 依頼受諾への反応
		dr1 依頼説明許可、dr2 依頼への不安、dr3 依頼受諾、dr4 受諾理由、dr5 依頼内容了解、dr6 条件付依頼受諾
収束部	E. 行動予定	e1 今後の予定、e2 事後説明約束、e3 行動質問への応答、e4 待機願い
		er1 行動質問、er2 予定了解、er3 説明要求、er4 受諾後の予定
開始部 主要部 収束部 終了部	F. 対人配慮	f1 感謝、f2 謝罪、f3 挨拶、f4 愛情表現、f5 恐縮、f6 気遣い
		fr1 感謝への応答、fr2 謝罪への応答、fr3 挨拶への応答、fr4 愛情表現への応答、fr5 気遣いへの応答
その他	G. その他	g1 フィラー、g2 反応、g3 評価、g4 非難
		gr1 評価への反応
	H. 他の話題	h1 勧誘の談話、h2 会う約束の談話、h3 前回の出会いの感想

10.6　結果と分析

10.6.1　吹き出しの配置と依頼型

　画面に現れる吹き出しの中の情報量はトークによって異なる。ここでは吹き出し内の情報をどのように調整・配置して依頼を行っているかをみる。依

頼のパターンを吹き出しの配置でみると、大きく「一気依頼型」、「小分け依頼型」、「混合依頼型」、「やりとり依頼型」の4種に分かれた。「一気依頼型」(52件)は図2のように、1つの吹き出しで一気に依頼を行ってしまうタイプである。最多の「小分け依頼型」(81件)は図3のように、相手が反応する前に吹き出しを続けて送って依頼を行うタイプである。両者は相手の反応を待たずに依頼をしてしまうという点では同様の「一気型」だといえる。「混合依頼型」(48件)は、呼びかけや用件などを別の吹き出しで行った後、一気に依頼を行うか(24件)、いくつかの吹き出しに分けて依頼を行うか(24件)のいずれかであり、前者は「一気型」に準ずる(図4)。「やりとり依頼型」(19件)は相手の反応を見ながら依頼を遂行する型で、対面のコミュニケーションに最も近いタイプである。LINEでは対面とは大きく異なり、相手の反応を待たずに一気に依頼するパターンが圧倒的に多い。

　「一気依頼型」と「小分け依頼型」を合わせると133件、それに準ずるものも入れると157件となり、ほとんどが相手の反応を待たずに依頼を行っている。その理由をフォローアップインタビューで聞いてみた。情報を小出しにして相手の反応を待つという対面談話と同様の方法では、依頼の途中で相手が反応するため、やりとりに時間がかかり煩雑になる上、無駄な憶測や心配を抱かせてしまう、それを避けるために一気にいいたいことをいうという回答が多かった。対面で目の前に相手がいる場合は、お互いの様子や反応を踏まえて話を進めるが、LINEの場合は相手が見えずタイムラグがあり、相手の反応がいつ返ってくるかも分からない。必要な情報を一気に伝えるほうが相手に負担をかけないと考える、LINEゆえの配慮の示し方である。

表2　吹き出しを利用した依頼のパターン

依頼のパターン	件数
一気依頼型	52件
小分け依頼型	81件
混合依頼型	48件
やりとり依頼型	19件
合計	200件

第10章 モバイル・メディアにおける配慮 | 171

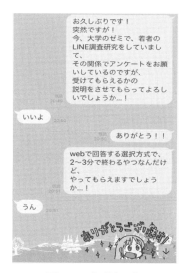

図2 一気依頼型

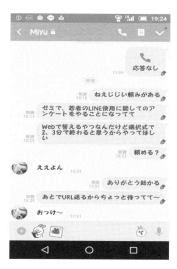

図3 小分け依頼型

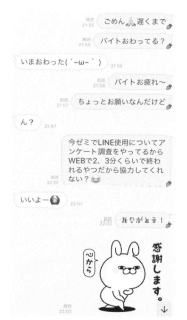

図4 混合依頼型

図5 やりとり依頼型

ちなみに、このプロジェクトには留学生（上級）2人が参加していたが、2人のパターンは他とかなり異なっていた。図4の「混合依頼型」はその1例である。彼らのデータには「一気依頼型」や「小分け依頼型」は一切なく、「混合依頼型」のうちでも「やりとり依頼型」に近い談話構造をもっていた。フォローアップインタビューでは、「日本人は依頼する時に相手に呼びかけたり都合を聞いたり謝ったりしてから依頼するから」、「日本語の依頼の仕方を日本語学校で教えられたから」と答えている。日本語母語話者は対面とメディア上のコミュニケーションの型や配慮を実践の中で自然に習得するが、学習者は目に見えるレベルの観察で得た知見や教育されたことを頼りに配慮を行っている可能性がある。今回は学習者の人数が少ないため、このような傾向を結論として一般化するわけにはいかない。しかし、メディアを通すコミュニケーションがますます増えている現状から、今後の日本語教育には、このような可視化されにくいところで起こっている談話の異なりについても、目配りが必要になってきていることが示唆された。

10.6.2　タイムラグによるスイッチバック現象

　LINEのコミュニケーションにはタイムラグが生じる。そのため、相手の応答が来る前に自分が発言したり、説明を続けている途中や話を次に進めてしまった後に相手の質問や返事が入ったりするという、対面のやりとりでは起こりえない談話の展開が観察される。本章では、話が時系列通り進まずに、途中まで進んだ話題を一端止めて相手の反応に対応したり、話題を前に遡ってやりとりしたりする現象、すなわち談話がジグザグを繰り返しながら進む現象を、「談話のスイッチバック現象」[4]と呼ぶ。トークの参加者は、図6に示すように、タイムラグで起こるコミュニケーションの齟齬に柔軟に対応し、ズレを修復したり前後と関連づけたりして、絶えず目配りしつつ談話のスムーズな進行を心がけている。これもLINE上でみられる興味深い配慮である。

4　著者の造語である。本来は鉄道用語で、ある方向から反対方向へと進行方向を転換するジグザグに敷かれた道路または鉄道線路、そこを走行する運転行為をさす。

図 6　スイッチバック現象

10.6.3　談話構造における配慮

次に、どこにどのような機能的要素が現れやすいかをみる。開始部 695 件、主要部 1,297 件、収束部 484 件、終了部 11 件の機能的要素が認められた。

表 3　全体構造の中の機能的要素数

談話の構造	件数
開始部	695 件
主要部	1,297 件
収束部	484 件
終了部	11 件
合計	2,487 件

終了部の数が極端に少ないことが分かる。主要部で依頼受諾が行われ、収束部で URL を送る予定の通知などを行う場合が多く、感謝や挨拶はその際にすでに行っている。その後の終了部には別れの挨拶や感謝がほとんどない。

LINE のトーク画面では、吹き出しの往還に切れ目がなく、日付やトピックが変わっても談話は続きうる。1 つのテーマのやりとりが終わっても、別れの挨拶をする、暇乞いをする、といったコミュニケーションの区切りをつける必要はなく、なくても礼を欠くわけではない。この LINE コミュニケーションの特徴が終了部の機能的要素の数の少なさに現れているといえよう。

図7〜10に開始部、主要部、収束部、終了部の各部で最も多く現れた機能的要素を示す。右側に具体例を示すが、その括弧内には機能的要素の数、そのうちヴィジュアル要素が含まれる数、ヴィジュアル要素中のスタンプの数を順に示した。例えば、図8の「dr3依頼受諾（227:55_20）」は、「依頼受諾」の機能的要素が227件あり、そのうち55件にヴィジュアル要素が含まれており、そのうち20件はスタンプであったことを示している。

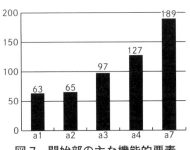

開始部の主な機能的要素の具体例
a1 挨拶 (63:0_0)「おひさ〜」
a2 謝罪的挨拶 (65:33_0)「突然ごめん」
a3 呼びかけ (97:0_0)「もえちゃん〜」
a4 注目喚起 (127:0_0)「あのさ〜」
a7 用件 (189:10_0)「頼みがある」

図7　開始部の主な機能的要素

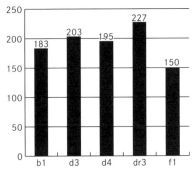

主要部の主な機能的要素の具体例
b1 背景説明 (183:5_0)「大学のゼミでLINEのアンケートやってるんだけど」
d3 依頼内容説明 (203:9_0)「webの選択方式で2〜3分以内で終わるやつ」
d4 依頼 (195:60_6)「やってもらってもいいでしょうか…！」
dr3 依頼受諾 (227:55_20)「全然やるよー」
f1 感謝 (150:29_20)「あーありがとー！」

図8　主要部の主な機能的要素

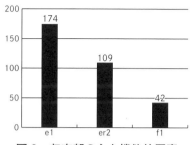

収束部の主な機能的要素の具体例
e1 今後の予定 (174:31_0)「あとでURL送るので、お願いします！」
er2 予定了解 (109:38_26)「りょーかいです！」「ほい。」
f1 感謝 (42:27_20)「ありがとー！」

図9　収束部の主な機能的要素

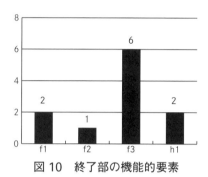

終了部の機能的要素の具体例
f1 感謝 (2:1_1)「あーありがと！！」
f2 謝罪 (1)「ごめん遅れた」
f3 挨拶 (6:1_1)「じゃあね」
h1 勧誘の談話 (2)「行かない？」

図10　終了部の機能的要素

　開始部で最も多いのは「用件」(189件) である。次に多いのは「注目喚起」(127件) で、「挨拶」(63件) と「謝罪的挨拶」(65件) を合わせた数とほぼ同数である。「呼びかけ」(97件) も多い。トーク画面では吹き出しのやりとりが日時に関係なく続いていて、相手と絶えず繋がっている状態にある。「挨拶」より、いわば「休眠」しているコミュニケーションを呼び覚ます「注目換気」や「呼びかけ」がこの場には適切であるためと推測される。

　主要部では「依頼内容説明」(203件)、「依頼」(195件)、「背景説明」(183件) がほぼ同じ割合で使われて、「依頼受諾」(227件) を促している。「依頼受諾」には「感謝」(150件) が最も多く対応していた。

　収束部で最も多く現れるのは「今後の予定」(174件) である。それに対する「予定了解」(109件) も多く現れている。ここでも依頼側の「感謝」(42件) が比較的頻繁に現れ、やりとりの終結を示している。

終了部の機能的要素は非常に少なく、依頼の談話は収束部でほぼ終結しているということができよう。終了部に「勧誘の談話」（2件）があることからも示唆されるように、話題が他の話題に流れていく場合がある。前述のように、LINEのトーク画面では談話に明確な切れ目をつける必要がない。主要部や収束部ですでに感謝や挨拶を交わし合っているため、終了部で話題が別に飛んだり、特にフォーカスのないおしゃべりが続くこともある。

10.6.4　ヴィジュアル要素の配置と配慮

　ヴィジュアル要素（スタンプ・絵文字・顔文字・記号）の配置にも配慮がみえる。ヴィジュアル要素は開始部には少なく主要部に多い。主要部において「依頼」で（195:60_6）と約3分の1、「依頼受諾」で（227:55_20）と約4分の1、「感謝」で（150:29_20）と約5分の1にヴィジュアル要素が含まれている。配慮が必要な箇所で、依頼をする側にも受ける側にも効果的に使われていることが分かる。特にスタンプは大きなサイズで単独使用されることから、最もインパクトが大きい。「感謝」のヴィジュアル要素の約3分の2、「依頼受諾」のヴィジュアル要素の3分の1強を占めており、情緒にアピールしたい箇所で効果的に使われている。一方で、「依頼」のように細かい情報を交えた説明が必要な箇所では使われにくい。ここでは文字と同じ大きさの絵記号が活用される傾向がある。「背景説明」、「依頼内容説明」の部分にまったく使われていないのもこのためである。

　収束部においても、ヴィジュアル要素は「感謝」で（42:27_20）と2分の1強、「予定了解」で（109:38_26）と3分の1強、「今後の予定」で（174:31_0）と6分の1弱に使われている。スタンプは「感謝」と「予定了解」のヴィジュアル要素の大半を占めるが、「今後の予定」にはまったく使われておらず、ここでも主要部と同様の説明が可能である。さらに、収束部ではスタンプがやりとりの終結を示す役割を担っているといえよう。収束部の「感謝」や「予定了解」は新しい情報がもう出ないことを示している。依頼のやりとりが終結を迎えている位置でスタンプが最も多く使われているのである。

10.6.5　対人配慮表現

　「対人配慮」に分類されている機能的要素は「感謝」、「謝罪」、「挨拶」、

「恐縮」の他、「愛情表現」、「気遣い」とそれらへの応答である。開始部から終了部までどこにでも現れるが、出現頻度には大きな違いがある。開始部では突然連絡することに関する謝罪や気遣い、挨拶が少数認められる程度だが、主要部では依頼受諾に対する感謝表現が 150 件と圧倒的に多く、その他気遣い表現 15 件、謝罪表現 8 件がみられる。「好きよ」などの愛情表現も 9 件みられた。

収束部の対人配慮表現には多様なヴァラエティがある。感謝表現が 42 件あるが、そのうち絵記号が 7 件、文字なしスタンプが 4 件、文字付スタンプが 16 件と、ヴィジュアル要素を多数使っている。図 9 には提示できなかったが、謝罪表現 9 件のうち、絵記号付が 3 件、スタンプが 2 件である。挨拶表現 13 件のうちヴィジュアル要素がないのは 2 件のみで、10 件がスタンプである。この他、愛情表現、恐縮表現、気遣い表現などがみられる。収束部が依頼のやりとりの終結を示す役割を担っており、ヴィジュアル要素をふんだんに使った様々な終わり方のヴァラエティをみせていることが分かる。

10.7　おわりに

本章では LINE トークにおける配慮を分析した。依頼した相手全員が了承したという経緯からも分かるように、交渉や断りを含む複雑な談話ではなかった。そもそも、負担の大きい依頼は相手の反応を見ての交渉ができにくい LINE ではあまり行わないという共通理解があった。親しくない友人にはなおさらのこと、LINE で負担の大きな依頼はしにくいことから、「WEB アンケート調査に答える」という昨今の大学生には一般的になってきた依頼を選択した。しかし、このような気軽な依頼においても、吹き出しの配置と依頼の型、スイッチバック現象、談話構造、ヴィジュアル要素の配置、対人配慮表現に注目することで、多様な配慮や目配りがあることが明らかになった。これらの特徴の多くは、モバイル・メディアを使った LINE のコミュニケーションというメディア特性を反映しており、対面のデータでは現れにくく、従来の配慮行動研究では指摘されてこなかったことであった。

この結果は、「話すように書く」と思われがちなモバイル・メディアの談話が、依頼においても「打ちことば」的な談話的特徴を多くもっていることを示している。また「打ちことば」が実践を通して共有され、慣習的に使わ

れるようになってきていることも示唆されている。LINEは拡散性の低い私的な利用が一般的であることから、どのようなコミュニケーションや配慮が行われているかがみえにくい。だがモバイル・メディアが一般に普及するようになってから20年以上が経過している。その談話の特徴の一部は現実の談話に影響を与えて始めていると思われる。

　今回は紙幅の関係で親疎、負担度、男女差については触れられなかった。対面談話にはみられない興味深い現象が少なくないので、稿を改めて検討する予定である。

　21世紀のコミュニケーションはメディアに依存する度合いをますます深めている。今後の配慮言語行動の研究には、モバイル・メディアやPCを通してのコミュニケーションの研究が欠かせないものとなっていくであろう。

参照文献

阿部響子 (2014)「留学生の日本語による依頼メールの文章産出過程：文章産出過程に影響を与える要素の分析」『接触場面における言語使用と言語態度 接触場面の言語管理研究』11: 41–56. 千葉大学.

アクドーアン, ブナル・大浜るい子 (2008)「日本人学生とトルコ人学生の依頼行動の分析：相手配慮の視点から」『世界の日本語教育』18: 57–72. 東京：国際交流基金.

荒川歩・鈴木直人 (2004)「謝罪文に付与された顔文字が受け手の感情に与える効果」『対人社会心理学研究』4: 135–140. 大阪：大阪大学.

猪崎保子 (2000)「「依頼」会話にみられる「優先体系」の文化的相違と期待のずれ」『日本語教育』104: 79–88.

蒲谷宏・川口義一・坂本恵 (1993)「依頼表現方略の分析と記述：待遇表現教育への応用に向けて」『早稲田大学日本語教育センター紀要』5: 52–69.

柏崎秀子 (1993)「話しかけ行動の談話分析：依頼・要求表現の実際を中心に」『日本語教育』79: 53–63.

KHAMTHONGTHIP, TAWAT (2017)「日本語の謝罪メールのやりとりの構造分析：約束キャンセルのメールを例として」学位論文、大阪大学.

国立国語研究所 (2014)「方言談話の地域差と世代差に関する研究成果報告書」東京：国立国語研究所. http://hougen-db.sakuraweb.com/pdf/NINJAL_CRPR_13-04.pdf. 2018.10.03.

久保田ひろい (2012)「絵文字は何を伝えるか：携帯メールにおける絵文字のパラ言語的機能とテクストの構造化」『認知言語学論考』10: 143–192. 東京：ひつじ書房.

熊谷智子 (1995)「依頼の仕方：国研岡崎調査のデータから」『日本語学』14(11):

22–32.
熊谷智子・篠崎晃一（2006）「依頼場面での働きかけ方における世代差・地域差」国立国語研究所『言語行動における「配慮」の諸相』19–54. 東京：くろしお出版.
三宅和子（2000）「ケータイの言語行動・非言語行動」『日本語学』19(12): 6–17.
三宅和子（2001）「ポケベルからケータイ・メールへ：歴史的変遷と必然性」『日本語学』20(10): 6–22.
三宅和子（2004）「『規範からの逸脱』志向の系譜：携帯メールの表記をめぐって」『文学論藻』78: 1–17. 東京：東洋大学.
三宅和子（2011）『日本語の対人関係把握と配慮言語行動』東京：ひつじ書房.
三宅和子（2013）「モバイル・メディアにおける絵文字の盛衰」『日本語学』32(7): 72–79. 東京：明治書院.
三宅和子（2019a）「LINEにおける「依頼」の談話的特徴を記述・分析する（1）：メディア特性とモバイル・ライフの反映を探る」『文学論藻』93: 31–49. 東京：東洋大学.
三宅和子（2019b）「新しいコミュニケーションツールとネット集団語」田中牧郎（編）『現代の語彙：男女平等の時代』111–124. 東京：朝倉書店.
宮嵜由美（2015）「LINEを用いた依頼場面における送受信者の言語行動：表現の担う機能と構造に着目して」西尾純二他（編）『言語メディアと日本語生活の研究』5–20. 大阪：大阪府立大学.
生天目知美・劉雅静・大和啓子（2012）「日中韓の友人会話における依頼の談話展開」『筑波応用言語学研究』19: 15–29.
中丸茂（2005）「エモティコンの世界」橋元良明（編）『講座社会言語科学2 メディア』87–116. 東京：ひつじ書房.
中村功（2001）「携帯電話と変容するネットワーク」川上善郎（編）『情報行動の社会心理学』76–87. 京都：北王子書房.
西川勇佑・中村雅子（2015）「LINEコミュニケーションの特性の分析」『東京都市大学横浜キャンパス情報メディアジャーナル』16: 1–16.
総務省（2018）『平成30年版情報通信白書』http://www.soumu.go.jp/johotsusintokei/whitepaper/ja/h30/pdf/index.html　2019.03.25
総務省情報通信政策研究所（2018）「平成29年 情報通信メディアの利用時間と情報行動に関する調査：概要」http://www.soumu.go.jp/main_content/000564529.pdf　2018.11.04
田中ゆかり（2000）「「ケータイ」という研究テーマ：都内二大学アンケートを中心に」『日本語学』19(12)：18–31. 東京：明治書院.
田中ゆかり（2001）「大学生の携帯メール・コミュニケーション」『日本語学』20(10): 32–43.
渡邉知佳（2015）「携帯メールメッセージの談話分析：勧誘と依頼の表現による検討」『上越教育大学国語研究』29: 33–23.
柳慧政（2012）『依頼談話の日韓対照研究：談話の構造・ストラテジーの観点から』

笠間書院.
Blum-Kalka, Shoshana, Juliane House and Gabriele Kasper (eds.). (1989) *Cross-cultural pragmatics: Request and apologies.* Ablex, Norwood: New Jersey.
Schegloff, Emanuel A. (1968) Sequencing in conversational openings. *American Anthropologist*, 70: 1075–1095.
Schegloff, Emanuel A. and Harvey Sacks (1973) Opening up closings. *Semiotica*, VIII, 4: 289–327.

第 11 章

代名詞の指示対象から見た
対人配慮の日英対照

西田 光一

11.1 はじめに

　本章は、配慮の所在はどこかという観点から日本語と比較しつつ、英語の広告や雑誌のタイトルに見られる先行詞のない 3 人称代名詞を論じる。

(1a) *SHAPE*, Singapore, February 2013, p.14　　　(1b) *flavours*, January 2013, p.7

　(1a) ではタイトルの What he really wants from you の he には先行詞がない。しかし、明らかに読者が交際中の異性の男性を表すことが察せられる。タイトルの下には、男性 3 名が自分の彼女との休日の過ごし方を答えたインタビューが載っている。(1b) はマレーシアで流通している英語雑誌に載った主婦向けの調理器具の広告で、夫が洋食派で自分が地元のチャークイ

ティオ（米麺の焼きそば）が好きという家庭でも調理が簡単になるという趣旨の宣伝である。先頭の he は読者の夫と解釈される。本章では、この用法の代名詞の解釈の導き方を明らかにすることは、それ自体は小さな問題でも、日本語と英語の違いに関する一般的な問題に位置づけられ、両言語における対人関係の表現方法の違いを理解するための鍵になることを指摘する。

　本章の構成は次のとおりである。2 節では、配偶者など読者に大事な人やものを表す英語の 3 人称代名詞を概観し、一般的な意味しかない he, she, it などが、文脈に応じて意味が狭く限定される理由を明らかにする。3 節では、英語では代名詞と同じく、命令文も一般的な形式で、内容に応じて用法が分化するが、日本語には文脈に応じた形式が揃っていることを指摘する。4 節では文脈依存的な英語と文脈設定的な日本語という観点から両言語の違いを明らかにし、日本語では対人関係に開かれた文法を持つ言語の特徴として、相対的に語用論の役割が小さくなることを論じる。5 節は結論である。

11.2　文脈依存的な英語の代名詞と文脈設定的な日本語の相当語
11.2.1　恋人など読者に大事な人やものを表す英語の 3 人称代名詞
　この用法の英語の 3 人称代名詞は、西田 (2017)、Nishida (2018) で論じたことがあり、その観察をここでは繰り返さない。ただし、筆者の以前の研究は英語の代名詞に焦点をあてており、日本語と対照した議論はなかった。

　(1a) のような he は読者志向の you を伴う文脈に生じ、特に you が指示する読者の性別や属性がはっきり決まる文脈の特徴である。成人対象の雑誌は、その文脈の代表である。女性誌は各誌で女性読者の年齢層や職業が細分化されている (Talbot 1992)。(1b) の雑誌は料理好きの主婦が対象である。反対に女性との交際を扱う男性誌では、次ページの (2a) のように先行詞なしの she が読者の意中の女性を指す。問題の he や she は各雑誌の想定読者から見た異性を表す。また、タイトルでの先行詞なしの it は (2b) の教育資金のように読者の性別に関係なく大事なものを表すのに使われる。

　これに関連し、日本の女性ファッション誌は英訳され、東南アジア諸国で広く流通している。講談社の Vivi は、読者層は主に 20 代前半未婚の女性で、男性との交際に積極的な関心を示すと想定され、英語版もある。次ページの (3a) は日本版 2013 年 1 月号の記事で「初対面から彼に意識してもら

第 11 章　代名詞の指示対象から見た対人配慮の日英対照　| 183

うため」のタイトルがあり、この「彼」は「読者の意中の男性」といった意味の名詞だが、(3b) のように、この号の英語版では先行詞なしの he が「彼」と同様に "From the first meeting till he notices" というタイトルに生じている。

FHM, February, 2013, front cover　　　*Ebony*, October 2014, p.104

Vivi, 日本, 2013 年 1 月, p.72　　　*Vivi*, Malaysia, February 2013, p.92

翻訳語研究の柳父 (1982) をはじめ、生成文法の Hoji (1991) や Noguchi (1997) といった先行研究では、日本語の「彼」と英語の he といった人称代名詞が成立上も文法上も違うと指摘されている。両者の違いは品詞の違いに帰する

と考えられ、英語の人称代名詞は名詞ではないが、日本語の「彼、彼女」は『広辞苑』で「恋人である男性、女性」という語義が与えられているように語彙的な名詞である。しかし、両者の共通点にも着目したい。特に、日本語らしい「恋人」的な意味を持つ「彼、彼女」と、表面上、よく似た意味で使われる英語のheやsheに着目し、その共通点の起因を探りたい。経緯は違っても、結果として得られる解釈が共通する理由を明らかにしたい。

英語で読者に大切な異性を表すheやsheは表現形式が決まっていない。ただし、2人称のyouに支配された文脈に生じるという決まりがある。つまり、雑誌の読者層として性別が決まった2人称と、その性別の反対の性の3人称の組み合わせで、典型的な男女交際のあり方に基づく解釈が当該3人称代名詞に与えられる。男性誌に生じ、読者向けのyouと組み合わされたsheやherは、恋人的な「彼女」に類し、女性誌に生じ、読者向けのyouと組み合わされたheやhimは、恋人的な「彼」に類することになる。

このような代名詞の解釈は、特定の表現形式に対応しないため、文法ではなく語用論の問題である。Grice (1975) の会話の公理で考えると、量の原則の「必要以上の情報を発話に盛り込むな」に従い、heやsheという最小限の情報量のことばだけを与えれば、読者には十分、誰か分かる人という推論が働き、配偶者や恋人の意味が得られるわけである。この解釈に至る推論の過程は、後で詳しく見る。語義がほとんどない英語の代名詞とは違い、日本語の「彼、彼女」は、先行文脈に既出の男性、女性を感情に中立的に受けなおす用法と、恋人を表す用法の両方を語義に含むため、「今日は彼から電話あるかな」といった発話は先行文脈なしで「彼」が恋人を指すと推察される。また、「彼氏」は「彼」の恋人の語義に特化した変異形であり、「娘が彼氏を家に連れてきた」という例では、文脈なしに「彼氏」が娘の交際相手と分かる。このような「彼氏」は「娘」のような親族名詞と同じく、誰の（典型的には話し手の）交際相手か分かるように文法を内蔵した語である。

11.2.2　英語の3人称代名詞の解釈の可変性

英語の人称代名詞と日本語の対応する語群の最も大きな違いは、指示と照応の多様な関係を表すのに、英語では閉じた語群を充てるのに対し、日本語

は新語を含む開かれた語群で、各関係に別の語を充てて表す点にある[1]。

　Benveniste（1971）の説に基づくと、英語の人称代名詞は、先行詞なしで直示的に使われる 1 人称と 2 人称がまずグループをなし、話し手と聞き手の対話の関係を表す。次に 3 人称は先行詞とともに使い談話の関係を表す。

　これを踏まえ、神崎（1994）を参考に「彼」と he の違いを全般的に見ていこう。まず、英語の he は、Look at him. のように発話の場面にいる特定の個人を直示的に指す用法がある。これは「彼を見て」と、そのまま「彼」が対応する。次に John will be happy if he finds a new job. のように先行詞と同一指示を表す用法がある。これも「ジョンはもし（彼が）新しい仕事を見つければ幸せだろう」のように he は「彼」で訳すことができる。もっとも日本語では、この場合、「彼が」を使わない方が自然である。実際、My father cannot run because he is old. のように先行詞が話し手の身内の人を指す場合は、「父は、（彼が）高齢なので走れません」といった「彼」の用法は不自然で、節の主語を明示しない言い方（ゼロ）が最優先される。さらに、話者指示詞的用法の he は発話や思考の動詞の補文内に生じ、当該の発話や思考の主体として主節主語が指示する人を受ける。例えば、Haruo thinks that he is happy. では he は主節主語の Haruo を受け、Haruo から見れば、補文内の he は 1 人称に相当する。これは日本語では、「春夫は、{ゼロ / 自分が /?? 彼が} 幸せだと思っている」のようにゼロや「自分」では訳せるが、「彼」では訳せない（廣瀬 1997、西田 2017）。また、Every boy loves his mother. の his や A teacher should do whatever he thinks best. の he は束縛代名詞と呼ばれ、先行詞が every や総称で量化されており、「彼」では訳せず、「どの少年も（自分の）母親を愛している」または「教員は（自分が）最善と思うことをするべきである」のようにゼロか「自分」が対応する。束縛変項の読みでは、例えば「どの泥棒も、そいつの隠れ家に金をしまった」のように、ソ系列の指示詞も使うことができる（Hasegawa 2012）。

　英語には、Geach（1962）以来、怠惰代名詞（pronouns of laziness）と呼ばれる用法がある。神崎（1994: 7）が「同一の名詞句表現を繰り返す手間を省く代名詞の用法」と説明するように、これは先行詞と指示の同一性がない代

1　本章では議論の都合上、単数形代名詞に焦点をあて、複数形代名詞は扱わない。

名詞である。次例は、Fiengo and May（2006: 49）より引用してある。

(4) Max, who sometimes ignores his boss, has more sense than Oscar, who always gives in to him.

文末の him は下線部の his boss が先行詞だが、この him は his (=Oscar's) boss の代わりに使われるもので、先行詞の his (=Max's) boss とは指示対象が違う。日本語では、「いつも（自分の）上司に服するオスカーより、いつも（自分の）上司を無視するマックスの方が分別がある」と訳せるが、これを「いつも（自分の）上司に服するオスカーより、いつも彼を無視するマックスの方が分別がある」としたら、「彼」はマックスの上司を指す読みを担う。怠惰代名詞は、束縛代名詞とは違い、日本語では「自分」やゼロだけでは対応せず、先行詞の名詞句の主要部を α で表すと、「自分の α」や「α」単独のように先行詞の名詞句をそのまま繰り返さなくてはいけない。

怠惰代名詞は英語でも厳しく制約され、Huddleston and Pullum（2002: 1475）は、Jill adores her son, but Liz doesn't like him at all. という例文をあげ、後半の節の him は Jill の息子を受ける読みしかないと指摘している。これ以上の詳論は避けるが、怠惰代名詞は、先行詞と当該の代名詞が同じ文形式に位置し、同一の名詞句の繰り返しの回避が明らかな構文でないと使えない。

ここでは Kempson（1986）に従い、英語の 3 人称代名詞は各用法で下位分類されず、例えば束縛変項も同一指示も同じ代名詞の異なる用法と考える。

(5) a. John lifted a car. The driver was underneath.
    b. Everyone who was able to lift a car found the driver underneath.

Kempson（1986: 210）は、仮に代名詞を下位分類すると、(5a) の間接照応的な the driver と (5b) の束縛変項的な the driver も下位分類することになり、全ての照応表現を無限かつ同様に分類するだけで無意味と論じている。

以上、見てきたように英語の 3 人称代名詞はいくつかに下位分類されるというよりは構文や文脈に応じて用法が変わる可変性がある。日本語には、このような可変性に富んだ単語がない。英語の he が表す多様な意味を日本語で表すには 1 語では無理で、多くの別々の語に分化させる必要がある [2]。

2　岩田（2017: 149）が指摘するように、代名詞の分析に伴う指示関連の概念の区別は、英

11.2.3　英語における引き算的な文脈の個別化

　ここで少し配慮表現と役割語の関連に触れておきたい。英語の文法研究という外野から見ると、個別の文脈に応じて形式を変えるという日本語の特徴を題材とした研究に大きく 2 つの流れがある。話し手が個々の聞き手に応じてことばを変えるところに配慮表現の研究が位置し（山岡ほか 2010）、個々の話し手が聞き手に対して自分が何者かを伝えるところに役割語の研究が位置する（金水 2003）。定義の問題だが、配慮表現は個別の話し手に特徴的な話し方というよりは文脈のタイプに応じた変化形を扱い、役割語は文脈のタイプよりは個別の話し手の話し方に関心を寄せる。ただし、どちらも文脈に応じた表現形式の変化を扱う点で共通し、これが極めて日本語的である。一方、日本語に比べ、英語は配慮表現にも役割語にも題材が乏しい。

　この違いの反映で、山口（2007: 12–13）は、J. K. Rowling, *Harry Potter and the Philosopher's Stone* の一節と、松岡佑子（訳）の『ハリー・ポッターと賢者の石』の同じ個所を (6) と (7) のように対照し、役割語の表し方が英語では引き算的であり、日本語では足し算的であると説明している。

(6)　'Las' time I saw you, you was only a baby,' said the giant. 'Yeh look a lot like yer dad, but yeh've got yer mum's eyes.'

(7)　「最後におまえさんを見た時にゃ、まだほんの赤ん坊だったなあ。あんた父さんにそっくりだ。でも目は母さんの目だなあ」と大男は言った。

　この例に見られる変則的なつづり字は視覚方言と呼ばれ、英語の小説で多用される。また英語の役割語の表現では、標準的な表現から構成要素を脱落させる方法も特徴的である。特に be 動詞、冠詞、前置詞など情報量が少ない語を脱落させるため、結果的に、当該の表現は文法的に破格になる。

　山口が指摘するように、役割語は日本語では形式面で生産的である。日本語では文末表現が「じゃ、ものよ、とな、であります、ざます」などと豊富にあるうえに、「そうなんちゃ、なんだっちゃ」などと方言的な変化形も加えられる。これに「私、僕、俺、うち、あたい」などの自称表現を組み合わ

語では、それに対応する語の区別がないため、はっきりしないところがある。

せると、役割語のバリエーションは「足し算的」に（実際には掛け算的に）増やすことができる。だが、英語では文末表現のような変化形がなく、形式面での役割語の表現は、書きことばで再現できる範囲では (6) のように標準的なスペルや文法を崩すという方法くらいに限られる。英語では、標準的な形式から構成要素を引いていくので、山口 (2007: 16) は日本語の足し算的方法の対として「引き算的」な役割語の提示方法と呼び、「日本語に見られるほどの多様性と生産性は望むべくもない」と述べている。

　一方、山口 (2009) は話法を細分化し、英語にも文脈を個別化する表現方法が豊富にあることを論じている。英語は標準的な形式が決まっているので、役割語は文の構成要素の引き算によるものは限られるが、文脈要素の引き算からは該当例を増やす余地がある。次例は山口 (2009: 64) が挙げたもので、引用の伝達節を抜いた自由直接話法は文脈要素の引き算の例である。

(8)　　IKE:　Yeah, I do like her! Now we both like her.
　　　　YALE: (*Looking away*) Yeah, well, I liked her first.
　　　　IKE:　(Reacting, incredulous) "I liked her first." What're you—what're you, six years old?! Jesus!
　　　　　　　　　　　　　　　　　（W. Allen and M. Brickman, *Manhattan*）

　直接話法では You said, "I liked her first." というところを IKE は伝達節なしで YALE の直前の台詞を自由直接話法で繰り返している。これは山口が模倣引用と呼ぶ話法で、「相手の発話を矮小化し、パロディー的に模写する」働きがある。対話の自由直接話法は相手をあざける文脈を慣習的に形成する。

　自由直接話法は引き算の結果、不完全になった表現ではない。むしろ、文脈要素の引き算は、標準の表現とは違う文脈が設定されていることのマークをなし、当該の話し手は聞き手に対する役割を伝えることができる。

　ここで先行詞なしの he や she が日本語の「彼（氏）」や「彼女」のように読者の親密な異性を表す理由が見えてくる。標準的には、同じ文脈に先行詞を必要とする 3 人称代名詞から先行詞の引き算により、特定の種類の対人関係が設定できる。そこでは、先行詞にふさわしい個別の人名などを言わずに、読者には分かる人物を文脈の主題とするという了解が読者に与えられる。

　先行詞の引き算は談話用の 3 人称代名詞で対話用の 1 人称代名詞と 2 人

第 11 章　代名詞の指示対象から見た対人配慮の日英対照 | 189

称代名詞を模倣する工夫でもある。1 人称代名詞を模倣する 3 人称代名詞は既に見たように発話や思考の動詞の補文内に生じ、主節主語に照応する話者指示詞的用法である。2 人称代名詞を模倣する 3 人称代名詞は、相手に話しかける文脈に生じる。(9a) では、Make him look young again. というタイトルの命令文の先行詞のない 3 人称代名詞は、タイトル下の your guy から分かるように読者の配偶者を表すが、もともと直示的で先行詞がない you を模倣している。この命令文を読者が自分の発話に直した場合、読者には Let me make you look young again. というように、タイトルの you が読者の me に置き換えられ、him が読者にとっての you に置き換えられるからである。

(9a)　　　　　　　　　　　　　(9b)

her world, August 2013, p. 228　　　*SHAPE*, Malaysia, February 2013, p. 22

いささか不謹慎な話題で恐縮だが、(9b) は女性誌で自分のパートナーが好きな女性の体の部位はどこかという調査の結果である。このグラフのタイトルの "HIS FAVORITE FEMALE BODY PARTS" の HIS が、各読者にしてみれば、自分のパートナーに向けた YOUR に相当するのは明らかである[3]。

これまで見てきたように、読者にとって you に代わる先行詞なしの 3 人称

3　(2b) のようなタイトルで先行詞のない it は読者には this に代わると考えられる。

代名詞は、親密な人間関係の話題にのみ見られる。雑誌の記事は特定の人物が話すものではないが、先行詞なしの3人称代名詞を入れたタイトルの記事は、当該記事の役割が読者への親近感にあることを演出し、その記事が読者に親密で、個人的な事情を扱うことを示す。つまり、当該記事の書き手や雑誌の編集者は、you に伴う3人称代名詞から先行詞を省くことで読者と親密な役割を担う。これも英語の引き算的な役割語の作り方に合致した表現方法である。英語では話し手が、常に you と呼び、最も日常的な対話の相手のことを日本語では、「彼（氏）、彼女」という。日本語の恋人的な「彼（氏）」や「彼女」の意味は、英語では話し手が親密な話題で最も頻繁に呼びかける相手として推論で導くことができる。ここに両者の意味の収斂がある。

11.3　内容重視の英語の命令文と形式重視の日本語の命令文

　今まで見てきた3人称代名詞の議論は、そのまま英語の命令文と日本語の対応表現に当てはまる。日本語と比べ、英語は命令文の使用範囲が広い。例えば、商品の広告は命令文が英語では使えるが、日本語では使えない文脈の代表である。原口 (1982)、高橋 (1987) が指摘するように、英語では Buy now! や Drink Coke! のような命令文が広告で普通に使われるが、日本語で「今、買え」や「コーラを飲め」といった命令文は広告にならない[4]。これだけ見ると、英語は対人配慮の表現に欠けているように思われる。

　高橋 (2017: 18) は英語の命令形で使われる動詞のランキングを示している。最多は let's であり、tell, let, look, come と続く。1位の let's は話し手と聞き手の共同行為を表す用法が基本である。間投詞の用法が最多の look と come (on) は別とし、tell と let は、それぞれ tell me ... または let me ... という1人称との共起が最多である。これを受け、高橋 (2017: 27) は「命令文で「動詞＋1人称代名詞」構造を好む動詞」は、「その構造を含む文の命題内容が望ましさと話し手の利益を喚起する」と一般化している。これは、英語の命令文は聞き手に行動させるという意味よりは、話し手に利益があり、let's が表す共同行為のように話し手にも聞き手にも望ましい事態をもたら

4　ただし、これは現代日本語の特徴であり、Higa (1972: 53) によると戦前は「来たれ」や「購読せよ」といった命令文が広告でも使われていた。戦前は文語調の言い方が身近だったということでもある。

すという意味に偏っていることを示す。

　高橋 (2017: 64) は、話し手が急用のために隣人に自分の息子の Kemal を学校に送ってほしい場面では、Would you mind getting Kemal to school? と慎重な依頼表現を選び、命令文で Get Kemal to school. を使う例はあまり見ないと述べている。また、高橋 (2017: 69, 146) は、ホテルで自室の階数を聞いてきた客にフロント係は、Your room is on the sixth floor. Take the elevator. と命令文で案内するが、日本語では、この状況では客と従業員の立場のため「エレベータを使え」といった命令文を使うことは許されないと指摘している。

　以上の観察を基に、英語で命令文を使う場面は幅広いので、むしろ高橋 (2017: 63–64) は、命令文を回避する条件を次のように一般化している。

(10)　命令文回避の原理：行為のコストが高くかつ聞き手にとって応じる義務が低い時に自分の利益のため裸の命令文を使うのは避けよ、ただし緊急時を除く。

　これは Leech (1983) の Minimize the cost to other; maximize the benefit to other. という Tact Maxim に着想を得ている。英語でも、話し手には利益があっても聞き手にコストをかけるだけの内容の命令文は、緊急事態を除けば使いにくい。一方、広告やホテルの案内のように社会契約上、聞き手の方が立場が上でも、聞き手に利益がある内容であれば、命令文が自由に使える。

　まとめると、英語は命令文の内容を重視する。同じ命令文の形式でも、人称を話し手自身に引き寄せたり、内容を聞き手の利益にあわせ自分より立場が上の聞き手に使えるようにすることが配慮の手段になるわけである。

　日本語では命令文が、そのままで使える場面が限られる。滝浦 (2010) は、体育の時間に教師が生徒に「前へならえ、休め」、強盗が「金を出せ」、飲み会で上司が部下に「飲め、飲め」、喧嘩の仲裁で「もうよせ、やめろ」、試験の問題指示で「自分の考えを述べよ」などを例示しているが、どれも言われた相手が話を続けられず、対話をなさないものばかりである。滝浦の例は他に祈願の「あした、天気にな～れ」などを含むが、これも相手が不在で対話をなさない状況なので命令文がそのままで使いやすいと考えられる。

　上記のような例を基に、滝浦 (2010: 194) は、「はだかの命令形」の「コミュニケーション上の機能は、（動機は様々でも）対人的配慮を盛り込まな

い積極的な理由があるということ自体の伝達にある」と指摘している。

　尾上（1999: 第 4 章）は、日本語の大阪方言は人に命令する言い方が細かく言い分けられると指摘している。具体的には、東京方言では基本形式が「言え」と「言って」の 2 系列だが、大阪では「言え」、「言い」、「言うて」と 3 系列がある。反語形式では東京の「言わないか」の 1 系列に対し、大阪は「言わんか」、「言いんか」、「言うてんか」の 3 系列あり、それぞれが相手への働きかけを変えている。小林・澤村（2014: 65–69）は、仙台方言では基本の「言え」と反語の「言わねが」の各 1 系列に限られるという事実を足し、大阪では相手に行動を求める場面が細かく言い分けられるが、それが東日本、東北へと移るにつれ、大雑把な言い方でよくなると観察している。

　日本語の命令文は形式に忠実で、対人配慮なく、表現された行動を相手に求めるという命令を表すことに特化している。それでも、方言にもよるが、命令形に変種を多く作り、個々の対人関係を形式に反映させる工夫が見られる。反対に英語では、命令文を対話で多用し、形式的には大雑把な言い方しかしない。これは英語が対人配慮を欠くという意味ではない。英語では配慮が表現の形式ではなく、内容を通じて表される。そのため、命令文の形式より、その内容に込められる相手の利益の最大化の方が重視される。

　英語で命令文が内容重視で使いやすい理由は歴史的背景もあり、命令文が you に向けた形式であることと関係していると考えられる。滝浦（2013: 73–76）が論じるように、ヨーロッパ系の多くの言語が 2 人称代名詞に親称と敬称の 2 系列を使い分けるのに対し、英語は、それまで 2 系列あったものが、17 世紀に親称の thou が急速に廃れ、敬称の you のみ残すという特殊な歴史的変化を経た（Aalberse and Stoop 2015）。この時代に英語は世界言語となり、知らない者同士が使うのに便利になった反面、英語の中で身近な者同士で話す際の道具立ては消えることにもなった。言い換えると、もともと敬称の you で話しかけておけば、形式上、一般的で公的な話し方となり、最低限の礼儀は担保されることになる。これは英語の命令文の実質は形式からは分からず、内容から推論するしか手がなくなったということでもある。

11.4　日英語における文法と語用論の比重の違い

　日本語には、話し手と聞き手の個別の関係を全て捨象して呼び掛けられる

英語のyouのような語はない。逆に言うと、youは広範囲の対人関係を取り込めるので、日本語に訳しにくい（巻下1997: 28-33）。英語が文脈の個別性に対応する表現力の弱さを補って、文脈の個別性を伝える仕組みは人称、特に2人称のyouが表す人物像の多様性にある。雑誌タイトルで親密な異性を表す3人称代名詞に伴うyouは、当該の雑誌の典型的な読者で、その雑誌から最も利益を受ける人を表す。命令文でも、youは命令に従うことで利益を受ける人を表す。英語は役割語や配慮表現に相当する形式に乏しいが、youは文脈に応じて内容を変えられるため、3人称代名詞と組み合わせたyouは役割語として、命令文に伴うyouは配慮表現として、機能する。

本章が英語の3人称代名詞の用例を引くのに例文だけでなく、用例が使われた雑誌の切り抜き写真全体を示した理由もここにある。ことばに加え、非言語的な文脈を見ることでyouが表す人物像がはっきりするからである。

Ariel（2010）によれば、文法は予め決まった形式と意味の対応を扱い、コード化の体系をなす。語用論は、言語表現が個別の文脈で担う意味を扱い、推論の導き方の原則を明らかにする。コードと推論という区別で見ると、日本語は文脈の個別性をコード化し、形式の違いに反映させる度合いが高く、英語は個々の文脈を超えた一般性のある表現を使う度合いが高い。英語も文脈固有の対人関係を表すが、それを言語形式を経由させず、表現の内容による推論を通じて伝える点に特色がある。つまり、文法重視の日本語に対し、英語は語用論重視である。代名詞にも命令文にも英語は、「少なく言って多くを意味せよ」というLevinson（2000）のI (nformativity)-Principleに従うことばの使い方が多い。反対に、日本語ではことばの形式を見て、文法に即した使い方が優先されるので、推論で足される意味が限定的である。

英語で、ことばとしての意味が少ない表現を基に聞き手に推論に任せるところを日本語では個々の言語形式に反映させるという違いは、滝浦（2013）が言うポライトネス型と敬語型の違いとして次のように一般化できる。

(11) 英語：推論に任せられるところは推論に任せ、細かく言語化するな。
(12) 日本語：文脈の個別性をできるだけ細かく言語化せよ。

ポライトネスは表現の内容の選択によるが、敬語は文法に従って表される。これに応じて、代名詞と命令文は英語の推論依存性を、一方、命令文と

代名詞相当の語群は日本語の文法重視を、それぞれ端的に表す。本章の当初の課題に戻り、ことばにおける配慮の所在はどこかという問いには日英語で別の解答が導かれ、英語ではことばの内容だが、日本語では形式である。この違いは英語が引き算的な文脈の個別化を多用する根拠でもあり、表現形式が不完全なほど定型的な推論が導かれるように慣習化するからである[5]。

11.5 結論

　本章では、英語の雑誌のタイトルで読者の親密な異性を表す 3 人称代名詞を取り上げ、英語では文脈を個別の相手にあわせる工夫として人称が利用されることを示した。その方法は表現の内容をヒントに相手に推論を促すもので、語用論を多く必要とすることを論じた。反対に日本語は文脈の個別性を表現形式に細かく反映させ、文法重視の言語であることを示した。

　Hall (1976) 以来、日本語は文脈依存度が高い言語で、逆に英語は文脈から独立しても意味が通るように文の形式を整える言語であるという見方がある (井出 2006)。これは、主語の省略や英語で代名詞を使うところに日本語ではゼロが多く入るという事実観察の範囲では正当化される一面もある。日本語は言わなくても分かることを言わずに済ませることを重視するが、英語はそのようなことも明示的に言うことを重視するという意味である。

　だが、英語で代名詞を使うところで日本語ではゼロが入るという観察からは、日本語の方が文脈依存的ということには必ずしもならない。英語は代名詞がある分、文の形式が整っているが、個別の文脈を離れた代名詞に情報価値はない。日本語ではゼロが多く、その分、文レベルでは形式的に不完全だが、日本語のゼロを伴う文が個別の文脈で、あいまいなまま解釈が定まらないことはない (Givón 2017)。実際の解釈では、英語の 3 人称代名詞も日本語のゼロも同じ程度に文脈依存的と言って差し支えない。しかも、日本語では英語では閉じた語類の代名詞しかないところを別々の単語で区別する。

　一般に、表現の形式は固定化されないが、その内容に一定の制約がかかる事例を扱うのは、語用論の問題である。これには英語では人称代名詞と命令文が該当する。また一般に、特定の表現形式に特定の機能がある事例を扱う

5　日本語で語用論的推論を必要とする事例は、西田 (2019) を参照されたい。

のは、文法の問題である。日本語は、英語で大雑把に表して推論に任せる対人関係を多くの個別の表現形式に言い分けるため、その分、日本語は個々の表現と文脈の一致度が高く、文脈設定型の言語と言える。つまり、日本語は英語より語用論的推論を要する事例の範囲が狭い。紙幅の制限上、扱えなかったが、対人関係を文法的に表すことの義務性と随意性で日英語が違うとする廣瀬（2017）の三層モデルと本章の結論の関係は稿を改めて論じたい。

参照文献

Aalberse, Suzanne and Wessel Stoop (2015) The exceptional loss of the pronoun T. *Journal of Pragmatics* 88: 190–201.
Ariel, Mira (2010) *Defining pragmatics*. Cambridge: Cambridge University Press.
Benveniste, Émile (1971) Problems in general linguistics. Translated by Mary Elisabeth Meek. Coral Gables: University of Miami Press.
Fiengo, Robert and Robert May (2006) *De lingua belief*. Cambridge, Mass.: MIT Press.
Geach, Peter T. (1962) *Reference and generality: An examination of some medieval and modern theories*. Ithaca: Cornell University Press.
Givón, Thomas (2017) *The story of zero*. Amsterdam: John Benjamins.
Grice, Herbert P. (1975) Logic and conversation. In: Peter Cole and Jerry L. Morgan (eds.) *Syntax and semantics, Vol. 3, Speech acts*, 41–58. New York: Academic Press.
Hall, Edward T. (1976) *Beyond culture*. New York: Anchor Books.
原口庄輔（1982）『ことばの文化』東京：こびあん書房．
Hasegawa, Yoko (2012) Deictic and anaphoric uses of the Japanese demonstratives *ko-so-a*. *Journal of Japanese Linguistics* 28: 43–59.
Higa, Masanori (1972) The use of the imperative mood in postwar Japan. In: William P. Lebera (ed.) *Transcultural research in mental health*, 49–56. Honolulu: University Press of Hawaii.
廣瀬幸生（1997）「人を表すことばと照応」中右実（編）『指示と照応と否定』1–89．東京：研究社．
廣瀬幸生・島田雅晴・和田尚明・金谷優・長野明子（編）（2017）『三層モデルでみえてくる言語の機能としくみ』東京：開拓社．
廣瀬幸生（2017）「自分の言語学」廣瀬幸生ほか（編）2–24．
Hoji, Hajime (1991) KARE. In: Carol Georgopoulos and Roberta Ishihara (eds.) *Interdisciplinary approaches to language: Essays in honor of S.-Y. Kuroda*, 287–304. Dordrecht: Kluwer.
Huddleston, Rodney and Geoffrey K. Pullum (2002) *The Cambridge grammar of the English language*. Cambridge: Cambridge University Press.

井出祥子（2006）『わきまえの語用論』東京：大修館書店.
岩波書店（編）（2018）『広辞苑：第 7 版』東京：岩波書店.
岩田彩志（2017）「私的表現と発話行為・私的自己と de se」廣瀬幸生ほか（編）134–152.
神崎高明（1994）『日英語代名詞の研究』東京：研究社.
Kempson, Ruth M. (1986) Definite NPs and context dependence: A unified theory of anaphora. In: Terry Myers, Keith Brown and Brendan McGonigle (eds.) *Reasoning and discourse processes*, 209–240. London: Academic Press.
金水敏（2003）『ヴァーチャル日本語：役割語の謎』東京：岩波書店.
小林隆・澤村美幸（2014）『ものの言いかた西東』東京：岩波書店.
Leech, Geoffrey (1983) *Principles of pragmatics*. London: Longman.［邦訳：池上嘉彦・河上誓作（訳）（1987）『語用論』東京：紀伊國屋書店.］
Levinson, Stephen C. (2000) *Presumptive meanings: The theory of generalized conversational implicature*. Cambridge, Mass.: MIT Press.
巻下吉夫（1997）「翻訳にみる発想と論理」中右実（編）『文化と発想とレトリック』1–91. 東京：研究社.
西田光一（2017）「公的表現としての対話の階層性と英語の三人称代名詞の 3 分類」廣瀬幸生ほか（編）153–178.
Nishida, Koichi (2018) Oblique-referential descriptions and third-person pronouns in English. *JELS* 35: 280–286.
西田光一（2019）「談話内のことわざの代用機能とグライスの協調の原理の再評価」『語用論研究』20：41–61.
Noguchi, Tohru (1997) Two types of pronouns and variable binding. *Language* 73: 770–797.
尾上圭介（1999）『大阪ことば学』大阪：創元社.
高橋英光（2017）『英語の命令文：神話と現実』東京：くろしお出版.
高橋邦年（1987）「日英語の比較」武田修一（編）『現代英語の諸相』116–148. 横浜：オセアニア出版.
滝浦真人（2010）「ポライトネスと語用論：はだかの命令形の考察から」上野善道（監）『日本語研究の 12 章』181–195. 東京：明治書院.
滝浦真人（2013）『日本語は親しさを伝えられるか』東京：岩波書店.
Talbot, Mary M. (1992) The construction of gender in a teenage magazine. In: Norman Fairclough (ed.) *Critical language awareness*, 174–200. Harlow: Longman.
山口治彦（2007）「役割語の個別性と普遍性：日英の対照を通して」金水敏（編）『役割語研究の地平』9–25. 東京：くろしお出版.
山口治彦（2009）『明晰な引用、しなやかな引用：話法の日英対照研究』東京：くろしお出版.
山岡政紀・牧原功・小野正樹（2010）『コミュニケーションと配慮表現：日本語語用論入門』東京：明治書院.

第 12 章

慣習的配慮表現の日中対照

李　奇楠

12.1　はじめに

　本章で言う「慣習的配慮表現」は、山岡・牧原・小野（2018）の下記の配慮表現の定義づけにおける「<u>一定程度以上に慣習化された言語表現[1]</u>」と同じ意味である。つまり、ある程度社会的共通認識を持つ配慮の発話である。

〔配慮表現の定義〕
対人的コミュニケーションにおいて、相手との対人関係をなるべく良好に保つことに配慮して用いられることが、<u>一定程度以上に慣習化された言語表現</u>　　　　　　　　　　　　　（山岡・牧原・小野 2018: 159）

ここでの配慮とは、対人関係において、相手のポジティブフェイスとネガティブフェイスに対する配慮であるポライトネスが慣習化した表現である。
　本章では、副詞「せっかく」、「わざわざ」や補助動詞「～てくれる」、「ていただく」などのような語や文法的構造の一部分ではなく、わりとまとまった成分すなわち文や従属節のような表現、たとえば、下記の「よく気づいてくださいました」のような表現について、中国語と対照しながら考察する。

(1)　二宮　「いい話すぎてみんな忘れちゃってるから言ってもいいチョコプラいなくない？」
　　　司会　「二宮さん　<u>よく気づいてくださいました</u>　元彌さんと IKKO

1　下線部は本章の筆者による。以下その他の下線部分も同じく本章の筆者による加筆である。

さんが多忙のため　ここまでということになったですが、ただ、代わりにこの 2 人が来てくれています」（舞台「偽義経冥界歌」vs　嵐＋チョコレートプラネット　2019/2/28 放送分　VS 嵐）

12.2　ポジティブフェイスに関する慣習的配慮表現
12.2.1　非否定形式の配慮表現
(2)　安倍総理大臣：「トランプ大統領は北朝鮮の核・ミサイル問題で解決に向けて果断に対応されているわけで、トランプ大統領のリーダーシップを高く私は評価をしております。ノーベル平和賞については、ノーベル委員会は推薦者と被推薦者を 50 年間は明らかにしないこととしていることを踏まえ、<u>私からコメントすることは差し控えたいと思います</u>」　さらに、野党から「報道は事実ではないのか」と問われ、安倍総理は「<u>事実ではないとは言っていない</u>」と述べました。そのうえで、「トランプ大統領は拉致問題についての私の考え方を金正恩委員長に伝えてくれた。積極的に協力してくれている」と述べ、トランプ大統領の姿勢を高く評価しました。

（Yahoo ニュース 2019/2/18）

　安倍首相は 2019 年 2 月 18 日の衆院予算委員会で、トランプ米大統領を北朝鮮問題でノーベル平和賞候補に推薦したかを問われたとき、「<u>私からコメントすることは差し控えたいと思います</u>」と述べた。推薦したかどうかのような直接的回答を避けた表現を使っている。これは、その直前の「ノーベル平和賞については、ノーベル委員会は推薦者と被推薦者を 50 年間は明らかにしないこととしていることを踏まえ」との理由を取り上げ、回答できない、質問に応じられない全体的な、整っている配慮の発話構成となっている。いきなり「お答えできない（ません）」や「ノーコメント」のようないわゆる否定形式の非配慮の発話をうまく避けられたと言える。質問者の「好かれたい」ポジティブフェイス（ここでは、具体的に言うと、質問者の問いに対するはっきりした回答であるが）を配慮する表現となっている。
　「差し控える」のような否定的意味を表わす非否定的言語形式は、中国語の場合あまり見られず、そのまま<u>否定的言語形式</u>を用いる。

(3)　私は思わず、活け花の師匠からきいた柏木の遣口、女から金を絞る巧みな遣口を言い立てようとして、差控えた。／ 这时我不由地想到从插花师傅那里听到的柏木如何制造借口巧妙地从女人身上刮钱的事，但我终于没有说。　　　　　（金閣寺（原文）/ 金阁寺（訳文））[2]

　(3)の「差控えた。」は、中国語になると、"没有说"となっている。否定的言語形式"没有"が使われている。

(4)　日本語用論学会会員の皆さま（※ ML 専用アドレスから配信しておりますので、本メールへの返信はご遠慮ください。）
（学会のメールより）

　(4)は同じく、否定的意味を表わす肯定的言語形式「ご遠慮ください」を使っている。相手にある行為をしないように要求する場合、「しないでください」のような否定形表現より、肯定形である「ご遠慮ください」のほうは、相手のポジティブフェイスを配慮する発話であろう。相手の行為を拘束する場合、たとえ正当な理由があっても、その人の行為（言語行為も含めて）の自由を妨げることになるので、低い姿勢でそのような行為をしないように懇願するような意味を表わす「ご遠慮ください」は行為が拘束される側にとって響きの良い柔らかい表現となる。なので、直接命令の否定形「～しないでください」よりある程度受け入れやすいであろう。

　(2)の「私からコメントすることは差し控えたいと思います」や(4)の「ご遠慮ください」のような否定的意味を表わす肯定形式の表現は、中国語の中では、同じく肯定形式の表現があまり見つからず、"我想我没有发言权""请不要(回信)"のような否定形式の表現が使われることになっている。この類の発話に関しては、中国語と比べて、日本語のほうはより優しい言語だと言えるかもしれない。日本語のほうは、配慮の心がはっきり言語化されていると考えられる。以下の用例からもわかる[3]。

2　(3)の用例出典は『中日対訳コーパス』(2003、北京日本学研究センター)である。(5)(7)(8)(10)(13)(14)の出典も同様である。

3　用例中のルビは本章の筆者による。以下、同じ。

(5) 「この収容所は、現在では国民学校じゃなくって、陸軍病院の分院です。今は、場合が場合であるため、兵隊と民間の負傷者を収容してありますが、患者の移送について地方人が容喙(ようかい)することは御遠慮願います。…」／"这个收容所，现在不是国民学校了，是陆军医院的分院。由于目前的情况已是如此，所以军队和地方的负伤患者，这里都收容，但是，转送伤员的问题，请地方上人免开尊口吧。…"

(黒い雨（原文）／黒雨（訳文））

(5)の「御遠慮願います」の否定的意味の依頼発話は、中国語の方ではある程度あらたまり度の高い表現であるが、言語形式としては"免开尊口"のような否定的形式しか言えないであろう。

(6) 男性A（桃の父）「では、君は月島家の養子に入ってもらえる、そう考えて差し支えありませんかな」
　　男性B（桃の恋人）「それはできかねます。」

（高嶺の花 第5話 2018/8/8 放送分）

(6)の「それはできかねます。」は、当該発話者の恋人のお父さんの問いへの返答である。この発話も「vマス形＋かねる」のような肯定形を用いて否定的意味を表わす表現である。直接否定形の用法を回避し、話し手よりの恋人のお父さんである聞き手への配慮をする発話である。年上の方（ここでは恋人のお父さんしかも将来当該発話者の義理のお父さんになる人物）に向かって、相手の断られるというポジティブフェイスを脅かす言語行為をどうしても避けるべきストラテジー的配慮表現だと言える。この「それはできかねます。」は、中国語では、"那不行""那很难"のような否定形や準否定形（困難であるのような否定的意味のことば）しか言えないであろう。下記2例も同じく「vマス形＋かねる」の肯定形であるが、中国語では否定形や準否定形を使うことになる用例である。

(7) 愛ひとつ受けとめかねて帰る道　長針短針(ちょうしんたんしん)重なる時刻／一丝爱也未能接受，归途中，已到了长针短针重叠的时候。

(サラダ記念日（原文）／沙拉纪念日（訳文））

(8) 酔っていた君の言葉の酔い加減はかりかねつつ電話を待つも／你喝

酔了，难测你话中醉意有几分，但还是等你的电话。
　　　　　　　　　（サラダ記念日（原文）/ 沙拉纪念日（訳文））

　（7）の「受けとめかねて」は"未能接受"となり、（8）の「はかりかねつつ」は"难测"となっていて、中国語では、前者が否定形、後者が準否定形となっている。

　（9）　「似た者同士とは心外ですね」　（ハゲタカ第4話 2018/8/9 放送分）

　（9）の「心外」は否定形を避けた表現である。相手との不一致を主張するとき、いかにその同意を求める相手のポジティブフェイスを配慮する異なる主張を述べるか、語彙表現の選択のレベルにおいて最大限の配慮を果たしている発話となっているであろう。こちらは、中国語にも同じ表現があり、思いもよらないことである否定的意味の肯定的言語形式の"出乎意料"、"意外"のような言い方がある。

　（10）　ボクが入院した病院は、完全看護制。たとえ、親といえども、面会時間は3時から7時と決められていた。それは、手術の日とて例外ではなく、7時になると「あとは私どもで面倒を見ますから、どうぞお引き取りください」と両親ともに帰されてしまった。／我住的这所医院是24小时护理制，探视时间是下午3点至7点，即使我做手术的那一天，也不例外。一到7点，护士就对我父母说："下面由我们来护理，请你们回去吧。"
　　　　　　　　　（五体不満足（原文）/ 五体不满足（訳文））

　（10）の「お引き取りください」も似たような機能の発話である。訪問者に対して否定的な応対（面会時間が過ぎたので、病院に引き続き残ってはいけない）を以って直接拒否する言い方を避け、響きの柔らかい配慮表現を使うことを通して、話者の聴者のポジティブフェイスを配慮する形になったと言える。こちらは、中国語の"您请回吧"のような同じく配慮の非否定形の表現が対応できる。
　以上は日本語における否定的意味を表わす肯定形の配慮表現である。ならびに中国語との対照をしてみた。この部分の内容をまとめると、主に以下の

ような慣習的配慮表現のパターンが整理できる。

表1　非否定形式の配慮表現のパターン

パターンの種類	日本語	中国語	日中対照
①	「コメントは差し控えたいと思います」	"我无可奉告"（我想不予以评论）	異なる発話形式
②	「ご遠慮ください」「御遠慮願います」	"请不要（勿）回复""免开尊口"	異なる発話形式
③	「それはできかねます。」	"那不行"（那难以做到）	異なる発話形式
④	「似た者同士とは心外ですね」	"你说的志同道合令我意外"	同じ発話形式
⑤	「どうぞお引き取りください」	"您请回吧"	同じ発話形式

12.2.2　「よろこんで」のようなVて形の配慮表現

12.2.2では「よろこんで」、「しっかりして」「お言葉に甘えて」のような慣用句のような表現の配慮機能を考える。

(11)　大崎課長「アタルちゃん　これ　コピーお願いできる？」
　　　アタル　　「よろこんで」　　　　　（ハケン占い師アタル第7話）

(11)は、会社内での会話である。女性の課長が、若い女性の派遣社員にコピーのお願いをして、その応答の発話に「よろこんで」が使われている。会社の仕事として応じるべきだが、「はい」や「わかりました」のような表現より、「よろこんで」の発話は話し手自身の積極的姿勢が読み取れる相手のポジティブフェイスへの配慮と言える表現であろう。さらに考えると、「よろこんで」は依頼されたときの応答として、快諾として、相手のポジティブフェイス並びに話者自身のポジティブフェイスを配慮する表現となっているであろう。

(12)　（廊下に血まみれで倒れている藤堂が見つかったさや）
　　　さや「どうしたの」
　　　藤堂「さやちゃん」

さや「だれか、だれか来て」
藤堂「最後にさやちゃんに会いたくって」
さや「しっかり　ちょっ（と）　しっかりして」
藤堂「サプライズ　久しぶりに君の愛を感じたよ」
さや「はあ　なに言ってんの　バカ　死ね」
　　　　　　　　　（メゾン・ド・ポリス第 8 話 2019/3/1 放送分）

　「しっかりして」は、相手を励ますときよく使う表現である。相手が落ち込んでいるとき、なにかのショックでなかなか立ち直れないとき、そのような状態を阻止しようとする意図をもって、相手に積極的姿勢で前向きに行動するように促す場合に使われる発話であろう。ポジティブポライトネスの配慮表現だと言える。
　次は「お言葉に甘えて」の配慮表現についてである。

（13）「本当にごちそうになりました。僕は、折角上京したので、もう二三日、東京に居て、古本でも三部探します。そしてお言葉に甘えて、帰りに大阪で降りて、梶さんをお訪ねしてみましょう」そう曾根は言った。／"实在谢谢您了！我来京一次不容易，就再呆两三天，找找旧书什么的。此外按您说的，回去时在大阪下车，拜访一下梶先生。"
　　　　　　　　　　（あした来る人（原文）/ 情系明天（訳文））
（14）「お言葉に甘えまして伺いました」／"承您美意，就拜访来了。"
　　　　　　　　　　（あした来る人（原文）/ 情系明天（訳文））

　(13) の「お言葉に甘えて」および (14) のもっと改まった丁寧な表現の「お言葉に甘えまして」は、話し手のこれからの行為やすでに実現した行為に関しては、当該発話行為の前に、聞き手のあるお言葉のおかげであると前もって断っておく意を表わす相手のポジティブフェイスに対する配慮の慣習的表現だと言える。日本語にはよく聞かれる表現であり、かなり定着している決まり文句のようなフレーズである。
　以上の「よろこんで」、「しっかりして」「お言葉に甘えて」のような慣習的配慮表現は、それぞれに対応する中国語もあると思う。"乐于效劳"、"坚持住"、"听您的"などのような表現がある。もちろん、具体的文脈によって、

上記の(13)(14)のような言い方もある。表2のようにまとめてみた。
　ちなみに、「しっかりして」のほうは、「しっかりしろ」、「しっかりしなさい」のような類似的な言い方もある。「お言葉に甘えて」にはより丁寧な「お言葉に甘えまして」の言い方があるが、それは、同じく「Ｖて形」であり、この点に関しては、「しっかりして」のほうは、形式的には、より変化に富む変形型配慮表現だと言える。

表2　「よろこんで」のようなＶて形の配慮表現

パターンの種類	日本語	中国語	日中対照
①	「よろこんで」	"乐于效劳"（很高兴帮忙）	似たような発話形式
②	「しっかりして」	"坚持住"（"挺住"）	似たような発話形式
③	「お言葉に甘えて」	"听您的"（按您说的）	似たような発話形式
…			

12.2.3　「お言葉ですが」のような前置き的従属節の配慮表現

(15)　会長「あけぼのにはこの日本(にっぽん)を支えてきた誇りがある。再生させると豪語するなら、それなりの敬意を払って当たってくれたまえ」
　　　部長「おことばですが、わたしの使命は、企業の再生です。改革を行うためには、多少の犠牲もやむなく考えております」

(ハゲタカ第4話 2018/8/9 放送分)

　(15)は「あけぼの」という企業内の会長と部長の会話である。部長の発話には最初「おことばですが」が使われている。それは、会長にあけぼのの再生案を否決され、反対されたとき、反論のクッションとして使われる表現である。
　「お言葉ですが」は慣用句として、『スーパー大辞林』の辞書に載せてある。「あなたのせっかくのお言葉ではありますが。相手の言葉を引き取って、そうではあろうが私の言い分としては、と反論する時に切り出す言葉。」とのような語釈が書いてある。

相手の言葉を立ててから、その相手の言葉（判断・論点）の非を指摘する場合、使われることになっているので、配慮の立場から論じることができる表現だと言える。相手の言葉への理解、感謝の意を示したうえで、異なる見解・反論を展開するポジティブポライトネスの配慮表現であろう。

　中国語の場合、この「お言葉ですが」に対応する表現がとくにないと思う。おそらく中国人母語話者にとって、「お言葉はどうだ」という疑問が生じるであろう。「おっしゃるとおりです」のような"您所言極是"（"您说得对"？"如您所说"？）で言いかえるかもしれないが、日本語の「おことばですが」のような奥深さがなかなか表現しきれない部分があるのではないかと思う。

12.3　ネガティブフェイスに関する慣習的配慮表現
12.3.1　「詫び」＋「依頼」の配慮表現
　（16）「お忙しいところ申し訳ありません。少しお時間いただけないでしょうか」　（初めて恋をした日に読む話第6話 2019/2/19 放送分）

　（16）は塾の先生である順子さんは担当の学生のお父さんの勤め先（文部科学省の出口）へ行って、その息子さんである由利君の大学進学の件について相談するため尋ねたときの依頼の発話である。まず「お忙しいところ　申し訳ありません。」をもって相手の仕事中邪魔することを最初にお詫びして、その後「少しお時間いただけないでしょうか」で時間がほしいという丁寧な依頼の発話をした。本来は後者の「少しお時間いただけないでしょうか」も副詞「すこし」や授受表現の謙譲語「いただく」の可能否定形や「ですか」より柔らかい表現の「でしょうか」の「少し＋お時間＋いただけない＋でしょうか」の幾層の配慮を体現する言葉づかいを使っているが、さらに、相手の現在の状況「お忙しいところ」を取り立てて、「申し訳ありません」という丁寧な謝罪形式をもって詫びることにしている。聞き手の邪魔されたくないネガティブフェイスを配慮する発話である。このような場合において、完璧に近い日本語の慣習的配慮表現であろう。中国語も似たような配慮表現がある。"在您百忙之中非常抱歉，能否占用您一点时间吗？"と言うことになるであろう。ただ、日本語のその授受表現の謙譲語「いただく」や文末の「でしょうか」はなかなか、中国語において対応する形式の表現がないのが

日中配慮表現の相違点だと言えるであろう。

(17) 中嶋秘書の噂を耳にしていた本誌は、党大会に先立って彼女を直撃。さらに詳しくプロフィールを聞いた。
——タレントだったのは本当ですか。
「学生時代にちょっとだけ」
——大学はどちらでしょうか。
「普通の私大です」
——失礼ですが、ご結婚は？
「31歳、独身です（笑）」
——将来的に出馬の意思は？
「秘書として頑張ります」
片山議員は自身の活動に、たびたび中嶋秘書を随行させているという。本人にその気がなくても、周囲に担がれて政界に出馬する可能性はありそうだ。　　　　　　　　　　　（Yahoo ニュース 2019/2/25）

(17)の「失礼ですが、ご結婚は？」の「失礼ですが」もよく使われるネガティブポライトネスの慣習的配慮表現である。親しい間柄ではなく、公の場で雑誌の取材で相手のプライバシー（ここでは結婚しているかどうか）についての質問は、このようなネガティブフェイス配慮の発話が当然要求されることになるであろう。

12.3.2　「もしよかったら」＋「誘い」の配慮表現

(18)「でも、ニノよく来たよね？」と、出不精で知られる二宮の参加に驚く声が挙がると、二宮は「まっさんからかかってきた、俺は」と"窓口"が生田ではなく松本だったことを明かし「"あのね、申し訳ないんだけど今ね、もう嵐全員来んのよ。もし良かったらさ、皆で飲まない？5人で飲むのなかなかないじゃ〜ん？ねえ、タッキーもいるよ。山Ｐもいる。皆で飲まない？"ってすごい…」と滝沢氏と山下智久（33）の名前も出しながら松本が実に丁重な言葉で誘ってきたことを楽しそうに暴露した。　　　　　（Yahoo ニュース 2019/3/1）

（18）にある「もし良かったらさ、皆で飲まない？」は一連の誘いの発話機能を果たす談話構成の中にある一文である。嵐のメンバである松本潤の発話であり、誘われる側は同じく嵐グループのメンバである二宮和也である。その中の「もしよかったら」は相手の邪魔されたくないネガティブフェイスへの配慮として使われる表現である。特に誘いの場合、よく使われる表現であろう。

12.3.3 「私から言うのもなんですが」の配慮表現

（19）　友だちでサンタさんをしんじていない人もいます。私（わたし）から言うのもなんですが、プレゼントをあげてくださいね。

（嵐にしやがれ 2019/2/23 放送分　高橋英樹・真麻記念館）

（19）はお父さんとしての高橋英樹氏は娘のために、サンタさんへプレゼントを要求するお手紙を書いている内容である。その中の「私（わたし）から言うのもなんですが」は「私から言うのも失礼（差し出がましい・おこがましい・分不相応）ですが」のような意味で、つまり、言う資格がないということを置きにして、控えめで謙虚的言い方でネガティブポライトネスの慣習的配慮表現となっているであろう。その後ろの表現「プレゼントをあげてくださいね」を読めばわかるが、これは、サンタさんにプレゼントを要求する行為を実施する前に、相手への敬意を示すためである。「私が言うのもなんですが」とも言える。中国語のほうでは、とくにその「なんですが」の部分とは直接対応する表現がないが、ふつう"我讲这话不合适"、"由我来说不太好"のような言い方となるであろう。

12.3.4 「重々承知」式の配慮表現

（20）　評論家という立場で、特定の選手について「好きだ」「嫌いだ」などと言ってはいけないことは重々承知しているが、正直に言わせてもらえば、私は鳥谷敬（とりたにたかし）という野球人が好きだ。まだまだ「やれる」と思っているし、もう一花も二花も咲かせてもらいたい。さらに、選手として復活すると同時に、若虎たちを鼓舞するような役割も果たしてほしいとも願っている。

（Yahoo ニュース 2019/2/28）

(20)は全体の内容としては評論家である話し手が野球選手である鳥谷への励ましであろう。その中には「～～重々承知しているが」が使われ、評論家の言ってはいけないことを知っているうえでのあえて言うことへの告知である。一種のやっていけないことをやっちゃうことへの、「職業精神違反」へのネガティブポライトネスの配慮表現であろう。次の(21)はより典型的用例だと言える。

(21) 「もちろん簡単なことではないのは重々承知していますが、将来の1つの選択肢に入れてもらえればうれしいです。」

(Yahoo ニュース 2019/1/30)

(21)は配慮表現の中の配慮表現であるようなモデル的、プロトタイプ的配慮表現だと言えるであろう。発話の前半と後半はロジック的には矛盾のような関係であるが、つまり簡単なことではないが、選択肢に入れてもらいたいという逆説の意味関係となっていて、困難を知っていながら推薦するときのネガティブポライトネスの配慮表現であろう。

12.4 「神対応」＝配慮表現？

最近、「神対応」、「塩対応」のような記事が多くなるような気がする。「神対応」とは何か、調べてみたら次のような解釈がある。

> 神対応とは、主に企業のクレーム対応などについて、驚き感心するほど行き届いた対応に対して用いられる表現。不具合製品の修理サービスに関する手際の良さや、配慮に満ちたサービスなどに関する最大級の好評価を表す語として用いられることが多い。　　　（はてな keyword より）

「神対応」は「配慮に満ちたサービスなどに関する最大級の好評価を表す語」だそうである。おそらくそこからの派生だと思うが、配慮に満ちた表現に対する評価語として用いられるようになっている。たとえば、次のようなANNの報道である。

(22) 女性駅員"神対応" 旅立つ卒業生に真心のエール
　　 可愛らしいイラストや心のこもった一言ひとこと。JRの駅員が手

書きしている利用者向けのメッセージが話題になっています。卒業シーズンの今、駅に掲げられているのは、巣立ちゆく若者たちへの心温まるエールです。　　　　　　　（Yahoo ニュース 2019/3/2）

その駅員さんの手書きのメッセージが以下のような内容である。

（23）　平成最後の卒業生のみなさま
　　　　毎朝この改札を通って汽車に揺られ通学された日々、そんなみなさまの何気ない日常を私たちが支えられていたなら幸いです。卒業を機に鳥取を離れ、県外へ進学、就職される方も多いでしょう。人口１億2600万の日本の中の、わずか56万の鳥取県勢。そんなレアキャラとしての誇りと郷土愛をどうか忘れずにまたいつでもふるさと鳥取に帰ってきてくださいね。私たちはいつでもここでお待ちしています。新元号とともに始まるみなさまの新生活が笑顔の多いものとなりますように。みなさまの未来へ出発、進行！！ご卒業おめでとうございます！！鳥取駅一同　　　　（Yahoo ニュース 2019/3/2）

（23）のメッセージ全体としてはポジティブポライトネスの配慮表現だと言えるが、その中には、個々のセンテンスの機能に注目すると、「どうか忘れずに」や「故郷にお帰り下さいね」のような依頼表現がネガティブポライトネスの配慮表現の使用だと思う。

　一つのまとまった作品としてのディスコース全体の配慮とその構成成分の個々の文のポライトネス機能は必ずしも終始一致しているわけではないことが考えられる。

（24）　卒業生のみなさま
　　　　大雨、強風、大雪、不発弾、動物との接触…様々の原因で列車の運行が乱れ、通学でご利用のみなさまにけたいへんご迷惑をおかけしました。IC カードも使えず決して便利な駅ではなかったかもしれません。それでも、毎朝元気な表情で登校されるみなさまの姿は私どもの心の糧になっていました。いつもありがとうございました。学生生活を終えられ、県外へ進学、就職なさる方も多いと思います。みなさまが鳥取を離れても、私たちはいつでも、みなさまのお

帰りをお待ちしています。みなさまの未来へ出発、進行!!ご卒業誠におめでとうございます!!　　　　　　　　（Yahooニュース 2019/3/2）

　(24)は昨年度2018年の鳥取駅の卒業生へのメッセージであった。この中では、その冒頭部分の二つの文は、ご迷惑をかけた具体的実情を取り上げ、お詫びした言葉となっていて、ネガティブポライトネスの配慮表現である。その後の二つの文では、卒業生よりの恩恵を示し感謝の言葉を述べた部分は、ポジティブポライトネスの配慮表現であろう。最後の部分の自らの約束（みなさまのお帰りをお待ちしています。）やお祝いのことば（ご卒業誠におめでとうございます!!）はまた、ポジティブポライトネスの配慮表現であろう。駅員さんからのメッセージは卒業生のみなさまにとって、意外の喜びであろう。最初は一方通行のようなメッセージであるが、その配慮のことがちゃんと伝わって、卒業生だけではなく、駅を利用する他の乗客たちにもその駅員さんの心の温かさが感じられ、立派な配慮の発話行為となっている。

　(25)　TBSの古谷有美アナウンサーがアシスタントを務める2日放送のTBSラジオ「土曜朝6時　木梨の会。」の生放送を無断欠席した。パーソナリティーで「とんねるず」の木梨憲武 (57) が生放送中の午前6時20分過ぎに「古谷アナがナントまだ到着していないということで。TBS女子アナ、どうしたのか。事故でなければいんですけど。寝坊だったらいんですけど」と明かした。（中略）エンディングで木梨は「古谷アナなしのスタジオってのも初めてでしたけど、ただの寝坊であって欲しい。深い飲みで起れませんでしたって来週言って欲しい感じしますが」と祈っていた。無断欠席を一切、とがめることをしないどころか、古谷アナの状態を案じる木梨の神対応が浮き彫りになった生放送だった。
　　　　　　　　　　　　　　　　　（Yahooニュース 2019/3/2）

　(25)の「ただの寝坊であってほしい」は話し手の願いの表明であり、ふつうの発話であるが、このコンテクストにおいては、相手の状態を案じる「神対応」と評価されている。記事の最後にも書いたように「無断欠席を一切、とがめることをしないどころか、古谷アナの状態を案じる木梨の神対応

が浮き彫りになった生放送だった」、立派な配慮表現（ここではネガティブポライトネスの配慮表現）だと言えるであろう。慣習的配慮表現とは言えないけど、このような場が限定できるなら、このパターンの発話も定着していったら、慣習的配慮表現になるであろう。

　以上の考察からわかるように、発話に関する「神対応」は基本的には、神対応＝配慮表現と理解できる。場が限定できれば、配慮表現が定着すると、慣習的配慮表現が生まれるに違いない。

12.5　おわりに

　本章は、ポジティブフェイスとネガティブフェイスに関する慣習的配慮表現を中心に考察した。用例収集や分析などによって、次のようなことがわかった。

　（一）まず、ポジティブポライトネスの配慮表現には、①非否定形式の配慮表現（差し控えたいと思います、ご遠慮ください、できかねます、心外、お引き取りください、など）、②Ⅴて形の配慮表現（よろこんで、しっかりして、お言葉に甘えて、など）、③前置き的従属節の配慮表現（お言葉ですが、など）がある。さらに、中国語との対照を通し、②のⅤて形の配慮表現はある程度、対応する中国語の配慮表現があると言えるが、①の非否定形式の配慮表現と③の「お言葉ですが」のような前置き的従属節の配慮表現は、違う発話の状況となっている。①のほうは、中国語では基本的には非否定形ではなく、否定形式の表現であり、③のような「お言葉ですが」は、中国語では日本語より、明白な賛同の意を表わす形の発話が使われていることとなっている。日本語のほうは文法化程度が高く、慣習的発話のパターンが進んでいると言えるであろう。

　（二）次に、ネガティブポライトネスの配慮表現には、①「お忙しいところ　申し訳ありません。少しお時間いただけないでしょうか」、「失礼ですが、ご結婚は？」のような「詫び」＋「依頼」の配慮表現と、②「もし良かったらさ、皆で飲まない？」のような「もしよかったら」＋「誘い」の配慮表現と、③「私から言うのもなんですが」の配慮表現と、④「重々承知」式の配慮表現がある。こちらのほうは、①と②と④は、基本的には中国語と対応しているが、③の場合、中国語では、"我说不合适"、"不该我讲"のよ

うな自己否定的言語形式がはっきりと用いられていて、日本語ほど文法化が進んでいなく、規約的になっていない一面があると言える。

　（三）さらに、本章は、現在話題になっているいわゆる「神対応」の表現が、配慮表現との関係を考察した。特にそれほどの配慮的マーカー（言語コード）が使われていないが、コンテクストにおいて、広い文脈の意味による配慮の機能を果たす発話となっていると考えられる。まだ文脈依存度が高い発話だが、コンテクスト限定における慣習的配慮表現になる可能性が高いと判断できるであろう。

　配慮表現にも、認識度が高いプロトタイプ的用法と、一見異なる用法乃至非配慮的ではないかと思われる周辺的配慮表現があると言える。そのような勾配性は配慮表現の豊かさを物語っていて、奥深い魅力的部分でもあろう。特にその周辺的配慮表現を、今後、ディスコースにおける用法として、コンテクストと結びつけてさらに考えていき、今後の課題とする。

参照文献

Brown, Penelope and Stephen Levinson（1987）*Politeness: Some universals in language usage*. Cambridge: Cambridge University Press.［邦訳：田中典子（監訳）（2011）『ポライトネス：言語使用における、ある普遍現象』東京：研究社.］
Leech, Geoffrey（1983）*Principles of pragmatics*. London: Longman.［邦訳：池上嘉彦・河上誓作（訳）（1987）『語用論』東京：紀伊國屋書店.］
小野正樹・李奇楠（編）（2016）『言語の主観性』東京：くろしお出版.
山岡政紀・牧原功・小野正樹（2010）『コミュニケーションと配慮表現』東京：明治書院.
山岡政紀・牧原功・小野正樹（2018）『新版・日本語語用論入門：コミュニケーション理論から見た日本語』東京：明治書院.
李奇楠（2016）「『批判』の発話について」『日本語コミュニケーション研究論集』5: 31–42.
李奇楠（2017）「同じコトガラの異なる表現について」『日本語コミュニケーション研究論集』6: 38–49.

第 13 章

配慮表現の日本語・アラビア語対照
―断り表現を中心に―

Lina Abdelhameed ALI

13.1　はじめに

　どの言語でも相手に不利益をもたらす行為を行わざるを得ないときには、対人関係を良好に保つため、相手に何らかの配慮を示す必要がある（リナ 2015）。特に、断りの言語行動は、Leech (1983) のポライトネス原理における「他者の利益を最大限にせよ」という原則に違反するものであるため、配慮表現の使用が不可欠となる。しかし、アラビア語[1]の配慮表現及び、配慮の原則に関する先行研究が管見の限り非常に少ない。また、日本語とアラビア語の配慮表現及び配慮の原理に関する対照研究は管見の限りない。そこで、本章では、配慮表現の観点から日本語とアラビア語の断り発話に焦点を当て、両言語の類似点及び、相違点を明らかにする。具体的に、両言語の特徴的な表現形式を取り上げ、これらの配慮のメカニズムを解明する。

13.2　先行研究
13.2.1　配慮表現について

　本章で扱う配慮とは、「対人的コミュニケーションにおいて、相手との対人関係をなるべく良好に保つことに配慮して用いられることが、一定程度以上に慣習化された言語表現」（山岡他 2018: 159）である。
　山岡他 (2010) では、配慮表現は日本語の現象に対する説明から始まった

---

[1] 本章では扱うアラビア語は口語エジプト方言のアーンミーヤである。アーンミーヤは人々が私的な生活空間で用いる民衆言語である。

もので、異なる言語や文化、社会においてどのように現れるかについては、まだ十分な見解が示されていない。

山岡他（2010）は、主にLeech（1983）のポライトネスの原則を基に、それとは反比例的な原則である「配慮表現の原理」を立てている（2010: 140）。Leechのポライトネス原則は行動に関するものであったのに対して、山岡他（2010）は主に表現に関する原則である。他者に対する思いやりがどのようにすれば伝わるのかではなく、どのように表現するのかを問題としている。

13.2.2　断りとは

本章において、断りとは「聞き手によって、提案された行為を拒否する発話行為」であり、「典型的なFTAの1つである」（山岡・牧原・小野 2010: 164）とする。

断り発話の語用論的条件から考えると、断り手に行動の決定権があり、行動することを拒否することによって依頼者または勧誘者が期待していた利益を奪うものと考える。従って、断り手は良好な人間関係を維持するため、自分の断りを正当化するストラテジーを用いる必要がある。ただし、断り発話を正当化するメカニズムは言語・文化背景や社会的通念など様々な要因によって異なると考えられるため、日本語とアラビア語両言語における断りの正当化のメカニズムには、同様な点もあれば、異なる点もあろう。本章における正当化のメカニズムは、以下で詳細に述べる。

13.2.3　正当化のメカニズムとは

言語学におけるメカニズムには2つのアプローチがある。1つ目は、「言語の変化」であり、「言葉の変化がいつ、どこで起こり、どのように社会に拡散していくのか、またその変化の要因としてどのような理由があるのかを、民族、性、年齢、価値観などの関連から特定すること（三宅 2010: 203）」である。2つ目のアプローチは、認知言語学や語用論の分野で広く使われており、言語情報の伝達、談話構造、認知プロセス、言葉の仕組みなどといったメカニズムを解明するものである。

本章で考えるメカニズムは後者に含まれていると考えている。具体的に、断り手がどのような仕組みで自分の断りを正当化するのか、どのように自分

の断りに対し、他者から納得が得られるかというメカニズムを指す。

本章で言う正当化とは、「他人の利益を奪うことにつながる断り行為によって生じる人間関係の損害を避けるためのストラテジーのことであり、具体的に断り手はどういったメカニズムによって、自分の行為を正当化し、他者と良好な人間関係を維持するのかの方法」と定義する。

13.3　問題の所在

日本語の断り発話における配慮表現の働きを果たすヘッジ表現、断りを緩和する表現形式に関する先行研究として、堀田・堀江（2012）、カノックワン（1997）、山川（2011）などが挙げられる。堀田・堀江（2012）、カノックワン（1997）の研究では分析対象として、断りの中心構造をなす不可表明と理由に前節及び、後節する形式に限定されている。しかしながら、筆者が意味公式の分類に従って断り発話を機能別に分類した結果、「理由」と「直接的断り」以外に、「代案提示」や、「共感」、「関係維持」、などといった意味公式が対人関係において重要な役割を果たすものであり、日本語ではよく用いられることが明らかとなった。しかし、これまでにこれらの意味公式について、十分に言及されてはこなかったことが現実である。それらの意味公式の中で使用される表現において、どのようなポライトネスと配慮の原則が働くのか、どのような表現形式が使用されるのか、未だ十分には考察されていない。また、Nelson, Carson, Al Bakary and El Batal（2002）は、エジプト人は断りにくい場面ではより多くの理由を行うことにより、自分の断りを正当化しようとすると指摘している（筆者訳）。しかし、どのような配慮表現および、どのようなメカニズムで断りを正当化するかについて言及されていない。そこで、本章では断りにおける「代案提示」、「理由」の意味公式に見られる日本語とアラビア語両言語の特徴的な配慮表現の選択及び、配慮の原則を明らかにしていく。そして、既に先行研究で提案された配慮の原則に加え、これまでに指摘されてこなかった原則も新たに提案することを試みる。

13.4　代案提示における配慮表現

代案提示は相手と一緒に解決案を模索しあって、相手に解決策を教えるストラテジーである。日本語の断りに見られる「代案提示」には、「〜て形」や

「授受補助動詞」など様々な表現形式が使用される。しかし、その中で日本語の特徴であると考えられるのは、授受補助動詞である。例えば、筆者が収集した断りのデータには、日本語の特徴である恩恵を表す授受補助動詞が「代案提示」に後続することが観察された。授受補助動詞は、山岡他 (2010) と牧原 (2012) では、依頼発話の中では配慮表現として認定され、依頼における配慮表現について詳しく論じられているが、断りにおける授受補助動詞の使用について取り上げた先行研究は管見の限りない。本章では、断り発話でも用いられる授受補助動詞が FTA を軽減する働きを持ち、配慮表現として認定できると考えられる。しかし、先行研究で指摘された依頼発話における授受補助動詞とは、異なるメカニズムで配慮表現として機能すると思われる。

山岡他 (2010) では、依頼発話における配慮表現として「てくれないかな」という表現形式が配慮表現とされている。例えば、以下のような例文が挙げられる。

(1) 　図々しいお願いだけど、もしよかったら、司会をやってくれないかな。
　　　　　　　　　　　　　　　　　　　　　　　　　　（山岡他 2010: 146）

この例によると、このような要求文を用いること自体が配慮となり、相手に選択の余地を与えることで、相手に決定権を委ねることになる。従って、配慮表現として働くと主張されている。しかし、依頼発話の中では依頼者は自分に直接的な利益があるため、それを「てくれる」や「てもらう」など授受補助動詞で言語化し、明示することによって、恩恵を表し、他者への配慮を示すことができると思われる。ただし、本章の対象となる断り発話における依頼場面の場合、利益が依頼者にあり、断り手に全く利益がないため、授受補助動詞が使用される場合は、依頼発話と異なるメカニズムで配慮が示されるのではないかと思われる。

例として、筆者が収集した DCT データから以下の例文が挙げられる。場面は「ごめん、お願いしてもいい？きのう欠席したとき、授業でもらった教材をコピーしてくれる？」という依頼発話に対する断りである。

(2) 　ごめん、忙しいので、他の人に<u>頼んでくれる</u>？
(3) 　ちょっとコピーする時間ないからごめん。他の人に<u>お願いしても</u>

らっていい？

(4) 　あ、わたし。あれなくしちゃったんだよね。ごめん。ほかの人に頼んでもらってもいい？

　上記の例文から分かるように、日本語の断りでは話者に直接的利益がないにもかかわらず、利益があるかのように授受補助動詞が使用される。それは、話者に直接的な利益があるとき、授受補助動詞が使用されるのは恩恵を明示的に表すためであり、また、日本語は代表的な高コンテキスト文化であるため、「話し手は自分自身がコンテキストの一部であるのでコンテキストに埋もれた視点で場の情報を読み取る」からである（井出 2006: 30）。しかしながら、利益がないときに、いったいなぜ授受補助動詞が断り発話で使用されるのか、どのような配慮のメカニズムが働くのか、そしてどのようなポライトネスと配慮の原則が有効なのかについては、十分に言及されていない。

　上記の例文では、「代案提示」として「他の人に頼んでくれる」と「他の人にお願いしてもらってもいい」、「…頼んでもらっていい？」などのように断り手が自分に直接恩恵がないにも関わらず、授受補助動詞を用いて、恩恵があるかのように、他者との距離を最小限にし、人間関係を維持しようとしている。これに対して、異なる「代案提示」表現を以下で提示する。

(5) 　今ちょっとむり！！ごめんね。ほかの人に頼んでみて！

　(5)は、以上見てきた例文と比べ、配慮の度合いが低いと思われる。断り手が依頼の機能を果たす（て形）を用いて、自分のネガティブフェイス「邪魔されたくない」を守り、「自分がやりたくないから、他の人にやらせる」という意味で「代案提示」を用いた。

　一方、(2)から(4)のように断り発話において、恩恵がないにも関わらず、恩恵を表す授受補助動詞を使うことは、ポライトネスと配慮表現の観点から考えると、行動に関わる原則として記述する際に「他者との距離を最小限にせよ」に当たると思われる。それは、他者との距離を縮めることで、「他者との距離を最小限にせよ」という筆者が新たに提案した原則で、断りのFTAを軽減し、人間関係を良好に保とうとしているからだと思われる。言い換えると、話し手である断り手が、依頼者の利益は自分の利益であるかの

ように、依頼者の視点から利益を解釈することで、依頼者との距離を縮めている。他者との距離感を縮めることで、断りのFTAを緩和できるのではないかと思われる。

「代案提示」における授受補助動詞を表現に関わる原則として記述すると、「他者の利益を自己の利益と述べよ」などのような新たな原則が働いていると考えられる。つまり、依頼者の利益を奪った断り手が恩恵を表す授受補助動詞を用いることによって、依頼者の利益が達成されることは、自分の利益が達成されるかのように思っていることが含意される発話となり、それが依頼者に伝わることで、了解や同調が得られる。

上記の (2) 〜 (4) はアラビア語にすると非文になり、論理的に成立しない文である。それは、アラビア語には直接的に話者に利益がないとき、コンテキストに埋もれた視点で場の情報を読み取ることが不自然だからである。このように、恩恵を受けていない発話者による授受補助動詞の使用による「代案提示」は、日本語の特徴であり、アラビア語では表明できない現象でもある。

13.5 理由における配慮表現について
13.5.1 「程度副詞」について

本節では、話者の事情を修飾する「理由」の意味公式に見られる日本語とアラビア語の程度副詞の違いを検討する。また、これらの表現形式が配慮表現として機能するメカニズムを明らかにする。特に、アラビア語の断りにおいて用いられる高い程度を示す「gdan」(とても)、「ktyr」(たくさん)、と日本語の断りに用いられる「ちょっと」を取り上げて、考察を行う。

日本語の「ちょっと」には、①依頼や、希求、指示行為の負担をやわらげる、②否定的内容の前置き、③断りを受けやすくする、④呼びかけ、⑤とがめ、⑥間つなぎの6つのコミュニケーション機能があるとされている（岡本・斉藤 2004: 69）。

この③にあるように、日本語の「ちょっと」には断りを受けやすくする機能があるため、断り発話においてよく用いられることが想像できる。しかし、日本語の「ちょっと」に相当するアラビア語の「shwya」には同様の働きがないと考えられる。本節では、アラビア語の「shwya」は日本語の

「ちょっと」とどのように異なり、FTA 軽減機能を持つか否かについて考えたい。そこで、実際に断り発話において配慮表現として認定できるかどうかについて、以下日本語の例文をアラビア語に直訳し、日本語の「ちょっと」と、アラビア語の「shwya」がどのように異なるのかをより詳しく論じる。

語用論の観点からアラビア語の程度副詞について考察を行った先行研究は、管見の限りない。しかし、日本語の副詞の使用と配慮表現の関係性について語用論的分析を行った研究としては、山岡他 (2010)、牧原 (2005) などが挙げられる。山岡他 (2010) は様々な副詞を分析対象とし、程度を表す副詞として、特に「ちょっと」を挙げている。山岡他 (2010: 193) によると、日本語の「ちょっと」は本来持つ低い程度の意味以外に、二次的用法として対人配慮を表す用法がある。つまり、日本語母語話者が断り発話において使用する「ちょっと」は、「少しだけ」という本来の程度限定の意味ではなく、他者に配慮を示す方法の1つである。例えば、以下の作例 A の応答 B と C を比べて見よう。

(6) 　A：コーラ入れましょうか。
　　　B：ちょっとだけ。
　　　C：コーラはちょっと…。

上記の作例の応答 B は、程度副詞の本来の意味を表すものであるが、応答 C は、山岡他 (2010) が指摘した「ちょっと」の対人配慮を表す用法で用いられている。つまり、発話者は「ちょっと好きじゃない」「飲みたくない」と言うべきところで、それを明確に述べないで、「ちょっと」を用いることで自分の本意を抑え、相手を配慮し、間接的コミュニケーション様式の断り談話を用いる。では、アラビア語の「shwya」には、上記の2つの機能があるかどうか、作例の応答 B と C をアラビア語に直訳すると、以下のようになる。

(7) 　B'：shwya soghayara.
　　　C'：? elcola shwya….

応答 B' は、本来程度副詞が持つ意味で解釈されるため自然なアラビア語だが、応答 C' は不自然さが感じられる。それは、アラビア語の「shwya」

は断り発話において、派生的対人機能を備えていないと考えられるからである。そのため、アラビア語母語話者は、断りの事情を説明する際に「shwya」(少し) より、「gdan (とても)、ktyr (たくさん)」の副詞を好むと考えられる。つまり、「shwya」を用いて、断りの事情を修飾してしまうと、「少しだけ忙しい」などと解釈されてしまう。従って、日本語の断りで頻繁に使用される以下の例文はアラビア語に直訳できないため、非文になる。

(8) 　金曜日はちょっと…。
(8') *elgomăa shwya…。(直訳)

アラビア語では「金曜日はちょっと忙しい」ならば理解できるが、「金曜日は少し…」のように修飾先の述語がなければ、「shwya」だけでは、断りの発話として成立しない。

　また、上記の応答Cを自然なアラビア語にするには、「コーラは飲みたくない」「コーラは好きじゃない」、「ダイエット中で、飲めない」などと直線的コミュニケーション様式に変える必要がある。しかし、それは相手のことを配慮していないわけではなく、このような場面で配慮を示すために、論理的な理由を述べ、なぜ「飲みたくないのか」に対して、納得が得られるようにしていると考えられる。つまり、応答C'のように、螺旋的[2]コミュニケーション様式では、意図が伝わらない危険性があると言えよう。それは、八代他 (2009: 85) で指摘されるように、直線的スタイルを用いる人は、螺旋的スタイルの答えを納得できず、本意が読み取れないからである。

　先に挙げた例文を再度提示する。「ちょっと」を「少し」に置き換えられるかどうかを見て見よう。

(9) ？金曜日は少し…。

　上記の例文で使われた「ちょっと」を「少し」に置き換えると不自然さを感じる。それは「ちょっと」から程度性の意味が失われ、相手への配慮や、申し訳ない気持ちという派生した機能を表すためである。つまり、山岡他 (2010) と牧原 (2005) が指摘した対人的機能を表している発話となる。この

2 　自分の意見や主張を明確に言語化せず、相手に状況を説明し気持ちを伝えながら、相手が結論を推察してくれることを期待する表現方法である (八代他 2009)。

ように、断りの機能を持つ「ちょっと」は日本語の特徴だと言える。

　一方、日本語でも「金曜日は少し」が言えないように、アラビア語も程度性の意味で「shwya」(少し)を解釈するため、無意味な文になり、成立しない文となる。よって、日本語では「すごく忙しい」ときでも「ちょっと忙しい」を使うことで非明示的に事情の強さをアピールすることができるが、アラビア語の「shwya」(少し)にはこのような働きがないため、「すごく忙しい」ときには明示的に忙しいことを述べる必要性がある。例えば、筆者がDCT調査で収集したデータの中には以下のような例文が多く見られた。

(10)　yom elgomăa ăndy ḥagat ktyr gdan fa msh ha`dar.
　　　 (金曜日はとてもたくさんの用事があるので、できません。)

(11)　yom elgomăa ăndy măad mohm gdan fa msh ha`dar.
　　　 (金曜日は、とても大事な用事があるので、できません。)

　上記の例文から、アラビア語の断りにおいて「自己の負担が大きいと述べよ」という筆者が新たに提示した特有の配慮の原則が働くと思われる。つまり、程度性の高い表現形式によって、「自己の負担が大きいと述べよ」という配慮の原則に従い、自分の断りを正当化することができ、ポライトネス効果がより発揮されるため、相手への配慮を示すのに最も有効となる。このことから、程度性の高い副詞的役割を果たす形容詞「gdan, ktyr」は、程度を限定・修飾するという本来の用法から派生して、配慮表現として機能することが明らかとなった。一方、日本語の断りにおける「ちょっと」の使用は、山岡他(2010)が提示した寛大性の原則(b)「自己の負担が小さいと述べよ」が働くことが分かる。

　加えて、筆者の主張を裏付けるものとして、次の先行研究の指摘が挙げられる。岡本・斎藤(2004: 67)は、日本語の「ちょっと」について次のように述べている。「それはちょっと難しいなぁ。／それはちょっと無理だよ。」などのような断り発話で使われる「ちょっと」は、「かなり・けっこう・普通以上」と同じように使われると指摘している。つまり、本来低程度を表す「ちょっと」は、日常会話の中で高程度副詞の働きをなしていると言える。このように、アラビア語と日本語の断り発話における程度副詞の使用と相手への配慮を示すメカニズムが異なることが分かる。

次に、コーパスやドラマで見られる程度性を表さない日本語の特徴的な「ちょっと」の例文を提示し、アラビア語との違いを見る。

（12）　私から連絡して聞いてみたところ「今ちょっと忙しいからもう少し待ってね」と言ったっきりまた連絡がありません。

(BCCWJ　Yahoo 知恵袋)

ここでは、話者は相手に対し「少し待ってね」と言ったにもかかわらず、自分の事情を修飾する際に「ちょっと忙しい」と述べている。それは、「少し忙しい」に置き換えると、アラビア語のように程度を限定してしまい、聴者に不快感を与えてしまうからなのではないかと思われる。しかし、「ちょっと」を用いることで、相手に対する申し訳ない気持ちや、思いやりをアピールすることができる。一方、他者が行動する部分では、「少し待ってね」のように、逆に程度を限定する「少し」が使われている。ここでは、疑問なのは、いったいなぜ「ちょっと待ってね」と言わなかったのかという点である。日本語母語話者は「ちょっと待ってね」という言い方を頻繁に用いる。日本語母語話者同士の場合、「少しだけ待って」という意味のみを表すのか、「けっこう」という意味も含意されているのか、無意識に両方の解釈が存在していることが分かるはずである。よって、上記の例文では、発話者が意図的に「少しだけ待ってね」という意味を表すために、「ちょっと」ではなく、「少し」を用いたのではないかと考えられる。

筆者自身も、日本語母語話者とのコミュニケーションで、「ちょっと待ってね」と言われて、実際は長時間待たされた経験を持つ。

（13）　ほしたら、いろいろとちょっと忙しくなってきて〜、読めてないんだけど〜。　　　　　　　　　　(BCCWJ　Yahoo 知恵袋)

上記は、本来論理的には矛盾するはずだが、語用論的には「ちょっと」は程度の意味で使用されていないため、「いろいろと」の副詞と共起することが可能であると考えられる。

このように、日本語では話者が程度を表したいか、配慮を示したいかによって「ちょっと」と「少し」を使い分ける場合があることが分かる。しかし、日本語でも「ちょっと」が持つ本来の意味と派生した意味が入れ替わ

ても、解釈上支障がない場合、話者がどちらの意味を表したいのかが判断しにくい場合もあると考えられる。次に、アラビア語の断りでも「いろいろとちょっと…」という言い方が成立するかどうかについて、アラビア語母語話者3名に判断を依頼した次の例を見たい。

(14) ?baădaha etshaghalt shwya be ḥ agat ktyr…, fa maăreftsh aa`ra.

(13)をアラビア語に直訳すると、(14)のように(いろいろと)なのに(ちょっとだけ忙しい)という解釈になってしまい、違和感を覚える。「いろいろと＋ちょっと」という言い方は、アラビア語として成立しない文である。それは、程度性の意味で解釈するため、意味的に矛盾する例文となる。

次の例文は、2015年にテレビ番組で見たアニメの中で使われた「ちょっと」で、番組名は不明である。

4名の友達のグループで、レストランへご飯を食べに行って、注文したにも関わらず、2時間経っても注文が来ないことについて、不満を抱き、以下のような発話をしている。

(15) A: 注文来ないなー。
    B: そうだね。2時間も経ったのに。
    C: ちょっと、遅いね。

上記のBの発話例から分かるように、「2時間」はレストランで注文を待つ時間として非常に長い。そのため「が格」ではなく「も格」が使われている。これに対して、Cは「ちょっと、遅いね」と発話をしている。ここでは、「ちょっとだけ遅い」と解釈することは論理的に矛盾するはずであり、文脈から形容詞「遅い」を修飾しようとすると「非常に遅い」「すごく遅い」と発話した方が適切である。従って、Cが用いた「ちょっと」は不満を軽減する機能を持つものであり、程度を限定する意味ではないことが明らかである。従って、上記の例文をアラビア語にすると、「ちょっと遅い」は「少しだけ遅い」という意味を表してしまうため、文脈的に不適切な発話となる。そのため、それを文脈的に適切な発話にするには、程度性の高い表現「gdan」「ktyr」などを用いて、「すごく遅い」などと明示的に言語化する必要がある。

このように、日本語とアラビア語の例文に使われる「shwya」と「ちょっと」が異なる働きを持つ。アラビア語の「shwya」は、本来持つ意味を表しているため、日本語の「ちょっと」のように、断りのFTAを軽減する二次的用法が備えていないことが分かる。

13.5.2 助動詞「lazem」について

筆者がこれまでに日本語とアラビア語の断りについて収集したデータを分析したところ、アラビア語母語話者の断りの「理由」発話においては、日本語の「なければなりません」に相当する助動詞「lazem」が好まれる傾向があることが分かった。例えば、以下のような例文が挙げられる。

(16) asfa gdan ya doctor msh ha`dar aro $ℏ$. ăndy emtăhan w lazem azaker.
（とてもすみません先生、行くことができません。試験があって、勉強しなければなりません）

(17) maălsh ya doctor lazem arawa $ℏ$ badry.
（ごめんなさい先生、早めに帰らなければなりません。）

13.3.1 節で論じてきた断り発話における「程度副詞」について、「自己の負担が大きいと述べよ」というアラビア語の特徴を付ける配慮表現の原則が「程度副詞」以外の、他の表現選択にも見られると仮定して助動詞「lazem」について考察を行う。

13.5.2.1 義務的モダリティ

「lazem」は、日本語の「〜なければならない」に相当する助動詞である。早川（2012: 286）では、モダリティは大きく分けて、情報の確かさに関わる①モダライゼーションと、行為を要求する程度に関わる②モジュレーションの2つに分類されている。さらに、モダライゼーションには、蓋然性と頻度が含まれ、モジュレーションには、義務性と、意思性、能力の3つが含まれている。モジュレーションの中では「〜なければならない」は最も高い義務性を持つ表現であるとされている。

アラビア語の断り発話の中では、特に行為を要求する程度に関わる②モジュレーションが多く見られた。そこでは、頻度や程度を表す程度副詞以外

にも義務性を表す助動詞「lazem」が多用される傾向があった。これは、情報重視コミュニケーション様式の特徴だと考えられる。

井出（2006: 35）では、英語のモダリティは、「認識」に関する「epistemic」、と「義務」に関する「deontic」の 2 つに分けられ、「義務」に関する「deontic」モダリティは、人間の道徳性に関する話し手の心的態度を表すものであるとされている。アラビア語でもモダリティに当たる助動詞は上記の二つに分けられるが、断り発話の中では、英語の must に相当する助動詞「lazem」が好まれる。この義務性の高い表現は断り発話において、どういった語用論的機能を果たすのだろうか。

Lakoff（1972: 910）では、問題とされたお客さんにケーキを勧める言い方として、「may, should, must」の 3 つの助動詞が含まれる例文のうち、最も強制力を持つ「must」がより丁寧な言い方で、ポライトであることが指摘されている。それは、「相手が遠慮する心を持っていることを想定して、相手にとって良いことを勧めるには、強い勧めが相手に対しての思いやり、つまりポライトな配慮となる」（井出 2006: 67）からである。

本章では、断り発話においても、助動詞「lazem」は、対人関係を良好に保つという本来持つ高い義務性に加えて、配慮表現として機能する二次的用法を備えているのではないかと考えられる。それは、断り発話の中でも、自分の断りを正当化するのに、助動詞「lazem」を使用することにより、せっかく誘ってくれた相手のことを思いやって、今現在断らざるを得ない状況に置かれていることを想定させながら、相手から断りの了解や同調を得ようとすることができるからだと考えられる。そのため、「ごめん、今から帰るんだ」より、「ごめん今から帰らなければならないんだ」の方が必然性が含意され、話し手は本来聞き手の要求に応えたいが、やむを得ずどうしても帰らなければならない事情に置かれているために断ってしまうことが相手も推測できるため、より丁寧になる。リナ（2016）では、「lazem」について選択式のアンケート調査や、フォローアップインタビュー調査を行った。具体的に被調査者に親しい友人を誘う場面と、何か依頼する場面を 3 つ設定し、被調査者が親しい友人に断られたとする場合には、3 つの選択肢の中から最も納得できる回答を選んでもらった。質問項目の回答として、「lazem」と、願望を表す助動詞「ăayez」（〜たい）、と「断定的」の 3 つを設定した。調査

結果では、場面内容にかかわらず、断られたら最も納得しやすい応答は、「lazem」が含まれている談話（70％程度）であることが明らかとなった。このことから、「lazem」は本来表す義務性以外にも、断りを受けやすくする二次的機能も持つと考えられる。これは、聞き手の依頼や誘いを断る際に、助動詞「lazem」を用いることにより、現時点では非常に大変な状態にあるかのように、事情を大きくすることができ、アラビア語の配慮の原則「自己の負担が大きいと述べよ」に従い、他者への思いやりが伝わるからである。一方、「ăayez」（～たい）は、15％と低い割合を占めている。それは、断り発話において、話者の断りの事情を説明するのに、相応しくなく、やむを得ず事情があるために断るより、自分がそうしたいから断るという本来言葉が持つ意味で解釈されてしまうからである。言い換えると、希望を表す助動詞「ăayez」（～たい）は、通常話し手自身（一人称）が希望することを表すため、話し手が聞き手より、自分の希望を優先することが明確になっていることが問題になるということである。

　被調査者がアンケート調査において行った選択の理由として、「せっかく誘ったのに、断るなら、大事な理由があることをアピールしてほしい」などのような回答が挙げられる。さらに、「lazem」が用いられることにより、断り手が自分の意志で断っていないことが推測される」などの回答も多かった。このように、「lazem」は対人的機能を備えていることがフォローアップインタビュー調査結果からも確認できた。

　以上のことから、断り発話において発話者が助動詞「lazem」を使用する意図として、自分が義務を抱えているからではなく、相手に対する配慮を示す方法の１つであることが分かる。

13.6　まとめと今後の課題

　本章の結果から、両言語にはいくつか類似点があるものの、相違点によって両言語母語話者のコミュニケーションで誤解が生じる危険性があると考えられる。特に、上記で新たに挙げたアラビア語の原則「自己の負担が大きいと述べよ」において、両言語のコミュニケーション様式が非常に異なることが分かった。

　本章では授受補助動詞や、程度副詞、助動詞「lazem」の用法に着目し、

語用論や配慮表現の観点から考察を行った結果、日本語の断りにおいて恩恵を受けてない発話者による授受補助動詞の使用は、日本語の特徴であり、配慮表現として認定できることが分かった。また、アラビア語では、相手の要求を断る摩擦を緩和する手段の1つとして、「自己の負担が大きいと述べよ」という独自の原則が有効に働くことが示唆された。また、断りの理由である話者の事情で摩擦や誤解が生じる可能性が高いため、断り手は聴者に誤解されないよう、「理由」のストラテジーを行う。このことから、アラビア語では「理由」のストラテジーが好まれるのは、誤解回避のストラテジーの1つであり、話者は他者に誤解されたくない、自分が悪く思われたくない、他者に好かれたいなどの様にポジテイブフェイスに働きかけるポジティブポライトネス・ストラテジーに当たるからだと考えられる。今後の課題として、より具体的に多くの場面におけるそれらの表現の機能について再検討する必要がある。また、本章では、人間関係に着目しなかったが、今後多用な人間関係における断りの特徴を考察対象としたい。さらに、アラビア語では「自己の負担が大きいと述べよ」という配慮の原則が異なる発話行為において、有効に働くかどうかについて考察し、他にアラビア語を特徴付ける配慮表現の原則についてさらに深く研究したい。

参照文献

Brown, Penelope and Stephen Levinson (1987) *Politeness*. Cambridge: Cambridge University.
早川知江 (2012)「日本語のモダリティ:「主観的」表現と「客観的」表現」『名古屋芸術大学研究紀要』33: 285–301.
堀田智子・堀江薫 (2012)「日本語学習者の「断り」行動におけるヘッジの考察:中間言語語用論分析を通じて」『語用論研究』14: 1–19.
井出祥子 (2006)『わきまえの語用論』東京:大修館書店.
カノックワン ラオハブラナキット (1997)「日本語学習者に見られる「断り」表現:日本語母語話者と比べて」『世界の日本語教育』7: 97–112.
Lakoff, Robin (1972) Language in context. *Language* 48: 907–927.
Leech, Geoffrey (1983) *Principles of pragmatics*. London: Longman.[邦訳:池上嘉彦・河上誓作 (訳) (1987)『語用論』東京:紀伊國屋書店.]
リナ アリ (2015)「断り発話における程度副詞について:配慮表現としての機能を中心に」日本語用論学会第17回『大会発表論文集』10: 1–8.

リナ　アリ（2016）「日本語とアラビア語の断り発話を正当化するメカニズムについて：異文化間語用論と配慮表現の観点から」筑波大学人文社会科学国際日本研究専攻博士論文.
牧原功（2005）「談話における『ちょっと』の機能」『群馬大学留学生センター論集』5: 1–11.
Nelson, Gayle L., Joan Carson, Mahmoud Al Batal and Waguida El Bakary（2002）Cross-culture pragmatics: Strategy use in Egyptian Arabic and American English refusals. *Applied Linguistics* 23(2): 163–189.
岡本佐智子・斎藤シゲミ（2004）「日本語副詞「ちょっと」における多義性と機能」『北海道文教大学論集』5: 65–74.
山川史（2011）「学習者のヘッジ使用：OPIにおけるレベル別会話分析」『日本語教育研究』57: 124–142.
山岡政紀・牧原功・小野正樹（2010）『コミュニケーションと配慮表現：日本語語用論入門』東京：明治書院.
山岡政紀・牧原功・小野正樹（2018）『新版 日本語語用論入門：コミュニケーション理論から見た日本語』東京：明治書院.
八代京子・町恵理子・小池浩子・吉田友子（2009）『異文化トレーニング：ボーダレス社会を生きる』東京：三修社.

用例出典
『現代日本語書き言葉均衡コーパス』（BCCWJ）

第 14 章

配慮表現の日本語・ウズベク語対照
―授受補助動詞を中心に―

岩崎　透・UMAROVA Munojot

14.1　はじめに

　本研究の発端は、ウズベク語を母語とする日本語学習者の授受表現における誤答が顕著であり、拡大し続けるウズベキスタンの日本語教育の発展のため、ウズベク語と日本語の授受表現の差異を明らかにすることが喫緊の課題であると考えたことにある。

　授受を表す表現は各言語に存在しているが、日本語の授受表現は本動詞と授受補助動詞の二つに分けられ、なかでも行為の授受を表す補助動詞テアゲル、テクレル、テモラウは日本語学習者にとって習得しにくい項目の一つとされている。

　本章では授受補助動詞テクレルとテモラウに着目し、語用論の観点から、ウズベク語授受補助動詞 bermoq と yubormoq の差異を明らかにする。分析では二択形式と自由回答を織り交ぜた談話完成テストを用い、両母語話者がどのように授受補助動詞を選択するのか、その傾向を考察することで、両母語話者の対人配慮における授受補助動詞の選択基準の一端を明らかにしていきたい。

14.2　先行研究
14.2.1　テクレルの恩恵性に関する先行研究と本章の捉え方

　本章の目的は、日本語とウズベク語の授受補助動詞の差異を対人配慮の観点から明らかにすることで、ウズベク語を母語とする日本語学習者の理解に

つなげようとするものであるが、管見の限りではこうした研究は見当たらない。そのため分析に先立って、授受補助動詞のテクレルとテモラウが対人配慮の観点から先行研究でどのように論じられてきたのかを整理していく。

　日本語の授受表現に関する先行研究は、宮地（1965）、久野（1978）、寺村（1982）、奥津（1984）、山岡（1990）、山橋（1999a、b）など既に膨大なものがあるが、テクレルの基本的な意味機能は表現形式に「恩恵性」が内在していると論じられているものが多い。一例として以下のようなものが挙げられるだろう。

(1)　さて賞品だが、東京で私の後援者ボンソアールの社長は素晴らしい置時計を優勝者にと寄付してくれた。
　　（『現代書き言葉均衡コーパス』 LBa7_00029：増田喜頓『キートンの浅草ばなし』読売新聞社：1986）

テクレルは同じ補助動詞でもテアゲル、テモラウとは異なり「タイ」を後接させることができないという特徴がある。タイはガルを後接させることで第三者の要望を表すことができるが、テクレルが使用されている文でタイを共起させた場合、ソウダ、ヨウダを用いて推量形式にすることも、伝聞形式や引用形式にすることもできない。

(2) a. ＊父は次の日曜日、家族をレストランに連れて行ってくれたい。
　　b. ＊父は次の日曜日、家族をレストランに連れて行ってくれたがっている。
　　c. ＊父は次の日曜日、家族をレストランに連れて行ってくれたいそうだ。
　　d.＊父は次の日曜日、家族をレストランに連れて行ってくれたいと言っています。　　　　　　　　　　　　　　　　　　　　　　（作例）

タイは基本的機能として話者の願望を表すという機能があるが、テクレルをタイと共起させることが不可能であるということは、当該授受が話者の意思・願望によるものではないということを有標的に示していると考えられる。さらに(3)のように、無情物が主語となっているケースを考えれば、テクレルが文脈情報に依存せずに示している点は「当該授受は受領者の意思に

よらず発生したものである」と言えるだろう。

(3) 発声は、いくら理屈を覚えても、筋肉や神経が反射してくれなければ駄目である。
（『現代書き言葉均衡コーパス』 LBa7_00017：岡村喬生『ヒゲのオタマジャクシ世界を泳ぐ』新潮社：1986）

しかし、実際には授受が受益者の意思で行われたにも関わらず、テクレルを用いて「受益者の意思によらず発生した」と述べることが多々ある。以下 (4a)、(4b) はその最も単純な例であると言えるだろう。

(4) a. 来てくれてありがとう。
b. *来てもらってありがとう。

(朱 2018: 22)

(4b) の表現は、どのような文脈でもできない表現である。つまり受益側の招待（受益側の意思）によって来訪が実現したとしても、常にテクレルが選択されるということである。これを配慮表現の原理「自己の利益が大きいと述べよ」に沿って考えてみたい（表1参照）。

表1 配慮表現の原理

	①ポライトネスの原理	②配慮表現の原理
(A) 気配りの原則	(a) 他者の負担を最小限にせよ	(a) 他者の負担が大きいと述べよ
	(b) 他者の利益を最大限にせよ	(b) 他者の利益が小さいと述べよ
(B) 寛大性の原則	(a) 自己の利益を最小限にせよ	(a) 自己の利益が大きいと述べよ
	(b) 自己の負担を最大限にせよ	(b) 自己の負担が小さいと述べよ

山岡・牧原・小野 (2018: 140) より

授受が発生し、それが受益者の意思に基づくものであったとしても「自身（受益者）の意思ではなかった（求めていなかった）」と述べることは、授与者の善意を強調することになり、結果として「自己の利益が大きい」と述べることとなる。以上の観点から本章では授受補助動詞テクレルは山岡 (2015)

が述べる配慮表現[1]の一つであると考え、分析を進めたい。

14.2.2　ウズベク語の bermoq に関する先行研究

　ウズベク語は、チュルク語族に属する言語で、1993 年からラテン文字による正書法を用いている。日本語と同じ SOV 型の言語で、動作主やテンス、アスペクト、モダリティ、ヴォイス等は、動詞の語幹に人称や時制を表す固有の語尾を付加することによって示される (5)。

(5) a.　Jiro　∅　men-ga　xat-ni　berdi.
　　　　次郎　∅　私-に　　手紙-を　あげる-3 人称単数／過去 di
　　b.　Jiro　∅　hozir　xat　∅　yozyapti.
　　　　次郎　∅　今　　手紙　∅　書く-現在進行の補助動詞 yap／3 人称単数 ti
　　c.　Jiro　∅　do'sti-ga　xat　∅　yozmoqchi.
　　　　次郎　∅　友達-に　　手紙　∅　書く／意志のモダリティを表す補助動詞 moqchi
　　d.　Bu　xat　∅　Jiro　tomonidan　yozilgan.
　　　　この 手紙 ∅　次郎　によって　　書く／受け身を表す補助動詞 ilgan
　　　　　　　　　　　　　　　　　　　　　　　　　　　　　　　　（作例）

　ウズベク語の体系的研究はロシア帝国による中央アジア統治時代に始まった。しかし、その内容はウズベク語を文法的な観点から概論的に分類したものに留まっている。本章で論じる授受を表す補助動詞 bermoq の分析に関しても同様で、動詞の分類に関する先行研究で大掴みな意味や文法上の分類がなされているのみであり、bermoq が授受に際してどのように運用されているのか等、ウズベク語固有の授受表現を精緻に論じた先行研究は管見の限りでは見あたらない。

　ウズベク語の授受を表す本動詞は bermoq（あげる）と olmoq（もらう）があるが、授受補助動詞としては主に bermoq が用いられる。Hojiev (1966: 111) はウズベク語の補助動詞の分類を行い、本動詞 bermoq の原義について「物事が与え手から離れて受け手の方向へと移動する」「本動詞 -ib ＋

---

[1] 山岡 (2015: 318) では配慮表現を「対人的コミュニケーションにおいて、相手との対人関係をなるべく良好に保つことに配慮して用いられることが、一定程度以上に慣習化された表現」と定義している。

bermoqのときには、本動詞が他人のためにされる行為であることを示す」と述べている。しかし、bermoqは一人称を与格にとることも可能であり、Hojiev (1966) は授受に際してどのように授与者と受益者を識別しているのかという点を明らかにしていないという問題がある。

この点に関してハサノワ (2009) は、ウズベク語のbermoqは日本語の「あげる、くれる、やる」の3つの動詞に対応しており、構造上の特徴として、日本語は授受動詞によって受け手と与え手を識別できるのに対し、ウズベク語は目的語に付く接尾辞と、動詞に付与される人称語尾によって受け手と与え手を識別できるという差異があると述べている (6)。

(6) a. U　∅　men-ga　kitob　ber-di.（彼は私に本をくれた。）
　　　彼　∅　私-に　　本 ∅　くれ-3人称／過去 di
　　b. Men　un-ga　kitob　ber-dim.（私は彼に本をあげた。）
　　　私　∅　彼-に　　本 ∅　あげ-過去 di／1人称 m
　　c. U　Jiro-ga　kitob　ber-di.（彼は次郎に本をあげた。）
　　　彼　∅　次郎-に　本 ∅　あげ-3人称／過去 di

ハサノワ (2009: 32) を基に筆者が作成

ハサノワ (2009) は日本語とウズベク語を対照させることで、ウズベク語母語話者がどのように授与者と受益者を識別しているのかという点を明らかにした。しかし、その内容は日本語とウズベク語の授受表現の構造的な差異と、表層的な意味の異同を分析したものにとどまっており、ウズベク語母語話者にとって理解が難しい、日本語の授受補助動詞とウズベク語の授受補助動詞の運用上の差異について詳細を論じていないという問題がある。そこで本章では、授受補助動詞の運用に際してどのような差異があるのかを明らかにすることを目的とし、対人配慮の観点から両母語話者の授受補助動詞の使用状況を分析する。

14.2.3　補助動詞としてのbermoqが示す授与者への配慮意識について

Hojiev (1966) はbermoqの授受補助動詞としての用法を分析し、bermoqを本動詞の語幹に -b;-ib;-a などの接辞を付与したものに後接させることで、so'zlab bermoq（話してあげる）, topib bermoq（探してあげる）, aytib bermoq

（教えてあげる）等、行為の授与を示すことができるとした。

　Yunusova（2010）はウズベク語と韓国語の授受補助動詞の対照研究を行い、韓国語では恩恵性を示す補助動詞 chuda が存在するのに対して、ウズベク語には恩恵性を示す特別な補助動詞が存在せず、ウズベク語における授受の恩恵性は bermoq の語幹に様々な接辞を付加することで丁寧度に幅を持たせ、行為授与者に対する配慮を示していると考察している。

　　-b ber → -b bering → -b bera olasizmi? → -b bera olmaysizmi?
　　〈命令〉　〈命令・依頼〉　〈丁寧な依頼〉　　〈非常に丁寧な依頼〉

　　　　　　　　　　　　　　　　　Yunusova（2010）を基に筆者が作成

　しかし、Yunusova（2010）の調査では -b bermoq の他に、-b yubormoq も恩恵を表す補助動詞として出現している。本動詞 yubormoq は日本語で「送る」に相当するが、Hojiev（1966: 153）は「-b yubormoq は補助動詞の用法で行為の授受の方向を示す他に、本動詞との組み合わせによって、動作の完了、動作が容易であること、または過剰であることなども表しうる」と述べている。Yunusova（2010）は bermoq と yubormoq がどのような条件下で出現するのかについては考察しておらず、それぞれの用法をより精緻に分析する必要があると言えるだろう。

14.2.4　テクレルとテモラウの 2 形式の選択に関する先行研究

　テクレルとテモラウ、そして bermoq と yubormoq は親疎上下等の人間関係から生じる待遇関係への意識（以下、待遇意識）と、授与者にかかる負担に対する配慮の意識（以下、配慮意識）を総合的に比較した結果選択される授受補助動詞であるという点で共通しているが、選択基準に何らかの差異があり、それがウズベク語母語話者の誤用を産む原因となっていると推察される。本章では両文末表現がどのような条件下で選択されるのかを比較考察することで、この 4 つの授受補助動詞の選択基準の差異を明らかにしていきたい。

　テクレルとテモラウの二形式の丁寧度における差異を調査した先行研究に熊田（2001）と伊藤（2010）がある。熊田（2001）は、人間関係（友人か上司か）に基づく「待遇意識」と依頼にかかる心理的負担に基づく「配慮意識」を提示し、配慮意識を構成する下位要素として①「働きかけの有無」②「恩

恵行為を行うことに対する当然性」③「恩恵行為を行う場合に生じる負担の程度」④「恩恵行為の既往・未然」という4項目を提示しており、全ての項目において配慮意識が高い場合にはテモラウ系表現が使用されやすく、配慮意識が低い場合にはテクレル系表現が使用されやすいという調査結果をまとめている。そして、伊藤（2010）では「教えてくれませんか」と「教えてもらえませんか」のどちらがより丁寧と感じるかというアンケート調査を行い、「教えてもらえませんか」が丁寧と感じる原因は構文レベル[2]を丁寧度の判断基準としたことにあり、「教えてくれませんか」を丁寧と感じる原因は形式の有する諸側面のレベル[3]を丁寧度の判断基準とした結果であると分析した。

熊田（2001）の考察は待遇意識と配慮意識に分けて総合的に分析している点で優れているが、分析対象がすでに選択された表現であり、個々人が状況に応じてテクレルとテモラウのどちらを選択するのかということを分析できていないという問題があり、この点に関して伊藤（2010）も同様の問題があると言えるだろう。

そこで、本章では「待遇意識」と「配慮意識」を統制した依頼場面で「テクレル」と「テモラウ」そして"bermoq"と"yubormoq"がそれぞれどのような条件下で選択されるのかを調査することで、テクレルとbermoqの対人配慮上の差異を明らかにする。

14.3 調査方法

まず、第一調査では日本とウズベクの両文化で発生しうる依頼で、配慮意識の高い依頼と低い依頼を選定するべく心理負担アンケート調査を行なった。親から子供への依頼、上司から部下への依頼など4種類の人間関係を調査対象とし、それぞれに割り当てた10種類の依頼場面を日本語母語話者

---

[2] 「てもらえませんか」は可能形の使用によって、恩恵の実現可能性を被依頼者に要求するという形での依頼になり、「てくれる」と比較してより間接性の高い表現となることから、より丁寧と判断されたと分析している。（伊藤 2010: 136）

[3] 「てもらえる」が「働きかけ性」をもち、強制性を持つことに対して「てくれる」には働きかけ性がないことから、より丁寧であると感じられる他に、被依頼者の意志的な行為の表現と感じられることから、より丁寧と判断されたと分析している。（伊藤 2010: 136）

7名とウズベク語母語話者7名に、依頼しにくいものを「10」依頼しやすいものを「1」として評価してもらい、その平均値をもとに両母語話者の配慮意識の評価が近かった以下8種類の依頼内容を談話形式のテストに選定した（表2参照）。

表2　選定された依頼場面の内容

No	（上段）依頼者 （下段）被依頼者	待遇意識	配慮意識	依頼内容
1a	上司（男） 部下（女）	低	低 (2.6)[4]	先週依頼した仕事の進捗の確認と催促
1b	上司（男） 部下（女）	低	高 (9.0)	接触事故で発生した示談金10万円の立替依頼
2a	部下（女） 上司（男）	高	低 (2.4)	業務上必要な報告書のチェック依頼
2b	部下（女） 上司（男）	高	高 (9.9)	接触事故で発生した示談金10万円の立替依頼
3a	親（母） 子供（娘）	低	低 (3.0)	買い物中の娘に、パンを追加で買ってくるよう依頼
3b	親（母） 子供（息子）	低	高 (8.7)	接触事故で発生した示談金10万円の立替依頼
4a	子供（息子） 親（父）	高	低 (2.1)	平日の午後2時頃、自身の代わりに子供の迎えを依頼
4b	子供（息子） 親（父）	高	高 (8.0)	結婚式費用の不足分の援助を依頼

このテストでは待遇意識は固定された状態で、配慮意識のみが変化するため、待遇意識と配慮意識がそれぞれどのように授受補助動詞の選択に影響を与えているのかがより明確になると考えられる。

そして、第二調査では「Googleフォーム」で授受補助動詞を用いた依頼文の二択形式と「その他」という形で自由な回答を許容したダイアローグ形式の談話完成テストを行った。（資料1参照）結果は5節に記す。

4　（　）内の数値は、日本語母語話者、ウズベク語母語話者の評価の平均値。

14.4 結果と考察
14.4.1 日本語母語話者の授受補助動詞の結果

表3　日本語母語話者のアンケート回答結果（関係性・職場）

No	1aJ	1bJ	2aJ	2bJ
配慮意識	低	高	低	高
テクレル系[5]	54%	69%	0%	14%
テモラウ系[6]	43%	31%	97%	83%
その他	3%	0%	3%	3%

まず、上司から部下への依頼（1aJ, 1bJ）では、配慮意識が低い場合はややテクレル系が出現しやすいという傾向（54%）があり、配慮意識の高まりに応じてテクレル系の比率が高まる傾向があった（+15%）。

そして、部下から上司への依頼（2aJ, 2bJ）では、配慮意識が低い場合はほぼ全員（97%）がテモラウ系を選択しており、配慮意識が高い場合にテクレル系が増加する傾向（+14%）があったが、大多数（87%）はテモラウ系を選択していた。

表4　日本語母語話者のアンケート回答結果（関係性・親族）

No	3aJ	3bJ	4aJ	4bJ
配慮意識	低	高	低	高
テクレル系	91%	71%	60%	23%
テモラウ系	9%	29%	40%	77%
その他	0%	0%	0%	0%

次に親族間の関係性では、親から子への依頼（3aJ, 3bJ）で配慮意識が低い場合には回答者のほとんどがテクレル系を選択したのに対し（91%）、配慮意識が高い場合にはテモラウ系が増加していた（+20%）。

そして、子から親への依頼（4aJ, 4bJ）では配慮意識が低い場合にテクレル系を選択する傾向（60%）はあったが、親から子への依頼と比較してテモラ

---

[5]　送ってくれないかな、送ってくれませんか等、授受補助動詞テクレルが含まれた回答はすべてテクレル系とした。

[6]　チェックしていただけませんか、チェックしてもらいたいんですが等、授受補助動詞テモラウが含まれた回答はすべてテモラウ系とした。

ウ系を選択する傾向（+31%）があり、配慮意識が高い場合はさらにテモラウ系が増加し、テクレル系よりもテモラウ系を選択する傾向（77%）があることが確認された。

14.4.2　ウズベク語母語話者の授受補助動詞の結果

表5　ウズベク語母語話者のアンケート回答結果（関係性・職場）

No	1aU	1bU	2aU	2bU
配慮意識	低	高	低	高
bermoq 系	【ber1】83%	【ber2】94%	【ber2】100%	【ber2】100%[7]
yubormoq 系	8.5%	0%	0%	0%
その他	8.5%	6%	0%	0%

　上司から部下への依頼（1aU, 1bU）では、配慮意識の高低に関わらず -ib bermoq 系が多く選択され（83%）、配慮意識が高まるとさらに -ib bermoq 系が増加し（+11%）、部下から上司への依頼（2aU, 2bU）では、配慮意識が低い場合は全員 -ib bermoq 系を選択するという結果となった。

　このとき、bermoq は 2 種類の組み合わせで出現する傾向があり、一つは【本動詞 + -ib + ber（補助動詞）+ ing（働きかけを示す二人称接尾辞）】の表現形式（以降【ber1】）で、もう一つは【本動詞 -ib + ber（補助動詞）+ a（接中辞）+ ol（可能形）+ may（否定形）+ siz（丁寧体の二人称接尾辞）+mi 疑問詞】等の複数の活用語尾と接尾辞を組み合わせた形式（以降【ber2】）であった。また、1aU では 8.5% と少なかったが、命令的依頼を緩和した形式としての補助動詞 yubormoq が選択されていた点も印象的であった。

---

[7] このとき bermoq は授受補助動詞ではなく、本動詞として出現し、bermoq と補助動詞 turmoq から作られた「貸す」という意味の複合動詞となり、更にそれに ol（可能形）+ may（否定形）+ siz（二人称接尾辞）+ mi（疑問詞）等の接辞を付加する表現形式が選択された。この複合動詞は金銭の授受のみに限定して現れるものであったため、bermoq 系に分類した。

表6　ウズベク語母語話者のアンケート回答結果（関係性・親族）

No	3aU	3bU	4aU	4bU
配慮意識	低	高	低	高
bermoq系	0%	【ber1】63%	【ber2】46%	【ber2】57%
yubormoq系	14%	37%	28%	17%
その他	86%［命令形］	0%	26%［可能形］	26%［原形］

　一方親族間では、基本的に -ib bermoq 系は -ib yubormoq 系より依頼場面で使用されやすく、配慮意識が高まるとさらにその比率が高まるという傾向にあり、丁寧度の高さは 2bU の場合と同様に、【ber2】の表現形式で示す傾向があった。しかし、待遇意識、配慮意識ともに低い場合は 86% が命令形を使用すると回答したことや -ib yubormoq 系が職場での依頼場面と比較すると著しく増加したことに加え、親から子への依頼では、配慮意識が高い場面では -ib yubormoq 系が増加したものの（＋23%）、子から親への依頼では減少（－11%）するという複雑な増減現象が確認された。

14.4.3　両母語話者が選択した授受補助動詞の差異についての考察
14.4.3.1　比較から推測される日本語母語話者の授受補助動詞の特徴

　日本語母語話者に特徴的だった授受補助動詞は、親から子への非常に簡単な依頼で選択されたテクレルである。このような依頼は「特に断る理由のない依頼」であるため、結果的に「授与が半ば当然とみなされる依頼≒強制力の強い依頼」となる。ウズベク語母語話者はこのような依頼に際して命令形を選択したのに対し、日本語母語話者はテクレルを使用していた。このとき日本語母語話者は「この授受は受益側の意思ではなく、授与側の意思である」と述べ、授与者の善意を強調することで授与者に対する配慮の意識を示していたと考えられる。

　この観点は部下から上司への依頼（2aJ, 2bJ）で、配慮意識の高低に関わらず日本語母語話者の大多数がテモラウを選択していたことにも関連していると言えるだろう。具体的にはテクレルが上述した強制力の強い依頼で用いられることがあることから、強制的依頼が不可能な関係性における依頼の場合は、「強制ではない（命令的ニュアンスはない）」ということを強調するため

にテモラウが選択されるということである。そして、テクレルとテモラウの選択傾向には一定の規則性があることが明らかとなった。

　表3と表4から、職場の関係性では、待遇意識が高い場合（2aJ, 2bJ）は選択傾向がテモラウで固定的となり、親族間では待遇意識が低い場合（3aJ, 3bJ）はテクレルで固定的になるという正反対の関係にあることが見て取れる。そして、その他の状況では授受補助動詞の選択が流動的になる（配慮意識の影響を受けやすくなる）のだが、このとき、テクレルとテモラウは相補的な関係を維持しながら正反対の増減傾向を示していることがわかる。具体的には、職場の関係性では配慮意識の高まりに応じてテクレルが増加傾向（テモラウが減少傾向）にあり、親族間では配慮意識の高まりに応じてテクレルが減少（テモラウが増加）する傾向にあるということである。このことから、日本語母語話者の授受補助動詞の選択基準は、親疎関係と待遇意識の二つの軸で対称的構造をなしているが、受益者は配慮意識の高まりに応じて、その選択基準に対して逆の授受補助動詞を選択するという一定程度に慣習化された規則性が示唆されたと言えるだろう。

14.4.3.2　比較から推測されるウズベク語母語話者の授受補助動詞の特徴

　一方ウズベク語母語話者は命令形、【ber1】、【ber2】と大別して3種類の表現形式で丁寧度に差異をもたせていたが、その出現傾向には日本語母語話者とは異なる規則性があった。

　部下から上司への依頼場面では常に【ber2】が選択される傾向があったことから、【ber2】はテモラウ系に相当するようにも見えるが、子から親への依頼でも配慮意識の高低に関わらず【ber2】が優先的に選択されたことから、序列で下の立場の人間が選択する表現形式が【ber2】であることがわかる。そして、ウズベク語母語話者は上司から部下へと依頼する場合は、配慮意識の高まりに応じて【ber1】ではなく【ber2】を選択する傾向があったことに加え、親から子へと依頼する場合は、配慮意識の高まりに応じて命令形ではなく【ber1】を選択する傾向があったことから、序列で上の者は配慮意識の高低に応ずる表現形式の選択権を有しており、各表現形式は待遇意識を基礎とし、配慮意識の高低に応じて段階的に選択されるものであることが明らかとなった。

しかし、序列で下の者が表現形式の選択権を全く有していないわけではない。いくつかの依頼場面で、序列で下の者が bermoq ではなく yubormoq を選択していたことから、表現形式の選択権を有していることは明らかなのだが、yubormoq は職場では待遇意識と配慮意識が低い場合のみに出現し、親族間で待遇意識が低いときは配慮意識が高まると増加し、待遇意識が高いときは配慮意識が高まると減少するという傾向があった。この yubormoq の増減はテクレル、テモラウの増減にない傾向を示すもので、bermoq の増減と相補的な関係性をもたない授受補助動詞であることから、yubormoq は待遇意識や配慮意識ではない、何らかの別の要素に着目した結果選択された授受補助動詞であると推察される。

ウズベク語母語話者の筆者の直感的な理解としては、yubormoq は親しい関係性の授与者に対して使用される傾向があることから、ウズベク語母語話者が FTA を行う際に、受益者のポジティブフェイス[8]を維持するために使用される授受補助動詞なのではないのかと考えている。このような授受補助動詞は日本語の授受補助動詞にないウズベク語固有の慣習化された配慮表現と言えるのではないのだろうか。

5. まとめと今後の課題

日本語母語話者はテクレルを用いることで「授与者の善意」を強調するのか、テモラウを用いることで「強制ではない」ということを強調するのかを親疎を軸に待遇意識と配慮意識の高低に応じて柔軟に選択していることが示唆された一方で、ウズベク語母語話者は 命令形→【ber1】→【ber2】という大別して 3 段階の表現形式で丁寧度に差異をもたせ、序列で下の立場の人間は【ber2】を選択する傾向があり、序列で上の立場の人間が配慮意識の高低に対応する表現形式の選択権を有していることが明らかとなった。しかしながら、ウズベク語の命令形とテクレルの対応性については、テ形の依頼文との対応関係等々さらなる厳密な調査が必要であり、この点を今後の課題として調査していきたい。

---

8 Brown & Levinson (1987) は、他者に好かれたいという欲求を「ポジティブフェイス」、他者から嫌われたくないという欲求を「ネガティブフェイス」と定義し、これらのフェイスを脅かす可能性のある行為を「フェイス侵害行為 (Face Threatening Act)」と定義している。

そして、bermoq と yubormoq はテクレルとテモラウのような相補的な関係性にある授受補助動詞ではないことが明らかになり、yubormoq は待遇意識や配慮意識ではなく、別の判断基準を基に選択される授受補助動詞であることが示唆された。今回の調査でウズベク語の授受補助動詞も日本語の授受補助動詞同様、複雑な選択基準を有することが明らかになったが、その選択基準の深層を明らかにすることはできなかった。この点もまた、今後の課題として引き続き調査していきたいと考えている。

考察が不十分な点も多々あるが、本章で明らかになった点をウズベキスタンの日本語教育に提言し、議論を重ねていきたい。他にもウズベク語には、未だ日本語との対応関係が明らかになっていない対人配慮を目的とした文末表現が多数存在している。今後それらの考察を試みていくことで、ウズベキスタンの日本語教育に貢献していきたいと思う。

参照文献

伊藤博美（2010）「授受構文における受益と恩恵および丁寧さ：「てくれる文」と「てもらう文」を中心として」『日本語学論集』6: 132–151.

奥津敬一郎（1984）「授受動詞文の構造：日本語・中国語対照研究の試み」金田一春彦博士古稀記念論文集編集委員会（編）『金田一春彦博士古希記念論文集第 2 巻（言語学編）』65–88. 東京：三省堂.

久野暲（1987:[1978]）『談話の文法』東京：大修館書店.

熊田道子（2001）「待遇意識からみた「〜てくれる」系表現と「〜てもらう」系表現：恩恵の与え手が恩恵行為を行うことに対する配慮意識を中心に」『国語学研究と資料』24: 15–28.

朱炫妹（2018）「現代日本語授受補助動詞における発話機能と共起ネットワークの研究」博士論文、筑波大学.

寺村秀夫（1982）『日本語のシンタクスと意味 I』東京：くろしお出版.

ハサノワ・ローザ（2009）「日本語・ウズベク語授受動詞に関する対照言語学的考察」『広島大学日本語・日本文化研修プログラム研修レポート集』23: 23–39.

日高普介（2013）「ウズベク語：補貴データ（受動表現、ヴォイスとその周辺、モダリティ）」『語学研究所論集』18: 467–485.

益岡隆志（2001）「日本語における授受動詞と恩恵性」『言語』30(5): 26–32.

宮地裕（1965）「「やる・くれる・もらう」を述語とする文の構造について」『国語学』63: 21–33.

山岡政紀（1990）「授受補助動詞と依頼行為」『文藝言語研究　言語編』17: 19–33.

山岡政紀（2015）「慣習化されたポライトネスとしての配慮表現の定義」『日本語語用

論学会第 17 回発表論文集』315–318.
山岡政紀・牧原功・小野正樹（2018）『新版 日本語語用論入門：コミュニケーション理論からみた日本語』東京：明治書院.
山橋幸子（1999a）「受益表現『(ーて)くれる』の機能と日本語教育」『比較文化論叢』4: A79-A96.
山橋幸子（1999b）「『てくれる』の意味機能：『てあげる』との対比において」『日本語教育』103: 21–30.
Brown, Penelope and Stephen Levinson (1987) *Politeness: Some universals in language usage*. Cambridge: Cambridge University Press. ［邦訳：田中典子（監訳）(2011)『ポライトネス：言語使用における、ある普遍現象』東京：研究社.］
Hojiev Azim（1966）*Ozbek tilida komakchi fellar*. Toshkent: Fan.
Yunusova Gulshoda（2010）Koreys tilida ozaro xizmat korsatish manolarini ifodalovchi komakchi fellar va ularning ozbek tilidagi ekvivalentlari. *Uzoq Sharq va Janubi-sharqiy Osiyo*, 141–147. Toshkent: Toshkent davlat sharqshunoslik instituti.

【資料 1：作成した質問より一部抜粋】

（日本語の質問）
Q8. 下記内容の談話を読んで、（　）内に入る最も適当と思われる表現を選択してください。なければ「その他」を選んで、自由記述で回答をお願い致します。

（家の中で、成人男性の子供と父親の会話）
子：あのーちょっと折り入ってお願いがあるんだけど。
親：どうしたの？めずらしいね。
子：半年後に結婚式控えてるじゃない。
親：うん。
子：今業者に見積もり出してもらってるんだけど、
親：うん。うん。
子：ちょっと自分の手持ちでは賄えないような金額が出てきちゃってて…。
親：あー。
子：それで、今後のことも考えて、新しいうちとか？
親：うん。
子：家具とか揃えることも考えると、貯金全部使っちゃうのはちょっとあれだから…。
親：うん。うん。
子：もし余裕があったら、ちょっと 100 万円ほど（　　　　　　　　　　）と。
親：あーうん。なるほどね。うーん。まあちょっとお母さんに相談してみるよ。
子：ありがとう。

選択肢 1：援助してくれないかな
選択肢 2：援助してもらえないかな
選択肢 3：その他（自由回答）

(ウズベク語の質問)
Suhbat 8: Quyidagi suhbatni o'qing va (　) ichiga mos keladigan javobni tanlang yoki o'z javobingizni yozing.

(Vaziyat: to'yga otasidan pul so'rash.)
Ota:　　To'yxonani gaplashdingmi?
O'g'il:　Bir nechta to'yxonani ko'rib keldim, manga A to'yxonasi yoqdi.
Ota:　　Yaxshi, bo'sh kuni bor ekanmi? Necha pul ekan?
O'g'il:　Bo'sh kuni bor ekan, narxi 1000$ ekan. Manda 600$ bor, yana 400$ yetmayapti. Agar imkoniyatiz bo'lsa, yetmagan pulni (＿＿＿＿＿＿)
Ota:　　Albatta beramiz.

a. bera olasizmi?
b. berib yubora olasizmi?
c. boshqa javob: ＿＿＿＿＿＿＿＿＿＿＿＿＿＿＿＿＿＿＿＿＿＿

あとがき

　配慮表現研究史も未だ 20 年余りしか経過していない。人間なら成人したばかりの青年である。そのなかで本書の編者・著者陣は早い段階でこのテーマの重要性に気づいて参入していた開拓者たちである。

　2003 年に「配慮表現シンポジウム」を北京大学と創価大学の二箇所で開催した。そこには編者山岡政紀のほか、著者牧原功、小野正樹、李奇楠の各氏が集い、配慮表現という未開拓のテーマの魅力を語り合い、問題を提起し合った。以来、今日まで科研費共同研究、国際学会での議論、著書出版等を通じて配慮表現研究の最前線での研究活動を継続してきた。著者金玉任、大和啓子両氏も比較的早い時期に共同研究に参画したメンバーである。

　その間、同じ配慮表現研究と言っても、それぞれ独自の着眼点と方法論を持ち、実績のある人々との交流も生まれていった。そのなかから著者三宅和子、塩田雄大、西田光一の各氏に本書の企画に参入してもらうこととなった。これにより本書のウィングを広くすることができたと喜んでいる。

　さらに、大学院で山岡と小野氏の研究指導を受けた若手研究者のなかから、著者斉藤幸一、Lina ALI、岩崎透、UMAROVA Munojot の各氏には若手らしい新しい視点からの試論を執筆していただいた。

　本書では山岡が編者を務め、総論的な序章と第 1 部を担当したが、研究成果としての各章の位置づけは対等であり、編者を含めて著者は全員対等である。参加された著者各氏には心からの感謝と敬意を申し述べたい。結果として筑波大学大学院出身者が多く集うこととなった。同窓の好の気安さは否定できないが、本書を契機に研究交流が更に広がることを期待している。

　本書の編纂に際し、多くの方々より有益なご助言を賜った。特に、野田尚史国立国語研究所教授、宇佐美まゆみ国立国語研究所教授には格別の謝意を申し上げたい。無論、本書の不備は編者・著者に帰するものである。

　加えて、担当編集者のくろしお出版・池上達昭氏のご尽力に謝意を表する。

　なお本書は、科学研究費補助金（基盤研究（B））研究課題「日本語配慮表現辞典の基盤形成のための配慮表現正用・誤用データベースの構築」の研究成果であることを申し添え、謝意を表する次第である。

2019 月 8 月 24 日　編者

索引

あ
挨拶 50, 163
アラビア語 218–226

い
言いさし 54
意見の相違・意見の一致 157, 158
「いちおう」 43
一致の原則（Agreement Maxim） 7, 61, 63, 142–144, 149, 154, 157, 158, 160
依頼 2–4, 8, 27, 56, 57, 59, 72–74, 77, 78, 82, 90, 109–111, 113, 133, 134, 136, 138, 143, 163, 164, 166–170, 173, 175–177, 200, 202, 205, 211, 216–218, 226, 234–240
引用 147
引用発話の定義 149
引用表現の定義 150

う
ヴィジュアル要素 163, 168, 174, 177
ヴィジュアル要素の配置と配慮 176
ウズベク語 229, 232–234, 236, 238–242
打ちことば 163, 164, 177

え
英語 182, 184, 187, 190
英語のモダリティ 225
FTA（face-threatening act） 8, 9, 20, 28, 29, 37, 40, 42, 58, 77, 78, 80–82, 109–111, 113, 134, 136–138, 154, 155, 214, 216–219, 224, 241
FTA 度計算式（computing the weightiness of an FTA） 8, 25
絵文字 55, 164, 168, 169, 176

お
「お言葉ですが」 204
「お言葉に甘えて」 203, 204, 211
「お引き取りください」 201, 202, 211
恩恵 62, 116, 117, 120–123, 125, 216–218, 229, 230, 234, 235

か
開始部 169, 173–176
会話の公理（グライス） 184
顔文字 55, 164, 168, 176
確実性 150–154
確認要求 85–89, 93, 97, 98
「〜かねる」「〜かねます」 200, 202
「神対応」 208
「かもしれない」 28, 37, 42, 43, 45, 46, 49, 61, 64
感謝 50, 58, 62, 138, 139, 140, 144, 163, 168, 169, 173, 175–177, 205
慣習（convention） 39
慣習化（conventionalization） 4, 27, 31, 33, 36, 38–40, 43–51, 55, 56, 59, 60, 62, 63, 66, 69, 76, 78, 82, 113, 132, 133, 144, 159, 160, 165, 194, 197, 213, 232, 240, 241
慣習化の勾配性（gradience of conventionalization） 40
慣習的配慮表現 205
感情表出 61, 64, 96–98, 153, 154
寛大性の原則 7, 57–59, 65, 221, 231

勧誘 2, 4, 95, 98, 134, 136, 137, 143
慣用文 54
緩和表現 54, 58, 60–62, 65

き
聞き手無関係型 120, 122, 123, 125, 127, 128
気配りの原則（Tact Maxim）7, 56–59, 231
気遣い 8, 43, 60, 63, 135, 177
機能的要素 166–169, 173–176
義務的モダリティ 224
共感の原則（Sympathy Maxim）7, 61, 64, 66, 158–160
共感表現 64–66
協調の原理（cooperative principle）6
協力 134, 135, 137, 143
許可 28, 116, 117, 121, 126, 133, 134, 137, 138, 143

け
敬意表現 6, 21–27, 31, 34, 35, 48, 49
敬意表現の定義 23
敬語 21
敬語表現 21, 22, 34
形式分類 52
敬称 192
形容詞・形容詞句 53
原義の喪失 40, 43, 76
言語の変化 214
謙遜 43, 47, 48, 58, 62, 63, 65, 71, 103, 111, 112, 139, 155, 156
謙遜の原則（Modesty Maxim）7, 63, 156, 157, 160
謙遜表現 63, 65, 113, 139

こ
語彙的否定 132
広告 181, 190, 191
交渉 177
勾配性 40, 49, 212
「ご遠慮ください」199, 202, 211
「ご多忙のところ」3, 48, 53, 60
断り 4, 28, 45, 74, 98, 177, 213–221, 223–227
コミュニケーション機能 89, 166–169, 218
語用論 38, 39, 69, 70, 74, 76, 83, 147, 164, 184, 192–194, 214, 225, 229

さ
再確認 89, 92, 93, 98
「差し控えたいと思います」198, 199, 202, 211
「させていただく」115, 117
「させていただく」の原義 116
誘い 206
参加 4, 134, 136, 143
賛同表現 63–65

し
使役 116, 121, 122, 125, 126
視覚方言 187
思考動詞 54
事態把握 148
「しっかりして」203
「失礼ですが」206
自慢 58, 111, 112
謝罪 3, 8, 20, 32, 50, 59, 60, 138, 144, 163, 176, 177
「重々承知」207
「重々承知しているが」208
終助詞 54
収束部 169, 173–176

自由直接話法 188
周辺例 104–106, 109
終了部 173–176
受益 116, 117, 231
授受表現 205, 229, 230, 232, 233
授受補助動詞 229–234, 236–242
主要部 169, 173–176
条件情意 54
賞賛 7, 9, 58, 62, 63, 65, 111, 141, 143, 144, 155, 156
賞賛・非難の対立 155
賞賛表現 62, 65
承認 87, 138–140, 143, 144
情報 150
情報提供文 93, 97, 98
情報の縄張り 150, 151, 155
情報要求 85, 89, 98
助動詞 54
親称 192

す
スイッチバック現象 163, 172, 173, 177
スタンプ 163, 165, 168, 174, 176, 177
ストラテジー 9, 23, 24, 27, 66, 77, 78, 81–83, 109, 110, 164, 167, 214, 215, 227

せ
正当化 214, 215
接尾語・補助動詞 53, 54
是認の原則（Approbation Maxim）7, 9, 58, 61, 62, 141, 143, 144, 155, 157, 160
「ぜんぜん」「全然」43, 60, 131–134, 138, 139, 141–144
"全然" + 肯定形 131– 134, 139, 142, 144

そ

「そう」151
束縛変項 185, 186

た
怠惰代名詞（pronouns of laziness）185
代案提示 215
待遇意識 234–236, 239–242
対人配慮表現 176
怠惰代名詞 186
タイムラグ 163, 165, 170, 172
「たしかに」33, 43, 64
「だろう」87–89
談話の構造 166, 168, 173, 177

ち
地域差 127, 128
「ちょっと」5, 23, 28, 31, 37, 40–42, 45, 46, 49, 58, 61, 69–83, 116, 218–224

つ
「って」151
「つまらないものですが」1–3, 30, 47, 48, 57, 59, 116

て
提案 77, 105, 106, 109, 111, 113, 142, 214
ディスコース 209, 212
程度副詞 218
テクレル 229–231, 234, 235, 237–242
テモラウ 234, 235, 237–242

と
同意要求 89
動機づけ（motivation）38–41
捉え直し 106–108, 110, 111, 113

な

「なんか」 61, 101–113

に

二重否定 54
任意的 89

ね

「ね」 85, 89, 94
ネガティブフェイス（negative face）7–9, 71, 74, 75, 77–80, 82, 90, 109–111, 134, 136–138, 155, 197, 205–207, 211, 217, 241
ネガティブポライトネス 27

は

場 24
配慮意識 233–242
配慮言語行動 8, 30, 50, 163, 164, 166
配慮表現 1, 3, 5, 6, 10, 19, 21, 23, 26–28, 31, 34–37, 39, 42, 48, 50, 159, 213
　　成句の配慮表現 2
　　単語の配慮表現 4
配慮表現研究史 19
配慮表現の原理 55–59, 65, 132, 143, 231
配慮表現の原理「自己の負担が小さいと述べよ」134–138, 144
配慮表現の定義 35, 36, 38, 48–50, 197
配慮表現の分類 51
配慮表現の機能分類 58, 65
配慮表現の形式分類 52
配慮表現の歴史的研究 32
発話機能 10, 132–144, 150
発話行為 52, 106, 164, 214
反感・共感 158, 159

ひ

非難 155
非難・賞賛 157
非否定形式 198, 202, 211
評価 62, 63, 71, 77, 79–82, 101, 103, 104, 107, 141, 144, 208

ふ

ファッション誌 182
Vて形 202, 204, 211
フェイス（face）7, 8, 61, 134
フェイス脅かし行為（face-threatening act: FTA）8, 149
フェイス侵害 45, 76–83, 111, 241
フェイスの補償行為 111
複合終助詞 85, 92, 93, 96–98
副詞 53
副詞句 53
負担表現 59, 60, 65, 144
プロトタイプ 208
文法形式の交替 55
文法的否定 132, 133
文末表現 53, 54
文脈 203, 212
文脈依存的 182
文脈依存度 25, 194, 212
文脈設定的 182
文脈的否定 132, 133, 142
文脈の個別 187

へ

ヘッジ（hedge）42, 60–62, 215

ほ

方言 187, 192
ぼかし表現 32, 58, 62, 98, 106
ポジティブフェイス（positive face）7–9, 77–83, 90, 109, 111, 112, 134–138, 141,

144, 149, 154, 155, 197–203, 211
ポライトネス (politeness) 5–9, 19–21, 24–29, 35–39, 41–43, 45, 46, 48, 56–58, 60, 65, 69, 76, 86, 90, 108, 133, 149, 150, 153, 154, 157, 159, 193, 197, 221, 231
ポライトネス・ストラテジー 9, 40, 50, 89, 90, 109, 164
ポライトネスの原理（Politeness Principle） 6, 7, 20, 56–59, 65, 132, 149
ポライトネス理論 5, 6, 9, 10, 19, 20, 23–26, 28–31, 33, 37, 50, 69, 77, 90, 102, 108, 132, 134, 147, 159

ま

前置き的従属節の配慮表現 204

め

命令文 97, 98, 182, 189–194
迷惑性 123, 126, 127
メタファー（隠喩、metaphor） 43, 44, 46
メディア特性 167, 168, 177

も

申し出 113
「もしよかったら」 206, 207
モバイル・メディア 163, 164

や

役割語 187, 188, 190, 193

よ

容認度 123–126, 128
与益 47, 135, 137, 144
「よね」 85–89, 91–98
「よろこんで」 202, 204

ら

LINE 163–165, 176

り

利益表現 58, 59, 65
理由 218

る

類例暗示 101, 102

わ

わきまえのポライトネス 24
話者指示詞的用法 185, 189
「私から言うのもなんですが」 207
詫び 205

編者・著者紹介（掲載順）

山岡政紀（やまおか　まさき）（編者）

筑波大学大学院博士課程単位取得退学。博士（言語学）。現在、創価大学文学部教授。著書・論文に『新版・日本語語用論入門』（共著、明治書院、2018）、『ヒューマニティーズの復興をめざして』（共編著、勁草書房、2018）、『発話機能論』（くろしお出版、2008）、『日本語の述語と文機能』（くろしお出版、2000）、「属性動詞の語彙と文法的特徴」（『国語学』197集、1999）などがある。

牧原　功（まきはら　つとむ）

筑波大学大学院博士課程単位取得退学。修士（言語学）。現在、群馬大学学術研究院准教授。著書に『新版・日本語語用論入門』（共著、明治書院、2018）、『習ったはずなのに使えない文法』（共著、くろしお出版、2017）、『言語の主観性―認知とポライトネスの接点』（共著、くろしお出版、2016）、『文法・談話研究と日本語教育の接点』（共著、くろしお出版、2015）などがある。

金　玉任（김옥임、キム　オギム）

筑波大学大学院博士課程修了。博士（言語学）。現在、韓国・誠信女子大学校人文科学大学日本語文・文化学科教授。著書・論文に『言語の主観性』（共著、くろしお出版、2016）、『分野別現代日本語学研究』（共著、박이정、2014）、「終助詞「かね」の配慮機能」（『日本語学研究』32集、2011）などがある。

大和啓子（やまと　あきこ）

筑波大学大学院博士課程単位取得退学。修士（言語学）。現在、群馬大学学術研究院講師。論文に「そうですかに関する一考察」（『日本語コミュニケーション研究論集』3、2014）、「日中韓の友人会話における依頼の談話展開」（共著、『筑波応用言語学研究』19、2012）「例示の助詞タリ・ナンカの語用論的効果」（『表現研究』91、2010）などがある。

塩田雄大（しおだ　たけひろ）

学習院大学大学院博士後期課程修了。博士（日本語日本文学）。現在、NHK放送文化研究所主任研究員。著書・論文に『現代日本語史における放送用語の形成の研究』（三省堂、2014）、「感じのいい表現・感じの悪い表現」（『日本語学』38(1)、2019）、「学歴と日本語意識」（『日本語の研究』14(2)、2018）、「この論文、わりにいいかもしれませんね」（『放送研究と調査』67(8)、2017）などがある。

斉藤幸一（さいとう　こういち）

創価大学大学院修士課程修了。修士（人文学）。現在、広島修道大学学習支援センター学習アドバイザー。論文に「談話における『全然』の機能について―文脈的否定の配慮的側面を中心に―」（創価大学修士論文、2012）、「発話機能としての《進行》に関する一考察」（『日本語コミュニケーション研究論集』1、2011）などがある。

小野正樹（おの　まさき）

筑波大学大学院博士課程単位取得退学。博士（言語学）。現在、筑波大学人文社会系教授。著書・論文に『新版・日本語語用論入門』（共著、明治書院、2018）、『言語の主観性―認知とポライトネスの接点』（共編著、くろしお出版、2016）、『コロケーションで増やす表現―ほんきの日本語』（全2巻、くろしお出版、2009、2010）、『日本語態度動詞文の情報構造』（ひつじ書房、2005）などがある。

三宅和子（みやけ　かずこ）

筑波大学大学院修士課程修了。博士（文学）。現在、東洋大学文学部教授。主著に『移動とことば』（共著、くろしお出版、2018）、『新・わくわく文法リスニング100』（2巻　共編著、凡人社、2017）、『「配慮」はどのように示されるか』（共編著、ひつじ書房、2012）、『日本語の対人関係把握と配慮言語行動』（ひつじ書房、2011）、『メディアとことば』1、2、4巻（共編著、ひつじ書房、2004-2009）などがある。

西田光一（にしだ　こういち）

筑波大学大学院博士課程修了。博士（言語学）。現在、山口県立大学国際文化学部教授。論文に「談話内のことわざの代用機能とグライスの協調の原理の再評価」（『語用論研究』20、2019）、「英語の記述内容の豊かな名詞句の同一指示用法と対話の定式

化」(『英語語法文法研究』24、2017)、「日本語の自称語を使った広告から見た支出と発話の共通点」(『語用論研究』16、2015) などがある。

李　奇楠 (LI Qinan, リ　キナン)
中国・北京大学大学院博士課程修了。文学博士。現在、北京大学外国語学院副教授。著書・論文に『現代日語間接言語行為詳解』(共著、北京大学出版社、2001)、「关于"识解"」(『日本語言文化研究』7、学苑出版社、2007)、「語用学与語用教学」(『日語語言学与日語教学』共著、高等教育出版社、2014)、『言語の主観性』(共編著、くろしお出版、2016) などがある。

Lina Abdelhameed ALI (リナ　アブデルハミード　アリ)
筑波大学大学院博士後期課程修了。博士 (日本語教育)。現在、エジプト・カイロ大学文学部日本語専門翻訳専攻長、日本語日本文学科上級講師。論文に「日本語とアラビア語の断り発話を正当化するメカニズムについて―異文化間語用論と配慮表現の観点から―」(筑波大学博士論文 2016)、「異文化間におけるコミュニケーション様式について」(『日本語コミュニケーション研究論集』2018) などがある。

岩崎　透 (いわさき　とおる)
筑波大学大学院博士前期課程修了。修士 (日本語教育学)。現在、国際交流基金ジャカルタ日本文化センター・日本語教育専門家。論文に「配慮表現「ちょっと」の披瀝性に関する一考察」(日本語コミュニケーション研究会、2018)、「日本語漢字教育におけるレアリアの活用方法に関する考察」(筑波大学大学院、日本語教師養成プログラム、2018) などがある。

UMAROVA Munojot (ウマロヴァ　ムノジャット)
ウズベキスタン・タシケント東洋学大学修士課程修了。修士 (日本語学)。筑波大学大学院博士前期課程修了。修士 (日本語教育学)。現在、ウズベキスタン世界言語大学付属外国語イノベーティブ教授法開発科学実践センター研究員。共著に『日本語・ウズベク語学習辞典』(IWWA 辞書作成委員会、2004)、『みんなの日本語　初級Ⅱ翻訳・文法解説ウズベク語版』(スリーエーネットワーク、2018) などがある。

日本語配慮表現の原理と諸相

2019年11月18日　第1刷発行

編　者　山岡 政紀

発行人　岡野 秀夫

発　行　株式会社　くろしお出版
　　　　〒102-0084　東京都千代田区二番町4-3
　　　　電話：03-6261-2867　FAX：03-6261-2879　WEB：www.9640.jp

印刷所　藤原印刷株式会社
装　丁　竹内宏和

© Masaki Yamaoka 2019
Printed in Japan　ISBN978-4-87424-815-7

本書の全部または一部を無断で複製することは、著作権法上での例外を除き禁じられています